Narkotyki w kulturze młodzieżowej

Beata Hoffmann

Narkotyki w kulturze młodzieżowej

Kraków 2014

© Copyright by Oficyna Wydawnicza „Impuls", Kraków 2014

Recenzent:
dr hab. Paweł Możdżyński

Redakcja wydawnicza:
Beata Bednarz

Opracowanie typograficzne:
Katarzyna Kerschner

Projekt okładki:
Anna M. Damasiewicz

Zdjęcia na okładce:
© Joshua Resnick | Depositphotos.com
© Quincy Dein | Depositphotos.com
© Александр Овчинников | Depositphotos.com

Pierwsze wydanie publikacji zostało dofinansowane przez
Instytut Stosowanych Nauk Społecznych Uniwersytetu Warszawskiego

ISBN 978-83-7850-661-4

Oficyna Wydawnicza „Impuls"
30-619 Kraków, ul. Turniejowa 59/5
tel./fax: (12) 422 41 80, 422 59 47, 506 624 220
www.impulsoficyna.com.pl, e-mail: impuls@impulsoficyna.com.pl
Wydanie II, Kraków 2014

Spis treści

Wstęp 7

Rozdział I
Substancje psychoaktywne w społeczeństwach przednowoczesnych 13

Rozdział II
Środki odurzające w drugiej połowie XIX i pierwszej połowie XX wieku 29
    Środki zmieniające świadomość w drugiej połowie XIX wieku 29
    Środki zmieniające świadomość w pierwszej połowie XX wieku 37

Rozdział III
Rytualne, mistyczne i użytkowe zastosowanie narkotyków współcześnie 47

Rozdział IV
Praktyki przyjmowania narkotyków w kulturze młodzieżowej XX wieku ... 53
    Lata pięćdziesiąte 56
        Narkotyki w pierwszych subkulturach 56
    Lata sześćdziesiąte 61
        Londyn i subkultura mods 61
        Kontrkultura 62
    Lata siedemdziesiąte 77
        Narkotyki w subkulturze punk 77
        Narkotyki w subkulturze skinhead 79
        Kompot, czyli „polska heroina" 79
    Lata osiemdziesiąte 84
        Tendencje w Polsce 84
        Rap i narkotyki 95
        Substancje psychoaktywne w kulturze rave 103
    Przełom wieków i polaryzacja postaw 115
        Europa 120
        Ameryka Północna 121

Ameryka Południowa i Środkowa 121
Afryka 122
Azja 122
Tożsamość współczesnego narkoturysty 123

Rozdział V
(Pop)kultura, młodzież i narkotyki w początkach XXI wieku 129
    Zmiana postaw wobec narkotyków – uwzględnienie badań własnych 129

Zakończenie 145

Informacje na temat najczęściej zażywanych narkotyków 149
    Środki o działaniu przeciwbólowym i uspokajającym –
    pochodne opium 149
    Środki pobudzające (i euforyzujące) – psychostymulanty 150
    Empatogeny 152
    Środki psychodeliczne i halucynogenne 152
    Pochodne konopi 154
    Skuny 155
    Substancje wziewne 155
    Leki 155

Bibliografia 157

Indeks nazwisk 167

Wstęp

> *Ale jak tylko daleko sięgnie się w dzieje ludzkie,*
> *zawsze na jakieś „omamy narkotyczne" natrafić można*[1].

Na temat zażywania substancji psychoaktywnych napisano tysiące stron. Problem narkotyków ma charakter interdyscyplinarny; znajduje się w polu zainteresowania różnych dziedzin nauki i licznych instytucji, choćby organów ścigania, wymiaru sprawiedliwości, pomocy społecznej, lecznictwa, oświaty, mediów, a nawet, jak pokazały ostatnie lata, świata polityki. Każdy z obszarów zajmuje się różnymi wymiarami narkotyków i ludźmi związanymi ze „światem używek".

Coraz częściej można się przekonać, jak wiele trudności powoduje zdefiniowanie narkomana. Kto właściwie nim jest: człowiek uzależniony od narkotyków czy ten, który sięga po nie okresowo, a może ten, kto zażył raz?

Nieco łatwiejsze wydaje się zdefiniowanie terminu „narkotyk", choć, jak sądzę, jedynie z pozoru. Pod pojęciem substancji psychoaktywnych mieści się bowiem wiele różnie działających na organizm człowieka środków. Spotykają się one ze zróżnicowaną aprobatą społeczną, która w dużej mierze zależna jest od danego okresu historycznego, uwarunkowań ekonomicznych, religijnych, prawnych, jak również kulturowych. Wśród tych substancji wymieniane są nikotyna, alkohol, kofeina i teina, niektóre leki, narkotyki, steroidy czy popularne w ostatnim okresie dopalacze, a nawet napoje energetyzujące[2]. Gdzie przebiega granica między twardymi (groźnymi) narkotykami a miękkimi, coraz częściej uznawanymi za nieszkodliwe? Gdzie znajduje się linia dzieląca to, co jest jeszcze legalne, i to, co nielegalne? Czy regulacja prawna rozwiewa liczne wątpliwości? Jak twierdzą znawcy,

---

1 S.I. Witkiewicz, *Narkotyki. Niemyte dusze*, oprac. A. Micińska, „Dzieła Zebrane", PIW, Warszawa 2004.
2 B. Woronowicz, *Uzależnienia. Geneza, terapia, powrót do zdrowia*, cz. II, Media Rodzina, Parpamedia, Warszawa 2009, s. 393–449.

[...] nadużywanie substancji odnosi się do nadużywania alkoholu i narkotyków, głównie tych nielegalnych, ale to, co jest uważane za „nielegalne", jest przecież często kulturowo określone[3].

Powstaje wiele pytań, na które coraz trudniej jest znaleźć konkretne odpowiedzi. Stan ten zapewne będzie trwał, gdyż współczesna narkomania staje się zjawiskiem coraz bardziej poznanym, a zarazem coraz mniej jasnym. Niezależnie od istniejącego stanu rzeczy należy dokonać krótkiego wyjaśnienia terminologicznego.

Mimo że zdefiniowanie terminu „narkoman" jest coraz trudniejsze, co wynika z pojawiających się problemów diagnostycznych. Narkomanem nazywam tu osobę zażywającą stale, okresowo lub sporadycznie wymienione wyżej środki psychoaktywne. Chcę jednak podkreślić, że narkomanem jest dla mnie człowiek, w którego życiu narkotyki odgrywają dużą rolę, a częstotliwość ich zażywania nie jest elementem najważniejszym. Istotne znaczenie ma tu dla mnie uzależnienie społeczne, znacznie rzadziej omawiane niż zależność psychiczna czy fizyczna. Owo uzależnienie społeczne polega przede wszystkim na uzależnieniu od grupy czy środowiska ludzi o podobnym stosunku do narkotyków i podobnej praktyce ich zażywania.

W książce, którą oddaję do rąk Czytelników, używam zamiennie określeń „narkotyk", „substancja psychoaktywna" i „środek odurzający". Moje podejście najbliższe jest definicji zaproponowanej przez *Encyklopedię PWN*, według której narkotyki (gr. *narkōtikós* – 'oszałamiający') to potoczna nazwa niektórych środków odurzających (np. morfiny, kokainy, marihuany, opium, haszyszu, heroiny), działających na ośrodkowy układ nerwowy[4]. Wymieniane przeze mnie substancje są w Polsce oraz większości krajów Europy i Ameryki Północnej nielegalne; znajdują się wśród nich substancje pochodzenia zarówno naturalnego, jak i syntetycznego.

Publikacja nie jest propozycją teoretycznych rozważań, nie ma charakteru polemicznego ani dogmatycznego, nie sytuuje problemu narkotykowego w obszarze dewiacji, patologii czy choroby. Moim celem było prześledzenie, jak zmieniała się funkcja substancji psychoaktywnych w swojej wielowiekowej historii. Zainteresowania moje skupiają się jednak przede wszystkim wokół obecności narkotyków w kulturze młodzieżowej, jak również w różnych obszarach współczesnej kultury dominującej[5], którą obecnie trudno jest oddzielić od kultury młodzieżowej. Szczególnie ważna wydaje mi się zmiana postaw

---

3 P. Abbott, D.M. Chale, *Culture and Substance Abuse: Impact of Culture Affects Approach to Treatment*, http://www.psychiatrictimes.com/articles/culture-and-substance-abuse-impact-culture-affects-approach-treatment#sthash.99xdEiX8.dpuf, dostęp: 20.12.2013.
4 http://encyklopedia.pwn.pl/haslo/3945805/narkotyki.html.
5 M. Krajewski, *Kultury kultury popularnej*, Wyd. Nauk. UAM, Poznań 2005.

młodzieży wobec substancji zarówno psychoaktywnych, jak i społecznych, widoczna w różnych obszarach życia społecznego, a przede wszystkim aktywności twórczej. Zadawałam sobie pytanie, jak to wszystko wpłynęło na postrzeganie substancji psychoaktywnych przez młodych ludzi.

Brak puenty, w której mogłabym przestrzec przed uzależnieniem i ukazaniem jego dramatycznych skutków, jest zamierzeniem świadomym. Nie czynię tego nie dlatego, że uważam narkotyki za nieszkodliwe, a ich zażywanie za uzasadnione. Moje przekonanie o szkodliwości wszelkich narkotycznych substancji psychoaktywnych jest bezwarunkowe, a nieukazanie w tej publikacji konsekwencji ich zażywania wynika wyłącznie z zarysowanego pola badawczego.

Książka składa się z pięciu rozdziałów. Pierwszy dotyczy czasów bardzo dawnych i pokazuje przede wszystkim kultowe zastosowanie substancji psychoaktywnych. W rozdziale drugim, odnoszącym się już do mniej odległej przeszłości, przedstawiam szerszy kontekst zażywania środków zmieniających świadomość, cywilizacyjne przemiany umożliwiające ich otrzymywanie, jak również ich przeobrażającą się rolę w rzeczywistości społeczno-kulturowej. Bardzo krótki rozdział trzeci należy traktować jako odrębną część, gdyż nie mogłam pominąć kultywowanych do dziś tradycji ani ulokować ich wśród trendów obecnej narkomanii kultury Zachodu. Mam pełną świadomość, że temat ten został ujęty zdawkowo, jednak zgodnie z przyjętym przeze mnie obszarem problemowym.

Rozdziały czwarty i piąty są z mojego punktu widzenia najważniejsze. W czwartym przedstawiam, jakie narkotyki cieszyły się popularnością młodzieżowych grup i subkultur, czego poszukiwali przedstawiciele ruchów kontrkulturowych za sprawą środków halucynogennych. Ponadto prezentuję wypowiedzi osób uzależnionych z okresu popularności tzw. polskiej heroiny. Ta część książki nie ma charakteru encyklopedycznego; moim celem nie była ogólna charakterystyka subkultur młodzieżowych. Skupiłam się tu jedynie na tych aspektach kultury młodzieżowej, które związane są z rozpowszechnionymi w konkretnych kręgach używkami. Koncentruję się na tych grupach młodych ludzi, które wpłynęły na kształt kultury młodzieżowej i dla których narkotyki miały istotne znaczenie. Dlatego też świadomie pomijam niektóre subkultury, choćby „metalowców", wśród których narkotyki nie odgrywały kulturotwórczej roli ani nie spajały w jakikolwiek sposób subkultury, gdyż nie były elementem stylu życia jej członków. Nie omawiam też subkultur więziennych pomimo rozpowszechnienia wśród nich niektórych używek, gdyż problematyka ta wykraczałaby poza wyznaczone sobie pole badawcze.

Zebrane i przytoczone w rozdziale czwartym fragmenty dziewięciu wywiadów są szczególnie cenne, gdyż wielu autorów wypowiedzi zmarło, a ci, którzy żyją, nie zawsze chcą wracać do przeszłości. Kiedy w latach osiemdziesiątych przeprowadzałam wywiady z osobami uzależnionymi od narkotyków, nie przypuszczałam, że będę się do nich odwoływała po upływie tak długiego okresu. Moje przyzwyczajenie do przechowywania wywiadów i innych materiałów badawczych okazało się tu przydatne.

W ostatnim rozdziale przedstawiam przemiany poglądów na narkotyki i ich zażywanie, które dokonały się bardzo wyraźnie na przełomie wieków. Doskonałą egzemplifikacją zmian są spostrzeżenia młodych ludzi. Ich wypowiedzi są z pewnością najbardziej obrazowe i konkretne.

Badania zrealizowałam w latach 2005–2007 wśród studentów i absolwentów dwóch warszawskich uczelni, jak również osób, których czas ukończenia studiów nie był dłuższy niż trzy lata. Przeprowadziłam 41 wywiadów, a cztery – doktorant w Instytucie Stosowanych Nauk Społecznych, Marcin Poletyło.

Wśród respondentów znalazły się tylko osoby zażywające regularnie, okresowo lub jedynie sporadycznie narkotyki. Początkowo miałam pewne obawy przed zadawaniem pytań wprost dotyczących zażywania narkotyków przez respondenta, ale bardzo szybko okazało się, że moi rozmówcy nie mają żadnych oporów przed dzieleniem się informacjami na ten temat. Sytuacja taka zwiększyła moją czujność, zwracałam uwagę na stopień szczerości wypowiedzi, gdyż bałam się zatajenia przez część respondentów swoich związków z narkotykami i tego, że chcąc być „na czasie", mogą deklarować sięganie po narkotyki, nie mając z nimi w rzeczywistości nic wspólnego. Jednak dość długie i szczegółowe wywiady rozwiały moje wątpliwości.

W pierwotnym zamyśle narzędziem badawczym miał być kwestionariusz ankiety. Zrezygnowałam jednak z niego, ponieważ znacznie bardziej interesował mnie tok myślenia, uzasadnienia, wytłumaczenia. Chciałam, aby rozmówcy wyrażali swoje poglądy w formie dłuższych, pełnych wypowiedzi.

Respondenci byli zróżnicowani pod kątem cech demograficznych, lecz nie badałam wpływu tych zmiennych na treść wypowiedzi. Mówiąc krótko, szukałam odpowiedzi na pytanie: czy i jak młodzi ludzie postrzegają współczesną narkomanię?

Starałam się, aby wywiady były przeprowadzane w tym samym czasie, a na pewno nie w okresie dłuższym niż półtora roku. Z tego też względu nie uzupełniałam ich nowymi wywiadami z ostatnich lat (ich liczbę pozostawiłam niezmienną).

Książka nie ma charakteru raportu z badań, dlatego nie przedstawiam szczegółowych koncepcji badań, analiz i obszernych wyników. Zależy mi na tym, aby wypowiedzi respondentów nie stanowiły osobnej części publikacji, a wkomponowane były w opisywane procesy kulturowe, związane w znacznym stopniu z kształtem obecnej narkomanii[6].

---

6 Osobom poszukującym szczegółowych wyników badań ilościowych oraz zainteresowanym problematyką młodzieży i narkotyków polecam niezwykle cenne pod względem badawczym

***

Moje zainteresowanie problemem uzależnień zaczęło się w okresie studiów w Instytucie Profilaktyki Społecznej i Resocjalizacji UW, praktyk studenckich[7] odbytych w oddziale detoksykacyjnym „Detox" Instytutu Psychiatrii i Neurologii, gdzie pod troskliwą opieką: dr n. med. Heleny Baran-Furgi, dr n. med. Kariny Steinbarth-Chmielewskiej i mgr Michaliny Rokickiej, zdobywałam wiedzę stosowaną, a także praktyk odbytych w ośrodku rehabilitacji dla osób uzależnionych od narkotyków „Grzmiąca", gdzie pod czujnym i życzliwym okiem nieżyjącego już terapeuty – Olafa Mejera-Zahorowskiego – poznawałam ideę pobytowych ośrodków odwykowych. Swoją wiedzę na ten temat mogłam też pogłębić dzięki pracy w Ośrodku Terapii Uzależnień Instytutu Psychiatrii i Neurologii, gdzie za sprawą ogromnego zaangażowania w problematykę uzależnień pracowników oddziału, a szczególnie dra n. med. Bohdana T. Woronowicza, zdobywałam doświadczenie zawodowe.

Wszystkim tym niezwykłym osobom, jak również wspaniałym pacjentom bardzo dziękuję.

---

publikacje: B. Fatyga, J. Sierosławski, *Uczniowie i nauczyciele o stylach życia młodzieży i narkotykach*, ISP, Warszawa 1999; B. Fatyga, J. Rogala-Obłękowska, *Style życia młodzieży gimnazjalnej a narkotyki*, ISP, Warszawa 2002.

[7] Dzięki życzliwości personelu oddziału detoksykacyjnego czas praktyk przedłużył się z trzech tygodni do niemal półtora roku.

Rozdział I
Substancje psychoaktywne w społeczeństwach przednowoczesnych[1]

Środki zmieniające świadomość znane są człowiekowi od tysięcy lat. Stosowane były w różnych kulturach na wielu kontynentach. Większość społeczności używała substancji psychoaktywnych w celach zarówno obrzędowych, jak i świeckich. Jeszcze w czasach prehistorycznych znajdowały zastosowanie w obrzędach i rytuałach religijnych, dzięki nim doznawano wizji, przepowiadano przyszłość. Odkryto także ich działanie przeciwbólowe, dlatego rozpowszechniły się zarówno w ówczesnej, jak i późniejszej medycynie. Nie należy zapominać, że użycie substancji psychoaktywnych często decydowało o społecznej pozycji jednostki. Przez większość stuleci odmienne stany świadomości odróżniano od „normalnych" oraz dzielono na zakazane i dozwolone[2].

Jako jedne z pierwszych odkryto roślinne środki halucynogenne pochodzące z okresu górnego paleolitu. Były to części roślin jadalnych: liście, nasiona, owoce, a także grzyby, używane głównie podczas odprawiania rytuałów religijnych. Znane jest stosowanie substancji narkotycznych przez plemiona San z pustyni Kalahari czy Coso z obszaru Zatoki Kalifornijskiej. O używaniu substancji psychoaktywnych mogą też świadczyć znaleziska europejskie.

Charakterystyczne motywy geometryczne, będące przykładami form entoptycznych sztuki naskalnej, wielokrotnie łączone są z efektami działania środków halucynogennych istniejących w stosowanych farbach[3] bądź w zażywanych

---
[1] W tej części nawiązuję też do: E. Korpetta, E. Szmerdt-Sisicka, *Narkotyki w Polsce. Mity i rzeczywistość*, Prószyński i S-ka, Warszawa 2000, a także wywiadu, który przeprowadziłam z panią Ewą Korpettą; W. Kopaliński, *Słownik mitów i tradycji kultury*, PIW, Warszawa 1987; M. Kusinitz, *Używanie narkotyków na świecie*, tłum. J. Chojnacki, Profi, Warszawa 1994; T. Sikora, *Użycie substancji halucynogennych a religia*, Nomos, Kraków 1999; S. Turner, *Głód niebios. Rock & roll w poszukiwaniu zbawienia*, tłum. T. Bieroń, Znak, Kraków 1997; S. Barrow, P. Dalton, *The Rough Guide to Reggae*, Rough Guides/Penguin, London 2001. Wykorzystałam też niektóre fragmenty moich publikacji, np. B. Hoffmann, *Narkotyki w kulturze*, „Problemy Opiekuńczo-Wychowawcze" 2002, nr 9.
[2] R. Rudgley, *Alchemia kultury. Od opium do kawy*, tłum. E. Klekot, PIW, Warszawa 2002, s. 172.
[3] S. Zdziebłowski, *Kreacje czy wizje*, „Wiedza i Życie" 2011, nr 04.

celowo substancjach psychoaktywnych. Większość z nich znajduje się w południowej Bretanii i datowana jest na około 4900–3200 lat p.n.e., a także w Boyne Valley (w Irlandii) i pochodzi najprawdopodobniej z lat około 3400–3200 p.n.e.[4] W Meksyku, Gwatemali, Belize i Salwadorze odnaleziono kamienne figurki pochodzące z około 1000–500 p.n.e., przedstawiające tzw. boskie grzyby zawierające psylozynę i psylocybrynę.

Są to kamienne rzeźby w formie grzyba kapeluszowego, na którego nóżce została wyrzeźbiona twarz lub postać boga lub zwierzęcopodobnego demona. Większość z nich mierzy wysokość około 30 centymetrów[5].

Na używanie psychoaktywnych grzybów wśród społeczności zbieracko--łowieckich w okresie górnego paleolitu zwrócił uwagę Andrzej Szyjewski[6]. Były one wykorzystywane w tradycji szamańskiej zarówno w Europie (znalezisko w lodowcu alpejskim z 1991 roku), jak i w Afryce (petroglify pochodzące z mezolitu, z Tassili n'Ajer).

Jeszcze w okresie przedkolumbijskim Indianie amerykańscy korzystali z dwu podstawowych roślin zawierających substancje psychoaktywne: wspomnianych już grzybów halucynogennych *Teonanácatl* oraz kaktusa meksykańskiego *Lophophora Williamsii*[7].

W wielu miejscach świata grzyby *Teonanácatl*, oznaczające „ciało bogów", odegrały wyjątkową rolę zarówno w obrzędowości, jak i związanej z nią ściśle alchemii[8], zwłaszcza w kulturze Azteków[9]. Najbardziej wiarygodny dokument pochodzi od franciszkańskiego misjonarza Bernardino de Sahagúna, autora *Historia General de las Cosas Nueva Espana* (Powszechnej historii rzeczy Nowej Hiszpanii), pisanej w latach 1529–1590. Jako jeden z pierwszych przedstawił on konsumpcję grzybów przez Indian:

> Tubylcy konsumowali małe czarne grzyby, które nazywano *teonanácatl* lub *nanacatl*. One rosły pod trawą na polach i pastwiskach, a po ich spożyciu pojawiały się wizje[10].

---

4 Więcej: R. Rudgley, *Alchemia kultury...*, op. cit.
5 A. Hofmann, *LSD... moje trudne dziecko*, tłum. K. Lewandowski, Latawiec, Warszawa 2001, s. 126.
6 A. Szyjewski, *Etnologia religii*, Nomos, Kraków 2001.
7 Zamiennie *Anhalonium Lewinii*.
8 J. Gartz, *Magic Mushrooms Around the World: A Scientific Journey Across Cultures and Time – The Case for Challenging Research and Value Systems*, Knockabout Comics, Lis Publications, Los Angeles 1997.
9 J.W. Allen, *Teonanácatl: Ancient and Contemporary Mushroom Names of Mesoamerica and Other Regions of the Word*, "Ethnomycological Journals Sacred Mushroom Studies" 1997, 3, 1–47.
10 B. de Sahagún (Translation and editing by C.E. Dibble and A.J.O. Anderson) 1950–1969. *Florentine Codex: General History of the Things of New Spain* by Fray Bernardino de Sahagún,

Według de Sahagúna[11] spożywano je na początku uczty, wprowadzając się w stan odurzenia. Wraz z grzybami konsumowane były często kakao i miód. Efektem zjedzonych grzybów były śpiewy, tańce, a także zachowania wskazujące na przeżywane halucynacje. Po ustaniu działania grzyba Indianie rozprawiali w grupie o swych wrażeniach i wizjach. Grzyby spożywano także przy okazji świętowania ważnych wydarzeń, np. pomyślnej wyprawy handlowej[12].

Innymi kronikarzami relacjonującymi z niezwykłą dokładnością obrzędowe stosowanie omawianej rośliny byli pochodzący z XVI wieku dominikanin Diego Duran oraz siedemnastowieczny kronikarz Don Jacinto de la Serna.

I oto, co nastąpiło – do wioski przyszedł Indianin... nazywał się Juan Chichiton... i przyniósł czerwonawego koloru grzyby, zebrane na wyżynie. Przy ich pomocy doszło do wielkiego bałwochwalstwa... w domu, w którym zebrali się wszyscy z okazji świętej uroczystości... całą noc grał na teponastli (aztecki instrument perkusyjny) i rozbrzmiewały śpiewy. Po upływie niemal całej nocy Juan Chichiton, który był kapłanem w tym poważnym obrządku, rozdał te grzyby do zjedzenia wśród wszystkich obecnych na uroczystości w sposób, w jaki podaje się komunię i dał im *pulque* do wypicia... tak, że wszyscy potracili głowy, że aż wstyd było patrzeć[13].

W Meksyku grzyby halucynogenne używane są do dzisiaj, dlatego substancję tę omówię w dalszej części książki.

Sporysz to z kolei grzyb pasożytniczy – buławinka czerwona (*Claviceps purpurea*), wytwarzający ciemne przetrwalniki w kształcie rożków, zwane sporyszem[14]. We wczesnym średniowieczu stał się on przyczyną masowych zatruć W Europie. W XVII wieku stwierdzono, że ich przyczyną był chleb zawierający sporysz. Historia sporyszu wskazuje ogromną przemianę, jakiej podlegał: od trucizny do cenionego lekarstwa, a także narkotyku. Pierwsze wzmianki o medycznym wykorzystaniu sporyszu pochodzą już z 1582 roku. Stosowany był wtedy jako środek przyśpieszający poród. Swoisty renesans tej rośliny nastąpił za sprawą odkrycia organicznego związku chemicznego, psychodelicznej substancji psychoaktywnej – LSD.

Inną popularną rośliną zawierającą psychoaktywny składnik jest wspomniany już echinokaktus Williamsa, zwany przez Azteków *peyotl*. Znajduje się

Twelve volumes, University of Utah Press, Salt Lake City, Utah. Cyt. za: J.W. Allen, *The Aztecs and the Sacred Mushrooms*, Part I, "Shroomtalk Magazine", 1 (1), 10: http://www.mushroomjohn.org/aztec1.htm. Wszystkie cytaty z obcojęzycznych źródeł w moim tłumaczeniu.
11   J.W. Allen, *Teonanácatl...*, op. cit.
12   Więcej: H. Schleiffer, *Sacred Narcotic Plants of the New World Indians. An Anthology of Texts from the Sixteenth Century to Date*, Hafner Press, New York 1973.
13   A. Hofmann, *LSD...*, op. cit., s. 127.
14   A. Ożarowski (red.), *Ziołolecznictwo. Poradnik dla lekarzy*, PZWL, Warszawa 1980, s. 112.

w niej odurzający alkaloid – meskalina. Kaktus ten rośnie w Teksasie i w północnym Meksyku.

Jak zauważa Ewa Nowicka, w kulturze Indian całej Ameryki istnieje żywy kult roślin wiążący się ze zbierackim lub rolniczym charakterem gospodarki[15]. Kultem otacza się nie tylko rośliny jadalne, ale także mające właściwości psychoaktywne. Indianie znali i używali od wieków wielu roślin odurzających, podniecających, wywołujących szczególne stany psychiczne, a zwłaszcza wizje[16].

Peyotyzm, czyli religia peyotlu, rozwija się już od kilkudziesięciu lat wśród Indian na dużych obszarach Ameryki Północnej, zarówno w rezerwatach, jak i poza nimi[17]. Samo poszukiwanie rośliny jest dla wielu grup Indian religijną misją i rytuałem.

Pierwsze informacje o używaniu peyotlu u Indian Meksyku pochodzą z 1569 roku. Peyotl stanowił wtedy część dawnego kompleksu tradycji szamańskiej oraz magiczny sposób zapewnienia powodzenia i dobrobytu[18]. Tradycyjnie używany był w charakterze środka leczniczego. Te lecznicze własności kaktusa są w religii peyotlu podniesione do rangi nadprzyrodzonej mocy. Peyotyści zachowują tradycyjną wiarę, że przyczyna choroby leży w działaniu sił nadprzyrodzonych. Wyleczenie jest więc częścią więzi człowieka ze światem bytów nadprzyrodzonych[19].

Wraz z pojawieniem się w Meksyku inkwizycji (w 1571 roku) rozpoczął się na tym obszarze okres gorliwego ukrócania konsumpcji peyotlu pod zarzutem niewiary i związków z diabłem stosujących go osób[20].

> Przez cały okres kolonialny hiszpański kler w Ameryce systematycznie uciekał się do rytualnego niszczenia wszystkich tych elementów materialnej kultury krajowców, które były dla niego niezrozumiałe[21].

W 1620 roku sporządzono dokument negujący psychoaktywne właściwości kaktusa i krytykujący zabobonną wiarę miejscowej ludności, tak odległą od pożądanej przez „okupanta" wiary katolickiej. Jednak próby wykorzenienia dziedzictwa kulturowego Indian okazały się niemożliwe do spełnienia nawet dla inkwizycji. Jak zauważa Henry Kamen, w toku procesów kolonizacyjnych „tubylcy przejawiali zadziwiającą zdolność przyswajania sobie chrześcijańskich

---

15 E. Nowicka, *Bunt i ucieczka. Zderzenie kultur i ruchy społeczne*, PWN, Warszawa 1972, s. 136.
16 *Ibidem*.
17 *Ibidem*, s. 90.
18 *Ibidem*, s. 112.
19 *Ibidem*, s. 108–109.
20 Więcej: J.W. Allen, *The Aztecs*, op. cit.
21 H. Kamen, *Imperium hiszpańskie. Dzieje rozkwitu i upadku*, tłum. T. Próchenka, Bellona, Warszawa 2008, s. 298.

rytuałów bez rezygnowania z własnych nawyków kulturowych"[22]. W drodze kompromisu w 1692 roku grupa Indian Coahuila założyła misję pod nazwą *El Santo Jesus de Peyotes* (Święty Jezus od Peyotlu), gdzie kaktusy były ważnymi „uczestnikami" obrzędów religijnych, a nawet dochodziło do ich święcenia[23].

Religia pejotlu posiada swój panteon bóstw i istot nadprzyrodzonych. We wczesnym okresie rozwoju występowały w niej następujące postaci:
- Wielki Duch tradycyjnej religii utożsamiany z Bogiem chrześcijańskim,
- Pejotlowa Kobieta (*Peyote Woman*) utożsamiana czasem z Jezusem,
- pejotl często personifikowany jako duch pejotlu utożsamiany z Jezusem lub Duchem Świętym, a w bardziej intelektualistycznych wersjach pejotyzmu – identyfikowany z chrześcijańskim sakramentem chleba i wina[24].

Religia peyotlu miała bogaty kodeks etyczny, którego zasady częściowo uformowały się pod bezpośrednim wpływem chrześcijaństwa, a częściowo wynikają ze specyficznej sytuacji Indian. Kodeks zwany jest Drogą Peyotlu (*Peyote Way*).[25] Co ważne, „pejotl, jako święty, nie powinien być używany do zabawy lub jako kuriozum czy przez ludzi nienależących do kościoła pejotystów"[26]. W toku wieloletniej praktyki duże spotkania peyotystyczne uległy zrutynizowaniu[27].

Warto dodać, że nie wszystkie grupy Indian w tym samym czasie stosowały peyotl. Z 1760 roku pochodzi wzmianka o użyciu tej substancji na północ od Meksyku, wiadomo też, że po 1710 roku był on stosowany przez Indian Kiowa oraz Komanczów. Do dziś zresztą istnieje wiele grup etnicznych, w których peyotl odgrywa ogromną rolę. Spotykamy go zarówno wśród Indian Wielkich Równin, leśnych z Kanady, jak i grup z Południowego Zachodu[28]. Za przykład może tu posłużyć wspólnota Native American Church, łącząca chrześcijańskie zasady moralne z rozpowszechnionym wśród Indian kultem peyotlu. Nie zainteresowały się nim tylko plemiona z Północnego Zachodu, które są od lat osiemdziesiątych XIX wieku uczestnikami indiańskiego kościoła shakerystów, oraz Indianie Pueblo[29].

Wśród innych magicznych narkotyków meksykańskich używanych przez Azteków jeszcze w czasach przedkolumbijskich można wymienić tzw. magiczny powój. Jego nasiona, nazywane *ololiuhqui*, używane były (i nadal są) podczas ceremonii religijnych i praktyk uzdrawiających, zwłaszcza przez plemiona

---

22 *Ibidem*, s. 286.
23 Na podstawie: R. Rudgley, *Alchemia kultury...*, op. cit., s. 89–92.
24 E. Nowicka, *Bunt i ucieczka...*, op. cit., s. 91–92.
25 *Ibidem*, s. 96.
26 *Ibidem*, s. 93.
27 *Ibidem*.
28 *Ibidem*, s. 90.
29 Na podstawie: *ibidem*.

Chinanteków, Mazteków, Mixteków i Zapoteków. Warto zaznaczyć, że obszar południowego Meksyku, zamieszkiwany przez te plemiona, poddany był stosunkowo najlżejszym wpływom chrześcijaństwa.

Najwięcej informacji na temat nasion pochodzi z dzieła *Rerum medicarum Novae Hispaniae thesaurus, seu, Plantarum animalium mineralium Mexicanorum historia*[30] (alternat.: *Plantarum animalium mineralium Mexicanorum historia; Rervm medicarvm Novae Hispaniae thesavrvs*), wydanego w Rzymie w 1651 roku. Jego autor – hiszpański lekarz Francisco Hernandez – został wysłany w drugiej połowie XVI wieku przez króla Filipa II do Meksyku w celu poznania i przestudiowania leczniczych środków stosowanych przez tubylców. Po zetknięciu się z *ololiuqui* podał on dokładny opis rośliny wraz z jej ilustracją.

> Gdy kapłani indiańscy chcą połączyć się z bogami i uzyskać od nich pewne dane, zjadają tę roślinę, aby znaleźć się w stanie odurzenia. Ukazują im się wtedy niezliczone, fantastyczne obrazy oraz demony[31].

Humphry Osmond zwrócił uwagę na silne właściwości psychologiczne tego środka: hipnotyzację, wyostrzoną percepcję wzrokową, ale i relaksację zachodzącą po dłuższym okresie działania *ololiuqui*[32]. Inne siedemnastowieczne wzmianki dotyczące tego środka pochodzą z dzieł kronikarzy hiszpańskich. *Ololiuqui* interesowali się także późniejsi badacze, o czym będzie mowa w dalszej części książki.

Inną substancją odurzającą chętnie stosowaną w praktykach rytualnych i medycznych na obszarze południowego Meksyku była przez lata *hojas de la Pastora* lub *hojas de Maria Pastora* (*Salvia divinorum*)[33]. Interesujących informacji na temat użycia tej odmiany szałwii dostarczają prace naukowe pochodzące z różnych okresów[34]. Sok wyciśnięty z *hojas de Maria Pastora* posiada wprawdzie właściwości odurzające, lecz nietrwałość psychoaktywnego składnika soku, potwierdzona w badaniach laboratorium Sandoza w Bazylei, tłumaczy w pełni brak popularności tego narkotyku na obszarach oddalonych od Meksyku.

---

30 http://www.biodiversitylibrary.org/bibliography/53514#/summary, dostęp: 15.11.2013.
31 F. Hernandez, *Rerum Medicarum Novae Hispaniae Thesaurus seu Plantarum Animalium Mineralium Mexicanorum Historia*, Ex typographeio Vitalis Mascardi, Romae 1651, cyt. za: A. Hofmann, *LSD...*, op. cit., s. 143.
32 H. Osmond, *Ololiuqui: The Ancient Aztec Narcotic Remarks on the Effects of Rivea Corymbosa (Ololiuqui)*, "The British Journal of Psychiatry" 1955, 101, 526–537.
33 R.G. Wasson, *A New Mexican Psychotropic Drug from the Mint Family*, Botanical Museum Leaflets, Harvard University, December 28, 1962 – vol. 20, no. 3 (submitted for publication October 24, 1962), Research Fellow, Botanical Museum of Harvard University, http://www.sagewisdom.org/wasson1.html, dostęp: 9.01.2014.
34 Na przykład: L.J. Valdés, J.L. Diaz, A.G. Paul, *Ethnopharmacology of Ska Maria Pastora (Salvia divznorum, epling and jativa-m.)*, "Journal of Ethnopharmacology" 1983, 7, 287–312.

Wilgotne lasy równikowe Amazonii obfitują w halucynogenne rośliny, wykorzystywane do przeróżnych praktyk od niepamiętnych czasów.

Poważne badania naukowe nad tymi roślinami zaczęły się wraz z wyprawami Richarda Spruce'a, botanika, który badał Amazonię i Andy pomiędzy rokiem 1849 a 1864. Wśród odkrytych przez niego gatunków o właściwościach psychoaktywnych znalazło się pnącze, które nazwał *Banisteria caapi*, później zostało ono przemianowane na *Banisteriopsis caapi*. Oprócz problemów, które pociągała za sobą botaniczna identyfikacja rośliny [...], badacze mieli trudności z dokładnym określeniem skutków działania poszczególnych roślin halucynogennych, ponieważ często zażywane były one w połączeniu z innymi substancjami narkotycznymi[35].

Popularność tego specyfiku zależała od regionu oraz wyborów szamana. Zróżnicowane też były metody przygotowywania, a także okoliczności towarzyszące zażywaniu specyfików.

Od Skandynawii po Kamczatkę powszechne zastosowanie w trakcie obrzędów religijnych znalazł zmieniający świadomość muchomor czerwony (*Amanita muscaria*), pojawiający się często w pradawnych mitach syberyjskich ludów[36].

Nie znaczy to, że wszystkie kultury syberyjskie używały muchomora – niektóre oczywiście tego nie robiły. Jednak u wielu ludów, które wykorzystywały właściwości muchomora, zajmował on centralne miejsce w praktykach szamańskich i traktowany był z atencją[37].

I tak, Wogułowie konsumowali zagrażającą wręcz życiu ilość muchomora jedynie podczas obrzędów sakralnych, Selkupowie ograniczyli jego spożycie do osoby szamana, wierząc, że jeżeli roślina zostanie wykorzystana przez „zwykłego" śmiertelnika, niebędącego szamanem, spowoduje ona jego śmierć. Muchomor spożywany był także przez ludy zamieszkujące wschodnią Syberię: Koriaków, Czukczy i Kamczadałów[38]. Muchomory spożywane były na wiele sposobów: połykano wysuszone grzyby w całości, gotowano z nich zupę, a także namaczano je przed konsumpcją w wódce ze sfermentowanego soku z owoców syberyjskiej borówki bagiennej, a także pito wywar[39]. W celu wzmocnienia i przedłużenia psychoaktywnych właściwości muchomora pito także różnego rodzaju mieszanki alkoholowo-grzybowe. Skutki działania tego grzyba są roz-

---

35 R. Rudgley, *Alchemia kultury...*, op. cit., s. 69.
36 V. Pavlovna-Wasson, R.G. Wasson, *Mushrooms, Russia and History*, Pantheon Books, New York 1957, s. 190.
37 R. Rudgley, *Alchemia kultury...*, op. cit., s. 46.
38 R.G. Wasson, *Persephone's Quest: Entheogens and the Origins of Religion*, Yale University Press, New Heaven 1986, s. 69–70.
39 Na podstawie: R. Rudgley, *Alchemia kultury...*, op. cit.

maite i zależne są od jego dawki, sposobu przygotowania, a także cech psychofizycznych spożywających go osób.

Według niektórych wierzeń dzielni wikingowie zawdzięczali swe męstwo właśnie psychoaktywnym właściwościom muchomora. Należy jednak zaznaczyć, że muchomor niezwykle rzadko powoduje zachowania agresywne u stosujących go ludzi[40].

Dane na temat konsumpcji halucynogennych grzybów w Ameryce Północnej są znacznie skromniejsze niż informacje o ich zażywaniu na Syberii, w Meksyku czy na wyspach Oceanu Spokojnego[41]. Nieliczne przekazy podają, że Indianie Odżibwejowie znad Jeziora Górnego w Michigan stosowali muchomor w trakcie dorocznych obrzędów. W ich języku nosił on nazwę *Oshtimisk wajashkwedo*, co oznaczało „grzyba o czerwonym kapeluszu"[42].

Wiadomo też, że Salisze (Indianie zamieszkujący stan Montana) musieli do swych praktyk magicznych wykorzystywać muchomor. Podczas rytuałów jeden, wskazany przez czarownika, uczestnik obrzędu wypijał sporządzoną przez niego miksturę. Wkrótce oddawał on mocz, którym następnie częstował pozostałych uczestników rytuału. Po spożyciu moczu biorący udział w obrzędzie sprawiali wrażenie osób będących pod wpływem środka odurzającego, podobnie jak częstujący[43]. Ponieważ muchomor jest jedynym znanym halucynogenem zachowującym swoje właściwości również w moczu, środkiem wykorzystywanym do wprawienia się w odmienny stan świadomości musiał być właśnie ów grzyb. Jak dowiodły późniejsze badania, dzięki znajdującemu się w muchomorze muscymolowi, niemetabolizowanemu przez organizm człowieka, możliwe jest zachowanie halucynogennych właściwości. Nic dziwnego więc, że do odurzenia się nawet liczne społeczności plemienne nie potrzebowały dużych ilości grzybów[44]. Zdaniem Petera Furta picie moczu, nie tylko własnego, lecz także innych członków społeczności, przyczyniało się również do powstawania specyficznych więzi pomiędzy nimi[45]. Muchomory spożywane były również w celu zapobiegania zmęczeniu i poprawy kondycji[46].

O stosowanie muchomora w swych praktykach rytualnych podejrzewani są również Eskimosi (Inuici) oraz pewne grupy Atapasków.

---

40 R. Rudgley, *Alchemia kultury...*, op. cit., s. 108.
41 Na podstawie: A. Letcher, *Shroom: A Cultural History of the Magic Mushroom*, Harper Perennial, New York 2008, s. 223.
42 Na podstawie: R. Rudgley, *Alchemia kultury...*, op. cit.
43 Więcej: *ibidem*; R.E. Schultes, A. Hofmann, C. Rätsch, *Plants of the Gods: Their Sacred, Healing, and Hallucinogenic Powers*, Healing Arts Press, Rochester, VT 1998.
44 P.T. Furt, *Hallucinogens and Culture*, Chandler and Sharp, Novato, Calif. 1990, s. 91–92.
45 Więcej: *ibidem*, s. 91–92.
46 Więcej R. Rudgley, *Alchemia kultury...*, op. cit.

W dawnej ikonografii Majów spotykane były przedstawienia ukazujące psychoaktywne właściwości grzybów, lilii wodnych i ropuch znanych w Europie z praktyk czarowniczych. Do pozostałości świadczących o szczególnym kulcie roślin zmieniających świadomość należy ogromna ilość kamiennych form w kształcie grzyba (Gwatemala), a także wizerunki ropuchy i lilii stosowane do ozdabiania naczyń ceramicznych, służących psychoaktywnym rytuałom[47].

Rośliną zawierającą substancje zmieniające świadomość jest wspomniana lilia wodna (*Nymphaea Caerulea*), używana przez część mieszkańców północnej Afryki w charakterze środka nasennego, ponoć skutecznie zastępującego opium, na co nie ma jednak jednoznacznie wiarygodnych dowodów.

Od dawna znane było halucynogenne działanie substancji występującej w ziarnach jednego z gatunków agawy, podobnie jak skutki stosowania pokrzyku wilczej jagody (*Atropa Belladonna*) czy bielunia dziędzierzawy (*Datura stramonium*). Rośliny te odegrały istotną rolę w średniowiecznej magii[48], tak jak – znany jeszcze w epoce brązu – psychoaktywny lulek czarny (*Hyoscyamus niger*). Pokrzyk wilcza jagoda w nieodpowiedniej dawce jest rośliną trującą. Znajdujące się w niej atropina i L-hioscyjamina w małych dawkach wykazują działanie paraliżujące, w dużych zaś pobudzające, czego początkowymi objawami są zaburzenia motoryczne, przesadna rozmowność, niekiedy euforia, po których następuje kolejny etap, charakteryzujący się halucynacjami i często występującymi silnymi zaburzeniami psychomotorycznymi, a także stanami określanymi mianem delirium. Po tych przeżyciach następuje sen. Stany te mogą pojawiać się z różnym nasileniem nawet po zewnętrznym zastosowaniu wymienionej substancji, np. po wtarciu jej w skórę.

Podobne właściwości przejawia bieluń dziędzierzawa, w którym znajdują się te same alkaloidy, co liście pokrzyku. Ze względu na większą niż w pokrzyku zawartość skopolaminy bieluń powoduje głębsze stany otępienia, zaburzenia intelektualne i motoryczne, ale ujawnia też silne właściwości halucynogenne w zależności od ilości i sposobu użycia rośliny. Podobnym działaniem cechuje się lulek czarny, zawierający niewielkie ilości atropiny i mniej bogaty we wspomniane już alkaloidy: L-hioscyjaminę i skopolaminę. Jednak i on znalazł szerokie zastosowanie w średniowiecznych praktykach magicznych, a także w dawnej i obecnej medycynie[49]. Jedną z częściej wykorzystywanych roślin przez

---

47 Motyw żaby (ropuchy) w symbolice Majów połączony jest także z rolnictwem, urodzajem i deszczem i nie musi być wiązany jedynie z opisanym wyżej obszarem.
48 Więcej: J. Waniakowa, *Mandragora and Belladonna – The Names of Two Magic Plants*, "Studia Linguistica Universitatis Iagellonicae Cracoviensis" 2007, 124, 161–173; C. Müller-Ebeling, C. Rätsch, W.D. Storl, *Witchcraft Medicine: Healing Arts, Shamanic Practices, and Forbidden Plants*, Inner Traditions, Rochester, Vermont 2003.
49 Na podstawie: A. Ożarowski (red.), *Ziołolecznictwo...*, op. cit.; R. Rudgley, *Alchemia kultury...*, op. cit.

wiedźmy i czarowników jest mandragora lekarska (*Mandragora officinalis*)[50]. Dużą popularność zawdzięcza ona występującym w niej alkaloidom: skopolaminie, L-hioscyjaminie, atropinie i mandragorynie, dzięki którym wykazuje ona zróżnicowane działanie: halucynogenne, odurzające i nasenne. Ma właściwości pozwalające likwidować uczucie bólu, a przez wielu uważana jest za afrodyzjak. O wyjątkowości mandragory zadecydował z pewnością także jej kształt – korzeń przywołuje na myśl ludzką postać.

Większość opowieści o maściach „umożliwiających latanie" nie precyzuje ich składu, podając jedynie ich niektóre elementy, które budzą ogromne wątpliwości. Jeden z autorów, na którego często powołują się badacze – siedemnastowieczny lekarz Weirus – przytacza trzy przepisy na taką maść. Pierwszy z nich zawiera korzeń pietruszki, wodę tojadową[51], liście topoli, sadze i popiół. Składnikami drugiego są tatarak, marek, pięciornik, pokrzyk wilcza jagoda, olej, a także krew nietoperza, w trzecim zaś przepisie podstawową rolę odgrywają pokrzyk wilcza jagoda, tojad (*Aconitum napellus*), pięciornik, sok z maku, sadza, popiół i tłuszcz z niemowlęcia. Richard Rudgley[52] zwraca uwagę, że Jean de Nynauld w swym dziele *De la Lycanthropie, Transformation, et Extase des Sorciers*, wydanym w 1615 roku, pisze o trzech typach maści czarownic, z których każda ma inne działanie: przepis na pierwszą maść jest identyczny z trzecią recepturą Weirusa z tą różnicą, że zamiast tłuszczu niemowlęcia należy zastosować tłuszcz starszego dziecka. Druga maść pozwalająca odczuwać lot (na miotle) zawiera belladonnę, alkohol lub mózg kota. Natomiast subiektywna przemiana w bestię (*lykantropia*) możliwa jest dzięki użyciu mikstury, której składnikami są: poćwiartowane ropuchy, węże, jeże i inne zwierzęta, krew ludzka oraz różne zioła[53].

W irańskiej medycynie ludowej od niepamiętnych czasów do dzisiaj wykorzystywano zarówno psychoaktywne, jak i przeciwbólowe właściwości rośliny nazywanej harmal (*Peganum harmala*)[54]. Według wierzeń jego psychoaktywne właściwości wywołują napady szału, ale przynoszą też ulgę w bólu. Gotowane w occie nasiona poganka (harmal) są nadal lekarstwem na ból zębów. Stosowane są w formie płukanek, ale nie należy ich połykać, gdyż połknięte powodują senność, majaczenia i halucynacje.

---

50 Więcej: J. Waniakowa, *Mandragora and Belladonna...*, op. cit.
51 Tojad mocny (*Aconitum napellus*) jest wprawdzie rośliną trującą, jednak nie ma ona własności halucynogennych. Jej działanie ogranicza się do spowalniania pracy serca i zaburzeń jego rytmu.
52 Por. R. Rudgley, *Alchemia kultury...*, op. cit., s. 111–112.
53 Najprawdopodobniej były to grzyby, pokrzyk wilcza jagoda i lulek czarny.
54 Poganek rutowaty.

W Bucharze w Azji Środkowej wdychanie dymu z palonych nasion harmalu praktykowane było przez „ludzi nawiedzonych" w celu wprowadzenia się w błogostan...[55].

Doceniono również pozapsychodeliczne właściwości rośliny; jej nasiona wrzucane do palącego się ogniska wywołują trzask i uwalniają ostry, podrażniający śluzówki dym, który ma odpędzać złe duchy.

Z kolei południowoamerykańscy Indianie spożywali psychodeliczny napój *yagé* (znany też jako *ayahuasca* i *huaraca*)[56]. Był on przygotowywany zarówno z roślin bogatych w DMT, z gatunku *Acacia sp.* i *Mimosa sp.*, jak i z nasion *Peganum harmala*. Silnie halucynogenny napój stosowano w celach leczniczych i rytualno-magicznych. Co ciekawe, napój ten cieszył się dużym zainteresowaniem w okresie hipisowskim[57].

Z malowideł znajdujących się w jaskiniach Australii i Meksyku wynika, że nasi przodkowie wykorzystywali naturalne gazy i opary, aby wywołać stany odmiennej świadomości. Również prastare pisma perskie, indyjskie i greckie dowodzą, że w tak odległych czasach wdychano narkotyzujące substancje. Wśród roślin służących do sporządzania odurzających substancji wziewnych najczęściej spotyka się gatunki z rodzaju *Anadenanthera*, zwłaszcza *Anandenathera peregrina* (z rodziny mimozowatych). Nasiona o pobudzających właściwościach rozcierane są aż do uzyskania postaci proszku i wdychane nosem za pomocą rurki otrzymanej z trzciny. Praktyka ta była stosowana na obszarze Indii Zachodnich, na Haiti. Używanie lotnych substancji halucynogennych przez plemiona zamieszkujące lasy Amazonii było znane od czasów pradawnych[58]. Świadczą o tym liczne przedmioty wykorzystywane do tego celu, znalezione w wykopaliskach archeologicznych.

Plemiona Otomaków, zamieszkujące teren dzisiejszej Wenezueli, odurzały się nasionami *Anadenanthera peregrina* o pobudzających właściwościach.

W pochodzącej z XVIII wieku informacji o wąchaniu narkotyków przez Indian Otomac z tego samego regionu mowa jest o tym, że do proszku pochodzenia roślinnego dodawano tlenek wapnia uzyskiwany ze opalonych muszli dużych ślimaków, który zwiększał psychoaktywne właściwości substancji. Mieszanka miała podobno tak silne działanie, że wystarczyło zanurzony w niej uprzednio palec zbliżyć do nosa, a nawet najwytrawniejsi konsumenci zaczynali ją łapczywie

---

55 R. Rudgley, *Alchemia kultury...*, op. cit., s. 61.
56 J. Linzer, *Some Anthropological Aspects of Yagé* [in:] B. Aaronson, H. Osmond (ed.), *Psychedelics: The Uses and Implications of Hallucinogenic Drugs*, Anchor Books Doubleday & Company, Inc., Garden City, New York 1970, s. 108-114.
57 Więcej: P. Stafford, *Yagé: Yagé in the Valley of Fire* [in:] B. Aaronson, H. Osmond (ed.), *Psychedelics...*, op. cit., s. 58-66.
58 Na podstawie: R. Rudgley, *Alchemia kultury...*, op. cit.

wdychać. Co ciekawsze, jak wynika z opisu, wdychanie substancji wywoływało zupełnie różne skutki u wojowniczych Indian Otomac i u ich bardziej pokojowo nastawionych sąsiadów. Ci pierwsi wprowadzali się w wojenny szał, podczas gdy drudzy po zażyciu narkotyku pozostawali nadal łagodni i bierni[59].

Warto zwrócić uwagę, że właśnie u Otomaków, będących plemieniem szczególnie wojowniczym, narkotyczna mieszanka potęgowała agresję. Jak donosił José Gumilla w pochodzącej z 1741 roku księdze *El Orinoco Ilustrado y defendido*, Otomakowie wciągali proszek[60] przed udaniem się na krwawą walkę z Karibami.

Inne spokojne i niewadzące nikomu plemiona także wdychają yupa, lecz nie popadają w taką wściekłość, jak Otomakowie, którzy pod wpływem narkotyku podsycają własne okrucieństwo, okaleczając się przed bitwą, na którą wyruszają w stanie morderczej furii[61].

Skutki działania tej substancji uzależnione są od uwarunkowań kulturowych. Przejawiają się one m.in. w treściach mityczno-rytualnych, które kształtują postępowanie jednostek i grup plemiennych.

Inną (wykorzystywaną do dziś) wiewną mieszanką zmieniającą świadomość była *epena* (inaczej: *ebene, parica, yakee*). Przyrządzana z kory drzew należących do rodzaju *Virola* (rodziny muszkatałowcowatych), stosowana była głównie przez ludy północnej Amazonii zarówno w praktykach zdrowotnych, obrzędowych, jak i dla własnej przyjemności[62].

Jedna z metod przygotowania narkotyku polega na oddzieleniu wewnętrznej, miękkiej warstwy kory, którą w postaci strużyn suszy się delikatnie nad ogniem, po czym rozgniata i rozciera na drobny proszek. Tę brunatną, drażniącą śluzówki substancję zażywa się zwykle na dwa sposoby. Pierwszy z nich polega na wciągnięciu w nozdrza sporej porcji proszku za pomocą rurki z bambusa, kości ptasiej lub trzciny. Drugi sposób polega na wdychaniu mieszanki za pomocą rurki w kształcie litery Y, której końce wkłada się w usta i nozdrza[63].

Pobudzające działanie tej substancji odczuwane jest po kilku lub kilkunastu sekundach: zażywający ją rozpoczynają szalone tańce, śpiewy, wydają z siebie okrzyki, a czasami nawet staczają między sobą walki.

---

59 R. Rudgley, *Alchemia kultury...*, op. cit., s. 76.
60 Czynili to za pomocą wydrążonej, rozwidlonej, pustej kości ptaka.
61 J. Gumilla, *El Orinoco Ilustrado y defendido*, 1741, cyt. za: A. Hofmann, *LSD...*, op. cit., s. 179.
62 W.D. MacRae, G.H. Towers, *Justicia Pectoralis: A Study of the Basis for Its Use as a Hallucinogenic Snuff Ingredient*, "Journal of Ethnopharmacology" 1984, 12 (1), 93–111.
63 R. Rudgley, *Alchemia kultury...*, op. cit., s. 77.

Początkowe stadium odurzenia przechodzi w mdłości, którym towarzyszy utrata koordynacji ruchów mięśni. Następuje okres długiego otępienia, podczas którego doświadcza się halucynacji wzrokowych i słuchowych, włącznie z makroskopią, odczuciami lotu i lewitowania[64].

Jedną z najstarszych roślin narkotycznych są konopie indyjskie (*Cannabis sativa*). Ich psychoaktywne właściwości przez wieki wykorzystywane były w rytuałach religijnych, w medycynie, a także w szeroko rozumianym życiu społecznym. Działanie pochodzącej z Azji Środkowej rośliny przedstawiano już w XVI wieku p.n.e. Ślady konopi znaleziono na wielu stanowiskach neolitycznych w Austrii, Szwajcarii, Niemczech, na obszarze Czech i Słowacji, a także w Rumunii. Konopie były stosowane w Asyrii w VIII wieku p.n.e., hodowali je Chińczycy w IV wieku p.n.e. Ich ślady odnajdujemy w pochodzących z II wieku p.n.e. pismach indyjskich. Znano je również w starożytnej Grecji. Mieszkańcy Tracji wykorzystywali zarówno włókno, jak i psychoaktywne właściwości rośliny. Do Hiszpanii i Portugalii dotarły ponad tysiąc lat temu. Narkotyk ten występował także w Afryce: w Maroku palono tamtejszą odmianę *Cannabis* – kif[65], a w Egipcie – haszysz. Natomiast dalej na południe konopie rozpowszechnione były wśród plemion Bergdamara, Nama, Ovambo czy Tiokwef, wśród których palenie ziela stało się zwyczajem narodowym. Fajki wodne, tzw. *narghile*, rozpowszechnione obecnie na całym Wschodzie, początkowo używane były wyłącznie do palenia konopi, a dopiero później zastosowano je do nowej używki – tytoniu. W Australii z kolei rdzenni mieszkańcy podczas spotkań towarzyskich i religijnych palili tamtejszą odmianę marihuany – *bhang*. W Beludżystanie, Afganistanie i w krajach sąsiadujących uprawą konopi zajmowali się przeważnie derwisze. Wiele produktów z nich otrzymywanych stało się ważnym artykułem handlowym. W zależności od regionu wyrabiano z nich towary spożywcze (np. *mojum* – słodkie pieczywo przyrządzane z haszyszu, czy *czers* – powidełko haszyszowe)[66]. Liście, kwiaty i żywica pochodzące z różnych części roślin były palone i spożywane pod różnymi postaciami, również w Indiach i na Karaibach.

Konopie, ze względu na swoje właściwości narkotyczne, a także dzięki mistycznemu znaczeniu i czarodziejskiej mocy przypisywanej im przez lud, były (a w niektórych regionach są nadal) rośliną popularną i chętnie stosowaną w lecznictwie, przede wszystkim ludowym. Jako zioło lecznicze używane były już w drugim tysiącleciu przed naszą erą na obszarach Indii i Chin. W krajach śródziemnomorskich również doceniono łagodzący wpływ konopi na organizm

---

64 *Ibidem*, s. 78.
65 T. Mikuriya, *Marijuana in Morocco* [in:] B. Aaronson, H. Osmond (ed.), *Psychedelics...*, op. cit., s. 115.
66 Na podstawie: S. Benetowa, *Konopie w wierzeniach i zwyczajach ludowych*, Towarzystwo Naukowe Warszawskie, Warszawa 1936.

człowieka. Jako lek ziołowy konopie indyjskie rozpowszechniły się w krajach kultury europejskiej dopiero w XVIII wieku i zaczęły stanowić konkurencję dla opium, stosowanego także w celach leczniczych.

Należący do psychostymulantów krzew kokainowy (*Erythroxylum coca*) porasta górskie obszary Ameryki Południowej. Boliwia była pierwszym krajem, w którym zaczęto wykorzystywać pobudzające właściwości koki. Roślina ta była znana i używana od około 3000 roku p.n.e. Indianie zamieszkujący Boliwię, Peru i Ekwador od wieków żuli[67] liście koki, mieszając je z pastą wapienną, zwiększającą uwalnianie znajdujących się w nich psychoaktywnych alkaloidów. Przyjmowana w ten sposób kokaina docierała do organizmu w ilościach niepowodujących euforii i nadmiernego pobudzenia, usuwając zaś uczucie zmęczenia, głodu i pragnienia, zwiększała wytrzymałość organizmu. Stosowanie liści koki bywało w tych rejonach niekiedy warunkiem przetrwania, stając się elementem codziennego życia[68]. W XIII wieku zaczęto uznawać kokę za dar bogów, co przyczyniło się do upowszechnienia rośliny i jej magicznego zastosowania. Jak podają źródła, liście koki dotarły do Europy w XVI wieku. Nie dało się ich jednak hodować, dopóki nie pojawiły się pierwsze ogrzewane szklarnie (pierwsza powstała w 1709 roku w ogrodach botanicznych Uniwersytetu w Lejdzie)[69]. Używka ta przez wieki cieszyła się popularnością, mimo że wielokrotnie ustępowała miejsca innym substancjom.

Inną grupę środków odurzających stanowią opioidy, czyli substancje uzyskiwane z maku lekarskiego (*Papawer somniferum*), zawierającego alkaloidy o działaniu narkotycznym: morfinę, kodeinę, papawerynę, narkotynę, narceinę i tebainę. Uspokajające i przeciwbólowe właściwości maku znane były na świecie od tysiącleci. Nie ma jednoznacznej opinii co do jego pochodzenia, jednak dowody paleobotaniczne wskazują, że mak uprawiany był w basenie Morza Śródziemnego przez Egipcjan, Sumerów, Persjan, Greków i Rzymian. W XIX wieku odkryto pozostałości nasion maku i uzyskiwanego z niedojrzałych makówek opium, pochodzące z neolitycznych osad, z obszaru dzisiejszych: Szwajcarii, Włoch i Niemiec. Na ślady obecności nasion tej rośliny pochodzące z epoki żelaza natrafiono w południowej Anglii, a także w Polsce. W czasach przedchrześcijańskich mak i opium poświęcone były takim bóstwom greckim, jak Afrodyta,

---

67 Liście nie są żute w dosłownym rozumieniu, lecz umieszcza się je w ustach między dziąsłem a policzkiem.
68 Antropolog prowadząca badania wśród boliwijskich plantatorów koki – Alison L. Spedding – porównuje działanie jej liści do skutków, jakie wywołuje wypicie filiżanki mocnej kawy. Dlatego też błędem jest porównywanie żucia liści z przyjmowaniem czystej kokainy, posiadającej silne właściwości uzależniające. A.L. Spedding, *Coca Eradication: A Remedy for Independence? – with a Postscript*, „Anthropology Today" 1989, 5 (5), s. 4–9.
69 R. Davenport-Hines, *Odurzeni. Historia narkotyków 1500–2000*, tłum. A. Cioch, W.A.B., Warszawa 2006, s. 28.

Demeter, Hypnos, Morfeusz czy Tanatos. Mak znalazł zastosowanie także w przemyśle: niezawierające opium nasiona, a także pozyskiwany z nich olej, wykorzystywane były do celów spożywczych oraz do oświetlenia.

Odkrycie makówek i nasion maku w hiszpańskiej Jaskini Nietoperzowej oraz glinianych kadzielnic pochodzących z Europy Zachodniej wskazuje, że mak pełnił niewątpliwie funkcje rytualne, stosowanie go zaś w obrzędach musiało wynikać z narkotycznych właściwości rośliny. Za sprawą arabskich kupców w VII wieku n.e. opium przekroczyło granice Indii, a kilkaset lat później handlowano nim w Chinach, gdzie także dostrzeżono uzależniające właściwości specyfiku. Również w Anglii na przełomie XVIII i XIX wieku wiedziano, że zażywanie opium prowadzi do ciągłego zwiększania „apetytu" na tę substancję. W XVI wieku Paracelsus stworzył alkoholowy ekstrakt opium, który nazwał *laudanum*. Stało się tak dzięki odkryciu, że alkaloidy znajdujące się w opium są lepiej rozpuszczalne w alkoholu niż w wodzie. Niemal sto lat później Thomas Sydenham wprowadził na dużą skalę *laudanum* do lecznictwa. Sydenham nie szczędził pochwał swojemu *laudanum* i w dziele zatytułowanym *Medical Observations Concerning the History and the Cure of Acute Diseases* wykazał jego zbawienny wpływ na leczenie wielu dolegliwości[70].

Oczywiście *laudanum*, jak każdy narkotyk, miało właściwości uzależniające. Ciekawy był stosunek do ludzi uzależnionych. O ile osoby spożywające opium pod postacią *laudanum* traktowane były z wyrozumiałością i nierzadko z sympatią, o tyle za uzależnionych w dzisiejszym rozumieniu uważano jedynie ludzi palących narkotyk. Podobna sytuacja występowała na zachodzie Stanów Zjednoczonych, gdzie w latach siedemdziesiątych XIX wieku zaobserwowano szerzące się wśród młodzieży z klasy średniej zjawisko palenia opium. Rozmiar zjawiska był na tyle duży, że pociągnął za sobą gwałtowną reakcję władz miejskich San Francisco[71].

Interesującym źródłem wiedzy na temat pozycji tego narkotyku stało się dzieło pisarza doby romantyzmu – Thomasa de Quinceya pt. *Wyznania angielskiego opiumisty*[72].

Reasumując rozważania, należy podkreślić, że większość dawnych ludów poświęcała bogom lub darzyła szczególną czcią rośliny o właściwościach narkotycznych. Zaspokajały one głód, pragnienie, uśmierzały ból lub wprawiały człowieka w pewien stan upojenia, podczas którego doznawał on rozmaitych wizji. Rośliny te pozwalały na ucieczkę od świata rzeczywistego. Kapłani i ówcześni czarodzieje tłumaczyli sny i różnego rodzaju omamy pojawiające się po

---

70 *Ibidem*, s. 37.
71 Więcej: *ibidem*, s. 13.
72 T. de Quincey, *Wyznania angielskiego opiumisty* [*Confessions of an English Opium-Eater*, 1822], tłum. M. Bielewicz, Czytelnik, Warszawa 1980.

zażyciu środków, stając się dzięki temu pośrednikami pomiędzy człowiekiem a bóstwem, któremu dana roślina została poświęcona. W kolejnych wiekach stopniowo zaczęła następować zmiana w podejściu do substancji odurzających i różnicowanie się znaczenia środków zmieniających świadomość. Zainteresowanie nimi nie słabło w późniejszych okresach.

Rozdział II
Środki odurzające w drugiej połowie XIX i pierwszej połowie XX wieku

Środki zmieniające świadomość w drugiej połowie XIX wieku

Odkrycia naukowe i techniczne zapoczątkowane w XIX wieku umożliwiły otrzymywanie niektórych alkaloidów zawartych w krzewie koki i maku w postaci wyjątkowo silnie działających substancji narkotyzujących: kokainy, morfiny i heroiny.

W 1805 roku niemiecki farmaceuta Friedrich Sertürner odkrył morfinę[1]. Nazwę dla wynalezionej substancji zaczerpnął z mitologii greckiej, od imienia boga snu Morfeusza. Alkaloid okazał się najistotniejszym składnikiem psychoaktywnym opium i znalazł szerokie zastosowanie zarówno w dawnej, jak i współczesnej medycynie. Ze starożytności i średniowiecza pochodziły przekazy o nasennych i uspokajających właściwościach wywaru maku lekarskiego, służącego często do uspokajania dzieci. Przeciwbólowe właściwości morfiny były wykorzystywane do uśmierzania bólu u rannych w wyniku działań wojennych. Również dziś, pomimo wielu nowszych, syntetycznych środków o przeciwbólowym działaniu, morfina nadal jest stosowana w leczeniu bólu o proweniencji nowotworowej.

Kokainę z kolei wyizolował w 1859 roku Albert Niemann[2], jako aktywny składnik koki. Środek ten szybko zaczął być używany w ówczesnej medycynie. Reakcja środowiska medycznego na kokainę była początkowo niewielka; wzrosła zaś gwałtownie po opublikowaniu przez kilku znanych lekarzy artykułów, w których narkotyk ten przedstawiono jako cudowny specyfik na wiele dolegliwości.

---

1 G. Lockermann, *Friedrich Wilhelm Serturner, the Discoverer of Morphine*, "Journal of Chemical Eduation" 1951, 28 (5), DOI: 10.1021/ed028p277, http://pubs.acs.org/doi/abs/10.1021/ed028p277?journalCode=jceda8, dostęp: 3.11.2013.
2 D. Streatfeild, *Cocaine: A Definitive History*, Virgin Books, London 2002, s. 58–60.

Od 1884 roku dzięki Karlowi Kollerowi kokainę zaczęto używać jako środek miejscowo znieczulający[3] w okulistyce, a następnie w stomatologii. Rok później substancja ta pojawiła się w reklamie, gdzie ukazano ją jako

> [...] lek, który dzięki swym właściwościom stymulującym może zastąpić pożywienie, z tchórza uczynić bohatera, a z milczka – wspaniałego mówcę; potrafi wyzwolić z nałogu ofiary alkoholu i opium, a cierpiących od bólu uczynić szczęśliwymi...[4].

Niebawem zaczęto sprzedawać kokainę bez recepty. Używano jej w różnych medykamentach, papierosach o działaniu antydepresyjnym i w tabliczkach czekoladowo-kokainowych na poprawę humoru.

Jednym ze zwolenników kokainy był Zygmunt Freud. Zażywał ją zarówno on sam, jak i jego pacjenci. W 1884 roku ukazał się jego tekst zatytułowany *Über Coca*[5], w którym starał się przekonać czytelników do walorów tego środka. Argumentował, że kokaina pomaga w leczeniu uzależnienia od morfiny, depresji, spastyczności oskrzeli, a nawet chorób wenerycznych. Podkreślał też, że nie prowadzi do zwiększenia tolerancji u pacjentów ani do uzależnienia, ale wręcz przeciwnie – po dłuższym stosowaniu dochodzi do kokainowej awersji. Środowisko medyczne ze sceptycyzmem zareagowało na deklaracje Freuda[6], zwłaszcza że odnotowywano coraz większą liczbę uzależnionych oraz zgonów z powodu kokainy. Od 1887 roku kierownik domu dla osób uzależnionych w nowojorskim Brooklynie – Jansen Mattison[7] – sporządzał raporty, w których informował o liczbie zmarłych w wyniku zażywania kokainy. Jedną z ofiar narkotyku był przyjaciel Freuda, znany neurofizjolog, Ernst von Fleischl-Marxow[8]. Pracując w instytucie anatomicznym, nabawił się zakażenia, które doprowadziło do amputacji kciuka. Nie radząc sobie z dolegliwościami bólowymi po amputacji, zaczął przyjmować morfinę, od której się uzależnił. Freud nakłonił Fleischla-Marxowa do sięgnięcia po kokainę, która miała nie tylko pomóc przyjacielowi

---

3 P. Gootenberg (commentary by Julio Cobler), *Between Coca and Cocaine: A Century or More of U.S. – Peruvian Drug Paradoxes 1860–1980*, "Working Papers of the Latin American Program of the Woodrow Wilson International Center for Scholars" 2001, 251, s. 7, http://www.wilsoncenter.org/sites/default/files/gootenberg-wp251.pdf.
4 P. Robson, *Narkotyki*, cz. II [*Forbidden Drugs: Understanding Drugs and Why People Take Them*], tłum. C. Juda, Medycyna Praktyczna, Kraków 1997.
5 S. Freud, *Über Coca* [reprint oryginału z 1885 roku], EOD Network, 2012.
6 S.B. Karch, *A Brief History of Cocaine*, CRC Press, Boca Raton 2005, s. 57.
7 J.F. Spillane, *Cocaine: From Medical Marvel to Modern Menace in the United States, 1884–1920*, Series: "Studies in Industry and Society", Johns Hopkins University Press, Baltimore 2002.
8 Więcej: E.M. Brecher and the Editors of Consumer Reports Magazine, Freud (1884–1888), *The Disasterous "Cocaine Episode"*, fragment pochodzi z: *The Consumers Union Report on Licit and Illicit Drugs* (rozdz. 35), http://www.psychology.sunysb.edu/ewaters/345/1_2009_freud/cocaine_episode.pdf, dostęp: 10.08.2013.

wyjść z nałogu, ale też uśmierzyć ból. Zażywanie tej substancji przyczyniło się do jeszcze większego uzależnienia, a w końcu do szybkiej śmierci wiedeńskiego lekarza. Silne przeżycia związane ze stratą przyjaciela spowodowały zmianę spojrzenia Freuda na kokainę.

Do pozamedycznego spopularyzowania kokainy doszło w drugiej połowie XIX wieku. Wtedy to psychoaktywny środek spotkał się z przychylnym przyjęciem społecznym. Kokaina dodawana była wówczas w dawce 6 mg na szklankę 30 ml[9], do niezwykle cenionego w całej Europie, a także w Stanach Zjednoczonych, wina Mariani[10]. Wynaleziony przez korsykańskiego farmaceutę Ange'a--François Marianiego trunek cieszył się niesłabnącym powodzeniem przez wiele lat[11]. Mariani reklamował stworzony przez siebie napój słowami: „Wino-tonik Mariani z koką z Peru"[12]. Jego wielbicielami byli: sławny francuski rzeźbiarz, znany przede wszystkim jako twórca Statuy Wolności – Frédéric Auguste Bartholdi[13], królowa Wiktoria, Juliusz Verne, a nawet papieże: Leon XIII i Pius X. Warto dodać, że na reklamie ukazującej się w amerykańskich i europejskich gazetach[14] pod koniec XIX wieku widniał wizerunek papieża Leona XIII i jego słowa, jakoby nigdy nie wyruszał w podróż bez łyka „kokainowego" wina Mariani.

W 1886 roku pojawił się stymulujący napój Coca Cola, zawierający kilka miligramów kokainy na szklankę, i stał się on w pewnym stopniu alternatywą wobec alkoholu. Od 1879 roku kokainę stosowano jako środek w leczeniu uzależnienia od morfiny, jednak część pacjentów zaczęła eksperymentować z zażywaniem obu substancji. Pod koniec XIX wieku nastąpił gwałtowny wzrost doniesień z całego świata o częstych przypadkach uzależnienia od kokainy, jak również o zatruciach (także śmiertelnych) tym środkiem. W owych przekazach zwracano uwagę na negatywne skutki iniekcyjnego stosowania środka. Z tego też względu popularność narkotyku, szczególnie zażywanego w postaci zastrzyku, zaczęła spadać, jego zwolennicy zaś chętniej sięgali po odmianę doustną jako mniej zagrażającą zdrowiu. Trzeba jednak podkreślić, że na lata 1885–1910

---

9 "Dossier Pédagogique", Du 7 au 16 Septembre 2013, s. 23, http://www.foire-de-clermont.com/pdf/enseignants/2013/dossier%20pedago%202013.pdf, dostęp: 7.01.2014.
10 J.F. Spillane, *Cocaine...*, op. cit., s. 129.
11 D. Smith, *Hall Mariani: The Transformation of Vin Mariani from Medicine to Food in American Culture, 1886–1910*, "Social History of Alcohol and Drugs" 2008, 23 (1), s. 42–57.
12 "Dossier Pédagogique", op. cit.
13 G. Hanson, P. Venturelli, A. Fleckenstein, *Drugs and Society*, Jones & Bartlet, Burlington 2011, s. 302.
14 "New York Daily Tribune", Wednesday, March 22. 1899, http://chroniclingamerica.loc.gov/lccn/sn83030214/1899-03-22/ed-1/seq-3.pdf, dostęp: 7.01.2014.

przypadł okres intensywnego upowszechnienia się nie tyle liści koki, co właśnie kokainy[15].

Narkotyki były wówczas obecne także w świecie literatury i sztuki[16]. Robert Louis Stevenson, szkocki powieściopisarz, poeta, reportażysta i podróżnik, przez większość życia przyjmował opium i laudanum, nie stronił też od kokainy. Relaksacyjne właściwości opium doceniali również Charles Dickens, George Byron, Walter Scott czy Aleister Crowley. W znanej powieści kryminalnej Wilkiego Collinsa *The Moonstone* (1868)[17] opium odgrywa istotną rolę. Pisarze chętnie kreowali bohaterów sięgających po narkotyki, choćby główna postać powieści detektywistycznych Arthura Conan Doyle'a – Sherlock Holmes – przyjmuje kokainę[18].

Francja, obok Anglii i Rosji, była krajem, gdzie literatura poświęcona narkotykom zyskiwała największą popularność. Francuscy pisarze: Honoré de Balzac, Guy de Maupassant czy symbol obyczajowego buntu – Jean Arthur Rimbaud, poszukiwali w używkach środka umożliwiającego dostęp do niedostępnych obszarów twórczego potencjału[19].

Oczywiście kokaina nie była jedynym narkotykiem budzącym zainteresowanie. Wracające z Egiptu wojska napoleońskie wiozły ze sobą marihuanę. Nowy środek odurzający przyciągnął uwagę Jacques'a Josepha Moreau – psychiatry badającego od kilku lat skuteczność leczenia niektórych chorób psychicznych za pomocą substancji psychoaktywnych[20]. W 1844 roku wraz z Théophilem Gautierem – jedną z najważniejszych postaci dekadentyzmu literackiego – założył Le Club des Haschischins. W jego składzie znaleźli się m.in.: pisarz Gérard de Nerval, malarz Joseph Ferdinand Boissard de Boisdenier czy Alexander Dumas (ojciec), a także Charles Baudelaire. Członkowie klubu spotykali się regularnie raz w miesiącu w eleganckim Hotelu Pinondan[21] na Wyspie Świętego Ludwika.

---

15 P. Gootenberg (commentary by Julio Cobler), *Between Coca and Cocaine: A Century or More of U.S. – Peruvian Drug Paradoxes 1860–1980*, "Working Papers of the Latin American Program of the Woodrow Wilson International Center for Scholars" 2001, 251, s. 7, http://www.wilsoncenter.org/sites/default/files/gootenberg-wp251.pdf.
16 Więcej: M. Milner, *L'imagination des drogues: de Thomas de Quincey a Henri Michaux*, Gallimard, Paris 2000, s. 230.
17 Wyd. pol.: *Kamień księżycowy*, tłum. W. Komarnicka, Iskry, Warszawa 1960.
18 *The Adventures of Sherlock Holmes* (1892). D.A. Labianca, W.J. Reeves, *Sherlock Holmes and His Compulsive Use of Cocaine: A Topic for Coordinated Study*, "Science Education" 1976, 60 (1), s. 47–52.
19 M. Milner, *L'imagination des drogues…, op. cit.*
20 Więcej: J.J. Moreau, *Du hachisch et de l'aliénation mentale: études psychologiques*, Fortin, Masson, Paris 1845, http://books.google.pl/books?id=yMyuaQhYjhIC&printsec=frontcover&hl=pl#v=onepage&q&f=false; E. Russo, *Cognoscenti of Cannabis I: Jacques-Joseph Moreau (1804–1884)*, "Journal of Cannabis Therapeutics" 2001, 1 (1), s. 85–88.
21 Niektóre źródła podają Pimoden.

Po dołączeniu do klubu Baudelaire'a został on przeniesiony z hotelu do mieszkania paryskiego playboya – Rogera de Beauvoir. W 1846 roku na łamach czasopisma „Revue des Deux Mondes" opublikowano opowiadanie Gautiera *Le club des haschishins*. Francuski prozaik i poeta opisał w nim doświadczenia narkotykowe związane z opium.

Pod wpływem wizji wywołanych substancjami odurzającymi Baudelaire napisał poemat *Wino i haszysz*, który po raz pierwszy ukazał się we wrześniu 1858 roku. W 1910 roku Crowley przetłumaczył go na język angielski i opublikował w swym okultystycznym periodyku „The Equinox"[22]. Mimo że *Wino i haszysz* pozostaje nadal jedną z najbardziej wnikliwych relacji przedstawiających skutki zażywania tego narkotyku, postawa Baudelaire'a wyraźnie sugerowała jego ambiwalentny stosunek do używek. I tak, w *Kwiatach zła*[23] nie tylko brakuje jednoznacznego potępienia narkotyków, ale wręcz widoczny jest pewien zachwyt opium i ludźmi poszukującymi nowych obszarów psychiki. Należy jednak podkreślić, że Baudelaire nie wyrażał aprobaty dla odmiennych stanów świadomości uzyskiwanych dzięki narkotykom. Sam wprawdzie przyjmował przez długi czas opium jako lekarstwo, jednak nie pochwalał zażywania narkotyków w innych celach[24]. Owe raje, tworzone za pomocą „sztuki aptekarskiej i napojów wyskokowych"[25], wyraźnie nie satysfakcjonowały poety.

> Nie dostrzegał [on – B.H.] w działaniu haszyszu żadnych cudów; uważał, że po prostu potęguje on naturalne skłonności człowieka, nie zmieniając jego usposobienia ani zasad moralnych. Porównuje haszysz do lustra, w którym zażywający go widzi własne odbicie i własne myśli w powiększeniu; jednak lustro jedynie odbija rzeczy już istniejące. Baudelaire nazywa też haszysz wyrocznią, której zbyt częste słuchanie osłabia siłę woli – najcenniejszą z ludzkich władz. Narkotyk poszerza też wyobraźnię, jednak to, co jedną ręką daje, druga odbiera. Wyobrażenia powstające pod wpływem haszyszu nie zastąpią [zdaniem Baudelaire'a – B.H.] rzeczywistego duchowego trudu poetów i filozofów[26].

Niezależnie od takiego spojrzenia czas, w którym ludzie Zachodu używają substancji stosowanych uprzednio w lecznictwie, aby zaspokoić swoją ciekawość i chęć radosnego zamroczenia się[27], stał się faktem. Pod koniec XIX wieku dzięki meksykańskim imigrantom właściwości marihuany jako używki odkryto

---

22 A. Crowley (translat.), *The Poem of Hashish*. Part III: *The Herb Dangerous*, "The Equinox" 1910, vol. I, no. III, March [Privately published, London], s. 55–114.
23 *Les fleurs du mal* (1857).
24 Więcej: K. Dybeł, B. Marczuk, J. Prokop, *Historia literatury francuskiej*, PWN, Warszawa 2005.
25 C. Baudelaire, *Wino i haszysz: (sztuczne raje): analekta z pism poety*, tłum. B. Wydżga, E. Wende i S-ka, Warszawa 1926, s. 49.
26 R. Rudgley, *Alchemia kultury...*, op. cit., s. 123.
27 R. Davenport-Hines, *Odurzeni...*, op. cit., s. 21.

również na południu Stanów Zjednoczonych. Nie spełniała już jedynie funkcji leczniczej; zaczęła być stosowana również jako środek pomagający rozwiązać życiowe problemy.

W drugiej połowie XIX wieku Francuzi, Brytyjczycy i Amerykanie przeprowadzali doświadczenia z medycznym użyciem koli. Substancję tę wykorzystywano nie tylko w celach terapeutyczno-uzdrowicielskich, ale także jako drugi „narkotyczny" składnik napoju Coca Cola[28].

Wkrótce dokładniej poznano działanie kokainy i ograniczono jej dostępność[29]. Po pierwszej wojnie światowej kokaina została zakazana w większości państw. Mimo że nadal była modna w pewnych kręgach (wśród artystycznej bohemy, pisarzy i intelektualistów), do zmniejszenia jej popularności przyczyniły się zarówno doniesienia ostrzegające przed skutkami jej zażywania, jak i odkrycie innej atrakcyjnej substancji – heroiny.

Pierwszej syntetyzacji heroiny dokonał w 1874 roku brytyjski chemik i fizyk Charles Romley Alder Wright[30], poszukujący „zdrowszej" substancji – alternatywnej dla mocno uzależniającej morfiny. Wynik prac Wrighta był jednak zaskakujący: podczas gotowania bezwodnego alkaloidu morfiny z bezwodnikiem octowym otrzymał on najsilniejszą acetylową pochodną morfiny – diacetylomorfinę[31]. Wykazywała ona znacznie większe działanie przeciwbólowe w przypadku podania dożylnego niż morfina. Działanie to było jednak krótsze.

Rezultatami doświadczeń Anglika zainteresował się niemiecki chemik i pracownik farmakologicznego laboratorium koncernu Bayer – Heinrich Dreser, widząc w odkrytej przez Wrighta diacetylomorfinie olbrzymi potencjał farmakologiczny, a co za tym idzie – komercyjny. Największe nadzieje pokładano w leczeniu dzięki heroinie napadów kaszlu towarzyszących tak często wtedy występującym chorobom, jak gruźlica i zapalenie płuc.

W 1897 roku w laboratorium firmy Bayer Niemiec Felix Hoffmann zsyntezował heroinę. Chociaż nie był on pierwszym chemikiem, który otrzymał heroinę, to właśnie dzięki niemu stała się ona dostępna przemysłowi medycznemu. Substancja ta była testowana na zwierzętach, badaczach i na współpracownikach Dresera, którzy swój stan po jej zażyciu określali jako *heroisch* (samopoczucie heroiczne). Nic dziwnego więc, że nazwano ją heroiną[32].

---

28 Obecnie wytwarzany produkt nie zawiera wspomnianych składników.
29 Więcej: R. Davenport-Hines, *Odurzeni...*, *op. cit.*
30 H. Fernandez, T.A. Libby, *Heroin: Its History, Pharmacology, and Treatment*, The Library of Addictive Drugs, Hazelden Center City, Hazelden 2011, s. 21; K. Filan, *The Power of the Poppy: Harnessing Nature's Most Dangerous Plant Ally*, Park Street Press, Toronto 2011, s. 85.
31 Więcej: K. Filan, *The Power of the Poppy...*, *op. cit.*
32 Więcej: J. Merry, *A Social History of Heroin Addiction*, "British Journal of Addiction to Alcohol & Other Drugs" 1975, 70 (3), September, s. 307–310.

Heroina zyskała opinię środka niezwykle skutecznego oraz – w przeciwieństwie do morfiny i kokainy – nieszkodliwego. Ponieważ spotkała się z ogromną przychylnością środowisk lekarskich i farmaceutycznych nie tylko w Niemczech, ale i na świecie, bardzo szybko, bo już w 1898 roku, zarejestrowano ją jako lek. Dwa lata później w amerykańskim renomowanym czasopiśmie medycznym „The Boston Medical and Surgical Journal" ukazały się artykuły zachęcające do stosowania heroiny w leczeniu chorób płuc i oskrzeli, zapewniające o braku jakichkolwiek właściwości uzależniających. Firma Bayer stała się światowym dostawcą heroiny, a jej roczna produkcja w 1899 roku wynosiła tonę[33].

Jednak wkrótce amerykańscy i francuscy chemicy i lekarze zaczęli donosić o przypadkach uzależnienia od tej substancji. Nałóg ten, nazwany heroinizmem, potwierdzały zarówno szpitale, do których przyjmowano uzależnionych, jak i policja łapiąca na gorącym uczynku tych, którzy chcieli nielegalnie zarobić na zdobycie tego środka.

W latach osiemdziesiątych XIX wieku Louis Lewin przeprowadził analizę właściwości echinokaktusa, jednak badania jego dotyczyły głównie toksycznych, a nie halucynogennych właściwości rośliny.

W 1896 roku Arthur Heffter wyodrębnił meskalinę z kaktusa[34]. Dwa lata później ukazał się artykuł brytyjskiego psychologa Havelocka Ellisa *Mescal: A New Artificial Paradise*[35], opisujący psychoaktywne działanie kaktusa. Zawierał on spostrzeżenia z przeprowadzonego na samym sobie eksperymentu, który trwał około dwudziestu czterech godzin. Jego relacja była zbliżona do charakterystyki późniejszych wrażeń Aldousa Huxleya; obaj doświadczyli wizji świetlnych,

> [...] na zmianę pojawiało się migoczące światło i cień, które po jakimś czasie przyjmowały bardziej określone kształty [...]. Przed oczyma przesuwały mu się fantastyczne strumienie lśniącego złota, czerwieni i zieleni, a powietrze wydawało się przesiąknięte cudowną wonią. [...] Przed oczyma pojawiały się też lśniące, wirujące spirale i inne złożone motywy geometryczne, typowe dla zjawisk enoptycznych[36].

---

33 Więcej: R. Davenport-Hines, *Odurzeni...*, op. cit.
34 S.G. Powell (Author), G. Hancock (Foreword), *The Psilocybin Solution: The Role of Sacred Mushrooms in the Quest for Meaning*, Park Street Press, Toronto 2011, s. 80.
35 E. Havelock, *Mescal: A New Artificial Paradise*, Speculum Mundi Books, Los Altos 2010, http://www.amazon.com/MESCAL-Artificial-Paradise-Annels-Science-ebook/dp/B0035LC4T6#reader_B0035LC4T6.
36 R. Rudgley, *Alchemia kultury...*, op. cit., s. 124.

Pierwsza laboratoryjna analiza kaktusa dokonana została przez Louisa Lewina, następne badania prowadzone były przez Hefftera, a w latach dwudziestych XX wieku Ernst Späth dokonał syntezy związków znajdujących się w kaktusie.

> Była to pierwsza substancja halucynogenna, określana także mianem fantastikum[37] [...], dostępna w czystej postaci. Umożliwiła ona studia nad chemicznie wywoływanymi zmianami percepcji zmysłowej oraz nad złudzeniami (halucynacjami) i odmiennymi stanami świadomości[38].

W XIX wieku stosowane były także środki wziewne, głównie w celach rozrywkowych i przeciwbólowych. Substancje te zapoczątkowały rozwój anestezjologii. W latach czterdziestych XIX wieku pojawił się jednak w USA na większą skalę problem wdychania par rozpuszczalników przez młodych ludzi pochodzących z ubogich warstw społecznych, których nie było stać na inne narkotyki.

W 1808 roku, dzięki artykułowi amerykańskiego lekarza Johna Stearnsa pt. *Account of the Putvis Parturiens, a Remedy for Quickening Childbirth*[39], sporysz trafił do oficjalnej medycyny. Jednak ze względu na zagrożenie dla płodu użycie sporyszu jako leku położniczego ograniczono jedynie do zastosowania w krwawieniu poporodowym. W pierwszej połowie XIX wieku podjęto pierwsze próby wyizolowania ze sporyszu substancji aktywnych. W 1907 roku uczeni brytyjscy – George Barger i Francis Howard Carr – wyodrębnili ze sporyszu aktywny preparat, nazwany ergotoksyną. Posiadał on jednak znaczne właściwości toksyczne. Badania farmakologa Henry'ego H. Dale'a wykazały, że

> [...] ergotoksyna, poza oddziaływaniem na macicę, stymuluje także ujemnie wytwarzanie adrenaliny w autonomicznym systemie nerwowym, co mogło prowadzić do leczniczego wykorzystania alkaloidów sporyszu[40].

Syntezy amfetaminy dokonano w 1887 roku w Stanach Zjednoczonych[41], a w 1910 roku otrzymano syntetyczne aminy, zwane amfetaminowymi, jednak do lat dwudziestych XX wieku amfetamina nie była testowana na ludziach. Od 1927 roku środek ten znalazł zastosowanie w lecznictwie. W pozamedycznych celach amfetamina używana była do eliminowania zmęczenia wśród żołnierzy walczących w hiszpańskiej wojnie domowej. W czasie drugiej wojny światowej

---

37 Lewin dokonał podstawowej klasyfikacji wszystkich używek i narkotyków ze względu na sposób działania, wyróżniając dwie główne grupy. W grupie fantastikum (pobudzające fantazję) znalazły się: herbata, marihuana, LSD i psylocybina, w grupie energetikum (pobudzające energię) zaś kawa, heroina, alkohol i amfetamina.
38 A. Hofmann, *LSD...*, op. cit., s. 59.
39 *Ibidem*, s. 21.
40 *Ibidem*, s. 22.
41 Odkrywcą amfetaminy był Gordon Alles.

zwyczaj ten został spopularyzowany we wszystkich armiach; amfetaminę posiadały siły zbrojne walczące w wyjątkowo ciężkich warunkach.

W innej części świata Aborygeni wykorzystywali psychoaktywne właściwości rośliny zwanej pituri (*Duboisia hopwoodii*). Suszone i specjalnie preparowane liście pituri stosowane były jako substancja psychostymulująca, a w dawkach większych jako środek przeciwbólowy[42].

Środki zmieniające świadomość w pierwszej połowie XX wieku

Firma Bayer zaprzestała produkcji heroiny w 1913 roku, a w następnym roku w Stanach Zjednoczonych uznano za nielegalne stosowanie heroiny nieprzepisanej przez lekarza. Amerykańska Ustawa Harrisona o narkotykach z 1914 roku dostarczyła wzorca dla prawodawstwa zakazującego narkotyków w całym zachodnim świecie. Pięć lat później niedozwolone stało się w USA przepisywanie przez lekarzy heroiny na receptę dla osób uzależnionych. W 1920 roku zabroniono wszelkiej produkcji i stosowania heroiny nawet w celach medycznych[43]. Z czasem również stosunek do narkomana (lub osoby uzależnionej) uległ zmianie: o ile dawniej był to godzien współczucia przedstawiciel klasy średniej, który popadł w nałóg w rezultacie stosowania leków, o tyle na początku XX wieku byli nim bandyci, gangsterzy i degeneraci odurzający się dla przyjemności[44]. Dezaprobata społeczna wobec osób uzależnionych była zjawiskiem nowym i w dużym stopniu wpłynęła na postrzeganie środków odurzających. Wprowadzenie restrykcji prawnych w USA spowodowało pojawienie się nielegalnych źródeł dostaw.

Pomimo zmiany regulacji prawnych, a także stosunku do samych narkotyków, nie słabły poszukiwania źródeł psychoaktywnych doznań.

W 1938 roku antropolog Robert J. Weitlaner i botanik Richard Evans Schultes w górskich rejonach południowego Meksyku znaleźli grzyby halucynogenne używane podczas obrzędów. W tym samym roku grupa młodych antropologów pod kierownictwem Jeana Bassetta Johnsona po raz pierwszy uczestniczyła w tajemnej nocnej ceremonii z wykorzystaniem grzybów[45]. Rytuał odbył się w stolicy kraju Mazateków – Huautla de Jimenez, położonej w stanie Oaxaca. Badacze ci byli jednak jedynie obserwatorami, gdyż nie dopuszczono ich do

---

42 P.L. Watson, O. Luanratana, W.J. Griffin, *The Ethnopharmacology of Pituri*, "Journal of Ethnopharmacology" 1983, 8 (3), s. 303–311.
43 Dangerous Drugs Act (1920), http://www.ncbi.nlm.nih.gov/pmc/articles/PMC2315807, dostęp: 10.01.2014.
44 R. Davenport-Hines, *Odurzeni...*, op. cit., s. 13–14.
45 J.W. Allen, *The Aztecs...*, op. cit.

zażycia grzybów. W 1953 roku amerykańscy naukowcy – Valentina P. Wasson i R. Gordon Wasson – rozpoczęli prace badawcze w Huautla de Jimenez[46], w wyniku których mogli oni dokładnie poznać obecne formy użycia tych grzybów i porównać ich opisy z informacjami podanymi w starych kronikach[47]. Przekonali się także, że wiedza Indian nadal trzymana jest przez nich w tajemnicy i wszelkie próby jej zgłębienia oraz wzięcia udziału w obrzędach wymagają niezwykłych umiejętności analitycznych. Aktywnymi uczestnikami ceremonii z zastosowaniem *Teonanácatl* zostali Wassonowie dopiero w 1955 roku, kiedy to na skutek pokonania dotychczasowych barier w kontaktach z Mazatekami zostali dopuszczeni do rytuału. Dzięki temu wydarzeniu stali się najprawdopodobniej pierwszymi białymi, a zarazem pierwszymi obcokrajowcami, którzy dostąpili zaszczytu oficjalnego spożycia halucynogennych grzybów.

Współcześnie różne formy kultu grzybowego przesiąknięte są ideami i pojęciami chrześcijańskimi. Dlatego, jak pisze Hofmann, „o grzybach mówi się często jak o krwi Chrystusa i że rosną one tam, gdzie spadają na ziemię krople Chrystusowej krwi"[48], lub „wyrastają tam, gdzie pada kropla śliny z ust Chrystusa, nawilżając glebę i dlatego to właśnie sam Jezus Chrystus przemawia poprzez grzyby"[49]. Niekiedy znaczenie ceremonii grzybowej zbliżone jest do obrzędów chrześcijańskich związanych z przyjmowaniem komunii.

> Z wielu wypowiedzi tubylców można wnioskować, że wierzą, iż bóg dał Indianom święte grzyby z powodu ich ubóstwa, braku lekarzy oraz lekarstw, a także dlatego, że nie potrafią czytać, w szczególności Biblii, więc bóg może do nich przemawiać bezpośrednio poprzez grzyby[50].

Rośliny te umożliwiają więc osobom wierzącym komunikowanie się z samym Bogiem.

> Szacunek, jaki Indianie mają dla świętych grzybów, objawia się także w ich zasadach, które mówią, że grzyby mogą być spożywane wyłącznie przez osoby „czyste". Poprzez określenie „czyste" rozumie się czystość ceremonialną, co oznacza między innymi abstynencję seksualną trwającą co najmniej cztery dni przed i po zażyciu grzybów[51].

---

46 J.W. Allen, *The Aztecs...*, op. cit.; J.W. Allen, *Wasson's First Voyage: The Rediscovery of Entheogenic Mushrooms*, "Ethnomycological Journals Sacred Mushroom Studies" 1997, II, s. 1–30; J.W. Allen, *María Sabina: Saint Mother of the Sacred Mushrooms*, "Ethnomycological Journals Sacred Mushroom Studies" 1997, 1 (1–28), s. 28.
47 A. Hofmann, *LSD...*, op. cit., s. 127.
48 *Ibidem*, s. 129.
49 *Ibidem*.
50 *Ibidem*, s. 130.
51 *Ibidem*.

Nieprzestrzeganie tych zasad może według wierzeń doprowadzić do choroby, a nawet śmierci osoby je spożywającej.

Grzyby, obok imbiru i tytoniu, są trwałym elementem życia religijnego plemion Bimin-Kuskusmin, zamieszkujących góry Sepik w Nowej Gwinei. Plemiona te wierzą, że grzyby, podobnie jak wymienione wyżej środki, umożliwiają kontakt z nieżyjącymi przodkami. Praktyki związane z pielęgnacją roślin nakazują ich rytualne czczenie już w trakcie uprawy. Z tego powodu „u stóp" wspomnianych roślin składano ofiary z małych gryzoni, aby zapewniły pomyślny rozwój i uchroniły od wszelkiej zarazy.

W 1912 roku w niemieckich zakładach farmaceutycznych Merck KGaA po raz pierwszy otrzymano MDMA. Początkowo substancja ta nie wzbudziła zainteresowania naukowców, a pierwsze doświadczenia na zwierzętach przeprowadzono dopiero pod koniec lat trzydziestych. W 1941 roku zastosowano MDMA w medycynie do leczenia choroby Parkinsona, lecz nie spełniła ona pokładanych w niej nadziei. Do badań nad 3,4-Metylenodioksymetamfetaminą powrócono dopiero w latach sześćdziesiątych za sprawą farmakologa Alexandra Shulgina[52]. Wtedy to odkryto nie tylko pobudzające, ale i „prospołeczne" właściwości środka, który gwarantował bardzo dobre nastawienie do wszystkich ludzi i empatię.

Na początku lat sześćdziesiątych badacze ze szwajcarskiego laboratorium Sandoz wyizolowali psylocybinę wraz z psylocyną. Jak pisał w tym czasie Hofmann,

> [...] całkowita synteza psylocybiny i psylocyny, bez udziału grzybów, może zostać przeprowadzona w procesie technologicznym, w którym substancje te mogłyby być produkowane na dużą skalę. Produkcja syntetyczna jest bardziej racjonalna i tańsza niż ekstrakcja z grzybów[53].

Wraz z tym wydarzeniem nastąpiła swoista demistyfikacja świętych grzybów.

Z kolei historia grzyba pasożytniczego – sporyszu – ukazuje ogromną przemianę, jakiej podlegał: od trucizny do cenionego lekarstwa[54]. W pierwszej połowie XIX wieku podjęto próby wyizolowania ze sporyszu substancji aktywnych. Jednak szerokie zastosowanie w lecznictwie znalazły one dopiero po dokonaniu w 1918 roku izolacji ergotaminy przez Artura Stolla[55] w szwajcarskiej firmie Sandoz. Określenie chemicznej struktury alkaloidów sporyszu na początku lat

---

52 Więcej: B. Eisner (Author), P. Stafford P. (Introduction), S. Krippner (Foreword), *Ecstasy: The MDMA Story*, Ronin Publishing, Richmond 1993.
53 A. Hofmann, *LSD...*, op. cit., s. 137.
54 We fragmencie poświęconym LSD wykorzystuję wiedzę z publikacji odkrywcy tej substancji – Alberta Hofmanna: *ibidem*, s: 25, 45, 10–11, 182.
55 M.A. Lee, B. Shlain, *Acid Dreas. The Complete Social History of LSD: The CIA, The Sixties, and Beyond*, Grove Press, New York 1985, s. 20.

trzydziestych przez laboratoria angielskie i amerykańskie rozpoczęło nową erę w badaniach nad tą substancją. W ich wyniku dokonano pierwszej syntezy, czyli sztucznej produkcji alkaloidu sporyszu. Walter Abraham Jacobs i Stephen L. Craig z nowojorskiego Instytutu Rockefellera, posługując się metodą rozkładu chemicznego, wyizolowali i opisali wspólny szkielet wszystkich alkaloidów sporyszu. Nazwali go kwasem lizerginowym, ale okazał się on substancją nietrwałą. Zastosowanie techniki zwanej syntezą Curtisa umożliwiło Hofmannowi wyprodukowanie dużej liczby związków kwasu lizerginowego. Następnie, na podstawie wcześniej stosowanej procedury syntezy, Hofmann wyprodukował nowe związki kwasu lizerginowego o nieco innych właściwościach. W ten sposób w 1938 roku stworzył on dwudziestą piątą substancję tej serii pochodnych kwasu lizerginowego LSD-25 (dwuetyloamid kwasu lizerginowego), który znalazł zastosowanie w badaniach laboratoryjnych oraz stał się kultowym narkotykiem hipisów. Co ciekawe, odkrywca substancji, przedstawiając pełny obraz LSD-25: warunków powstania, działania, ale i związanych z nim niebezpieczeństw, pragnął przeciwstawić się nadużywaniu tego środka.

Do odkrycia niezwykłego psychicznego działania LSD-25 doszło pięć lat po pierwszych badaniach poczynionych nad tym związkiem. Wiosną 1943 roku Hofmann powtórnie dokonał syntezy LSD-25, produkując zaledwie kilka centygramów związku. W końcowym etapie pracy badacza dochodzi do niezwykłego wydarzenia:

> W ostatni piątek, 16 kwietnia 1943 roku, wczesnym popołudniem, byłem zmuszony przerwać pracę w laboratorium i udać się do domu z powodu niezwykłego uczucia niepokoju i lekkich zawrotów głowy. W domu położyłem się do łóżka i zapadłem w całkiem przyjemny nastrój, jakby odurzenia, charakteryzujący się szczególnym pobudzeniem wyobraźni. W stanie podobnym do snu, z oczami zamkniętymi (blask dziennego światła sprawiał mi przykrość), chłonąłem zmysłami nieprzerwany strumień fantastycznych obrazów i niezwykłych kształtów z mocną, kalejdoskopiczną grą kolorów. Po mniej więcej dwóch godzinach doznanie to stopniowo zanikło[56].

To przypadkowe doświadczenie zapoczątkowuje okres fascynujących badań nad niezwykłymi właściwościami środka.

Seria autoeksperymentów dokonywanych przez Hofmanna potwierdziła przypuszczenia o wykazywaniu przez LSD-25 cech substancji psychoaktywnej o wyjątkowej mocy:

> Zgodnie z moją wiedzą nie istniała żadna inna substancja, która wywoływałaby tak głębokie skutki psychiczne przy tak niskich dawkach i która powodowałaby tak dramatyczną zmianę stanu świadomości człowieka oraz jego doznań

---

56   A. Hofmann, *LSD*..., s. 30.

związanych z wewnętrznym i zewnętrznym światem. Jeszcze bardziej znaczące wydawało się to, że byłem w stanie odtworzyć w pamięci każdy szczegół tego odurzającego doświadczenia...[57]

Wyniki przeprowadzonych doświadczeń zwróciły uwagę, że LSD jest substancją, której aktywność w szczególny sposób wpływa właśnie na ludzką psychikę oraz na najwyższe ośrodki kierujące psychicznymi i intelektualnymi funkcjami człowieka. Nic jednak nie wskazywało na to, że substancja ta będzie kiedykolwiek służyła za narkotyk dostarczający zażywającym go osobom niezwykłych przeżyć. Od 1945 roku wyprodukowano wiele pochodnych LSD, lecz żadna z tych substancji nie okazała się bardziej halucynogenna niż LSD.

W 1947 roku na łamach czasopisma „Schweizer Archiv fur Neurologie und Psychiatrie" ukazał się artykuł *Lysergsaure-dithylamid, ein Phantastikum aus der Mutterkorngruppe*, w którym przedstawiono wyniki badań Stolla oraz dokładnie opisano jego własny eksperyment. Wraz z podjęciem badań na ludziach koniecznością stało się określenie toksyczności substancji i dostrzeżenie ewentualnych niebezpieczeństw związanych z jej stosowaniem.

LSD okazało się środkiem całkowicie absorbowalnym poprzez system trawienny, a koncentracja substancji w różnych organach osiąga najwyższe wartości w około 10–15 minut po podaniu iniekcyjnym, a następnie szybko opada. Wyjątek stanowi tu jelito cienkie, w którym koncentracja utrzymuje się na najwyższym poziomie przez okres dwóch godzin.

Badania wskazały, że

[...] najaktywniejsze substancje psychotropowe, do których należy LSD i psylocybina, mają strukturę chemiczną bardzo zbliżoną do struktury substancji obecnych w naszych ciałach, w centralnym systemie nerwowym, które pełnią ważną rolę w regulowaniu jego funkcji. Jest bowiem dowiedzione, że w wyniku zakłócenia metabolizmu prawidłowo funkcjonujących neurotransmiterów tworzą się związki podobne do LSD czy psylocybiny, modyfikujące i wpływające na charakter człowieka, jego poglądy i zachowania[58].

Jak podkreśla Hofmann, niebezpieczeństwo związane z LSD nie wynika z jego toksyczności, lecz z nieprzewidywalności wywoływanych przez substancję skutków psychicznych, a co za tym idzie – zagrażających niekiedy człowiekowi zachowań.

Badania wpływu LSD na regulatory procesów mózgowych, takie jak serotonina czy dopamina, stały się przykładem roli LSD, jako narzędzia badania mózgu, w odkrywaniu biochemicznych procesów leżących u podstaw funkcji psychicznych. Jako nowy, silnie działający związek aktywny o niezwykłych

---

57 *Ibidem*, s. 36.
58 *Ibidem*, s. 182.

właściwościach znajdował zastosowanie nie tylko w farmakologii i neurologii, ale także w psychiatrii. Fakt ten potwierdzały badania Stolla z firmy Sandoz. „Po zażyciu LSD wygląd świata, do którego przywykliśmy, ulega rozbiciu i głębokiej transformacji. Jest to powiązane z utratą lub zawieszeniem bariery Ja – Ty"[59]. Dzięki temu u pacjentów zanika poczucie izolacji oraz poprawiają się relacje z lekarzem/terapeutą, co umożliwia uzyskanie właściwego rezultatu terapeutycznego. Jak zaznacza Hofmann, „te terapeutyczne cele osiąga się również dzięki podniesieniu wrażliwości na sugestie pod wpływem działania LSD"[60].

Innym, ważnym z punktu widzenia psychoterapii, skutkiem zażycia LSD jest objaw pojawiania się dawno zapomnianych lub wypartych ze świadomości zdarzeń.

> Traumatyczne doświadczenia odkrywane w psychoanalizie mogą w ten sposób stać się dostępne dla procesu psychoterapeutycznego. Liczne przypadki dokumentują doświadczenia pochodzące z najwcześniejszego dzieciństwa, przywołane z całą wyrazistością podczas psychoanaliz odbywanych pod wpływem LSD. Nie są to zwyczajne przypomnienia, lecz raczej prawdziwe, ponowne przeżycia...[61]

Należy zaznaczyć, że LSD nie miało być stosowane w charakterze powszechnie rozumianego lekarstwa. Środek ten miał zwiększyć skuteczność terapii i wpłynąć na skrócenie czasu jej trwania. LSD spełniało tę funkcję dwojako:

> W pierwszej metodzie, rozwiniętej w klinikach europejskich i noszącej miano terapii psycholitycznej, umiarkowanie mocne dawki LSD były podawane w kilku sesjach następujących po sobie w równych odstępach czasu. Równocześnie doświadczenia wyniesione z sesji były przepracowywane w grupowych dyskusjach oraz poprzez rysowanie i malowanie podczas zajęć terapii ekspresji.
>
> W drugiej metodzie, preferowanej w USA, po odpowiednio intensywnym, psychologicznym przygotowaniu pacjenta jest mu podawana pojedyncza, bardzo silna dawka LSD (0.3 do 0.6 mg). Metoda ta, określana jako terapia psychodeliczna, ma na celu wywołanie doświadczenia mistyczno-religijnego w wyniku szokowego efektu działania LSD. Doświadczenie to może następnie służyć jako punkt początkowy procesu przekształcania i leczenia osobowości pacjenta podczas towarzyszącej temu doświadczeniu psychoterapii[62].

Mimo że kwestia zarówno samego stosowania, jak i skuteczności LSD w oddziaływaniach psychoterapeutycznych budziła i nadal wzbudza kontrowersje, stwierdzono, iż zalety LSD jako środka wspomagającego terapię wynikają z jego

---

59 A. Hofmann, *LSD...*, s. 61.
60 *Ibidem*.
61 *Ibidem*.
62 *Ibidem*, s. 63.

właściwości powodujących efekty odwrotne do wywoływanych przez środki uspokajające.

Podczas gdy tranquilizery powodują ukrycie problemów i konfliktów pacjenta, poprzez zredukowanie wrażenia ich mocy i ważności, LSD całkiem odwrotnie, czyni je bardziej widocznymi i odczuwanymi jeszcze intensywniej. Takie jasne rozpoznanie problemów i wniknięcie w naturę konfliktów powoduje, że stają się one bardziej podatne na postępowanie psychoterapeutyczne[63].

Wkrótce LSD przekroczyło granice medycznych i psychologicznych eksperymentów, pojawiając się w świecie kultury.

Co ciekawe, psychoaktywne poszukiwania otarły się również o substancje pochodzenia zwierzęcego. Na uwagę zasługuje tzw. ryba snów (*Kyphosus fuscus*) spożywana na wyspach położonych na Morzu Fidżi. Zjedzenie ryby pociąga za sobą przeżywanie odmiennych stanów świadomości, potwierdzonych przez współczesnych badaczy i podróżników. Według Josepha B. Robertsa (fotografa „National Geographic Magazine") konsumpcja ryby powoduje halucynacje treściowo nawiązujące do świata fantasy[64].

Z kolei w organizmach niektórych zwierząt występuje substancja psychoaktywna – bufoteina (5-OH-DMT). Mimo że alkaloid ten można odnaleźć również w roślinach, jego nazwa pochodzi od gatunku ropuch Bufo: *Bufo alvarius* i *Bufo marines*, w których jadzie się on znajduje. Bufotenina jest strukturalnie bardzo podobna do psychoaktywnego alkaloidu grzybów halucynogennych – psylocyny, a farmakologicznie do 5-MeO-DMT i DMT[65]. Bufoteninę po raz pierwszy wyizolowano z jadu ropuch w czasie pierwszej wojny światowej. Wyniki badań wskazują na obecność substancji psychoaktywnych również w skórze niektórych płazów[66].

Do lat pięćdziesiątych XX wieku amfetamina była w większości państw legalna i dość popularna, jednak prawdziwe „szaleństwo" nastąpiło w drugiej połowie stulecia. Stosowali ją ludzie wykonujący zawody wymagające długich okresów aktywności, np. kierowcy, piloci czy studenci uczący się do egzaminów, politycy, a nawet gospodynie domowe[67]. Na początku lat sześćdziesiątych amfe-

---

63   Ibidem, s. 67.
64   T.C. Roughly, B.J. Roberts, *Bounty Descendants Live on Remote Norfolk Island*, "National Geographic Magazine" 1960, 116 (6), s. 575.
65   Więcej: J.D. Blom, *A Dictionary of Hallucinations*, Springer, 2010 edition http://link.springer.com/book/10.1007%2F978-1-4419-1223-7, dostęp: 10.01.2014.
66   Więcej: V. Erspamer et al., *The Opioid Peptides of the Amphibian Skin*, "International Journal of Developmental Neuroscience" 1992, 10, s. 3–30; V. Erspamer et al., *Pharmacological Studies of "Sapo" from the Frog Phyllomedusa Bicolor Skin: A Drug Used by the Peruvian Matses Indians in Shamanic Hunting Practices*, "Toxicon" 1993, 31, s. 1099–1111.
67   P. Robson, *Narkotyki*, op. cit., s. 75.

tamina stała się powszechnie przepisywanym środkiem na neurastenię; leczono nią astmę, otyłość, patologiczną senność (narkolepsję) i depresję. Przyjmowanie amfetaminy zalecano także przy chorobie Parkinsona, migrenie, chorobie morskiej, schizofrenii, impotencji, apatii, jak również przy zmęczeniu[68].

W pierwszej połowie XX wieku substancje odurzające stały się przedmiotem licznych badań i odkryć, a ich funkcja sprowadzała się przeważnie do stosowania w charakterze medykamentów lub psychoaktywnych środków eksperymentatorskich, ale swoją obecność zaznaczyły również w literaturze[69] i sztukach plastycznych. Trend ten trwał w kolejnych dziesięcioleciach. Jak zauważa historyk kultury, Wolfgang Schivelbusch, to właśnie środowisko artystów stało się szczególnym propagatorem narkotyków[70].

Napisana w 1922 roku przez Dina Segre'a (opublikowana pod pseudonimem Pitigrilli) powieść *Kokaina* przenosi czytelnika w środowisko śmietanki towarzyskiej sięgającej podczas spotkań po kokainę, morfinę i eter. Pochodząca z 1927 roku *Morfina*[71] Michaiła Bułhakowa opowiada o popadnięciu w nałóg, skazanej na niepowodzenie próbie wyleczenia oraz samobójstwie popełnionym z powodu głodu narkotykowego. Z kolei popełniona w 1934 roku powieść M. Agiejewa[72] *Romans z kokainą* ukazuje losy młodego człowieka uzależnionego od narkotyków – Wadima Maslennikowa[73].

Jean Cocteau – francuski poeta, dramaturg, reżyser filmowy, scenarzysta, malarz, a także choreograf, twierdził, że „palić opium – to tak, jakby opuścić pociąg w pełnym biegu i zająć się czymś innym niż życie, niż śmierć"[74]. Narkotykowi temu poświęcił jedną ze swych najważniejszych książek – *Opium – dziennik z kuracji odwykowej*. Dzieło to jest autobiograficzną relacją Cocteau z pobytu w klinice odwykowej.

Poznawanie i stosowanie substancji odurzających w celu rozszerzenia możliwości poznania samego siebie było udziałem również polskich artystów. Pod tym względem wyróżnia się Stanisław Ignacy Witkiewicz (ps. Witkacy).

---

68 P. Robson, *Narkotyki*, op. cit., s. 74–75.
69 M. Milner, *L'imagination des drogues...*, op. cit., s. 230.
70 Por. W. Schivelbusch, *Tastes of Paradise: A Social History of Spices, Stimulants and Intoxicants*, Pantheon Books, New York 1992, s. 206.
71 Ros. *Морфий*.
72 Prawdziwe imię i nazwisko to Mark Łazariewicz Lewi – Марк Лазаревич Леви.
73 Według niektórych opinii utwór jest owocem współpracy Marka Łazariewicza Lewiego i Vladimira Nabokova. Polski tłumacz *Romansu z kokainą*, Leszek Engelking, przyznaje, że można dostrzec wyraźne podobieństwa stylistyczno-językowe między książką Lewiego wydaną pod pseudonimem Agiejew a prozą autora *Obrony Łużyna*. Jego zdaniem jest to wynik zafascynowania młodego twórcy z Istambułu dziełem słynnego już wtedy w środowiskach rosyjskiej emigracji Nabokova.
74 J. Cocteau, *Opium – dziennik z kuracji odwykowej* [*Opium. Journal d'une desintoxication*, 1930], tłum. R. i A. Nowakowie, WL, Kraków 1990.

Zażywane narkotyki miały związek nie tylko z jego twórczością literacką, ale i malarstwem.

[...] ponieważ, jak to już wspomniałem, dwa razy tylko pozwoliłem sobie na eksperyment „dwudniówki" i nigdy bym więcej na to, jak i na jednorazowe zresztą użycie „śniegu" sobie nie pozwolił, mimo iż muszę skonstatować, że w rysunkach robionych pod wpływem kokainy w małych, dziecinnych wprost z punktu widzenia nałogowego narkomana, dawkach – i to zawsze w kombinacji z dużymi stosunkowo dawkami alkoholu – dokonałem pewnych rzeczy, których bym w normalnym stanie nie dokonał. Jeśli się jednak weźmie pod uwagę te szalone spustoszenia umysłowe, które dokonuje nałogowy kokainizm, rzecz jest niewarta po prostu funta kłaków. Chyba że ktoś uzna, że pewien charakter kreski w rysunku lub że pewna, nie dająca się inaczej dokonać deformacja twarzy ludzkiej czy harmonia barw lub układ całości jest dla niego czymś naprawdę najważniejszym, bez czego życie jego jest istotnie diabła warte. Ale myślę, że coraz mniej jest osobników, nawet między artystami, którzy by w ten sposób myśleli. Ja, który byłem do pewnego stopnia idealnie w tym kierunku predysponowanym, przezwyciężyłem ten światopogląd „artystycznego zatracenia się w życiu" i to powinno być ostrzeżeniem dla młodych ludzi, których może skusić tego gatunku „usprawiedliwienie" „białych obłędów"[75].

Swój stosunek do narkotyków przedstawił przede wszystkim w dziele *Nikotyna, alkohol, kokaina, peyotl, morfina, eter*, wydanym jako *Narkotyki* (1932). Wśród narkotyków wymienił pisarz substancje (alkohol, nikotynę), które nie mieszczą się w powszechnych dziś definicjach narkotyku.

Niezależnie od problemów typologiczno-definicyjnych utworem tym Witkacy dzieli się z czytelnikiem wrażeniami, jakie wywarło na nim zażywanie substancji psychoaktywnych: „dzięki eterowi zacząłem rozumieć poezję symboliczną"[76], „peyotl nazwałbym narkotykiem metafizycznym, dającym poczucie dziwności Istnienia"[77]. Nie znaczy to jednak, że stosunek autora *Szewców* do narkotyków był „subiektywnie bezkrytyczny".

Otóż narkotyki z początku zastępują pewnym nielicznym osobnikom sztukę, religię i filozofię (mówię oczywiście o zdeklarowanych nałogowcach jadów wyższego rzędu), a następnie wyjaławiają ich pod tym względem – spotęgowanego przeżycia ich osobowości – zupełnie, niszczą ich kompletnie pod każdym względem, odgraniczając od społeczeństwa, zamykając w ich własnym niedostępnym świecie obłędnych przeżyć i deformując poczucie ich rzeczywistości do granic, poza którymi wszelkie porozumienie ich z normalnymi ludźmi staje się niemożliwe. Inaczej rzecz się ma z alkoholem w małych dawkach i nikotyną.

---

75 S.I. Witkiewicz, *Narkotyki...*, op. cit., s. 70–71.
76 *Ibidem*, s. 126.
77 *Ibidem*, s. 80.

Jady te przytępiają zdenerwowanego współczesnego człowieka powoli, niszcząc w nim również osobowość, ale nie rujnując w ten sposób, aby niezdolnym był do spełniania mechanicznych funkcji w dzisiejszym społeczeństwie[78].

Inne dzieło Witkacego – *Pożegnanie jesieni* – przedstawia z kolei obecność używek w codziennym życiu zakopiańskiej bohemy. Przekaz autora okazał się tak realistyczny, że powieść doczekała się krytyki nawet w „Wiadomościach Farmaceutycznych"[79].

Podane przeze mnie przykłady obrazują, jak w miarę upływu lat zmieniał się zakres oddziaływania narkotyków. Niewątpliwie rozwój chemii organicznej przyczynił się do pojawienia się nie tylko nowych, ale przede wszystkim znacznie mocniejszych substancji psychoaktywnych. Chociaż przejście narkotyków od sfery *sacrum* do *profanum* stało się w społeczeństwie nowoczesnym faktem, do dziś funkcjonują grupy etniczne, w których substancje odurzające mają znaczenie sakralne.

---

[78] S.I. Witkiewicz, *Narkotyki...*, *op. cit.*, s. 21.
[79] *Ibidem*, s. 66.

Rozdział III
Rytualne, mistyczne i użytkowe zastosowanie narkotyków współcześnie

Mimo że obecnie różne formy kultu grzybowego przesiąknięte są ideami i pojęciami chrześcijańskimi, a samo znaczenie ceremonii grzybowej zbliżone jest do obrzędów chrześcijańskich, związanych z przyjmowaniem komunii, na górzystym obszarze południowego Meksyku grzyby halucynogenne (*Teonanácatl*) mają nadal zasadnicze znaczenie w rytuałach. Indianie z grup Mazateków, Mixteków i Zapoteków spożywają także inne grzyby wpływające na zmianę stanów świadomości, takie jak: łysiczka błękitniejąca (*Psilocybe caerulescens*), łysiczka meksykańska (*Psilocybe mexicana*) czy niezwykle silny pierścieniak kubański (*Stropharia cubensis*)[1]. Wszystkie zawierają aktywną substancję zwaną psylocybiną. Skutki jej działania obejmują halucynacje wzrokowe, omamy słuchowe, zanik poczucia czasu, niemożność koncentracji, w niektórych przypadkach nadpobudliwość, a także niekontrolowaną wesołość.

Nadal funkcjonuje wiele grup etnicznych, w których *peyotl* odgrywa ogromną rolę. Jako przykład może tu posłużyć wspólnota Native American Church, łącząca chrześcijańskie zasady moralne z rozpowszechnionym wśród Indian kultem kaktusa.

Wziewne stosowanie narkotyku uzyskanego z roślin mimozowatych praktykowane jest w całym basenie Orinoko, gdzie wdychana substancja nosi nazwę *yopo, niopo, yupa, nopo* lub *cojoba*. W niektórych społecznościach przywilej wąchania *yopo* przysługuje jedynie szamanom i ma on wyraźnie wymiar sakralny, w innych zaś narkotyk może być zażywany przez dorosłych mężczyzn zarówno z powodów religijnych, jak i dla przyjemności czy rozrywki.

Inną, stosowaną do dziś w postaci wziewnej, mieszanką zmieniającą świadomość jest *epena* (inaczej: *ebene, parica, yakee*). Przyrządzana z kory drzew należących do rodzaju *Virola* (rodziny muszkatałowcowatych) i używana głównie

---

[1] Więcej: J. Gartz, *New Aspects of the Occurrence, Chemistry and Cultivation of European Hallucinogenic Mushrooms*, "Supplemento agli Annali dei Musei Civici di Rovereto Sezione Archeologica, Storia e Scienze Naturali" 1992, 8, s. 107–124.

przez ludy północnej Amazonii, stosowana jest w celach zarówno obrzędowych, jak i rekreacyjnych. Pobudzające działanie tej substancji odczuwane jest po kilku lub kilkunastu sekundach: zażywający ją rozpoczynają szalone tańce, śpiewy, wydają z siebie okrzyki, a czasami staczają między sobą walki.

Początkowe stadium odurzenia przechodzi w mdłości, którym towarzyszy utrata koordynacji ruchów mięśni. Następuje okres długiego otępienia, podczas którego doświadcza się halucynacji wzrokowych i słuchowych, włącznie z makroskopią, odczuciami lotu i lewitowania[2].

W dalszym ciągu rozpowszechnioną substancją pobudzającą jest kola, otrzymywana z drzewa rosnącego w Afryce Zachodniej, w Senegalu, Sierra Leone i Ghanie. Uprawiana bywa także w niektórych krajach o takim samym klimacie. Najczęściej spotykany sposób konsumpcji polega na żuciu świeżych orzeszków drzewa kola. Zawierają one mieszaninę alkaloidów purynowych, kofeinę (do 3,5%), teobrominę (około 0,1%), a także kolatynę. W niektórych tradycjach do żutych orzeszków dodawane są przyprawy: imbir, tytoń i charakterystyczny pieprz malaguette. Kola używana jest przy wielu codziennych czynnościach wymagających wysiłku. Dużą rolę odgrywa też w praktykach religijnych. Uważana jest za roślinę pobudzającą aktywność seksualną u przedstawicieli obydwu płci oraz lek na męską impotencję.

Dużą popularnością, zwłaszcza w państwach arabskich, cieszy się roślina zwana w tym obszarze *Qat* (*khat*, *chat* czy *ghat*). Kata, podobnie jak koka i kola, używana jest jako środek stymulujący przez różne grupy zawodowe w celu zwiększenia wydajności pracy, a także ułatwienia koncentracji. Liście drzew można żuć lub zaparzać z nich herbatę. Spośród różnych substancji psychoaktywnych wchodzących w ich skład kluczowa jest katyna, mająca pobudzające właściwości, zbliżone do działania kokainy. Stosowana jest w czasie długotrwałych modlitw i w ramadanie, przynosząc ulgę przy skurczach żołądka wywołanych głodem[3].

Ciekawa tradycja związana z używaniem konopi pielęgnowana jest do tej pory na Jamajce, gdzie palenie *ganji* oraz picie „herbaty" z jej dodatkiem, również przez dzieci, to narodowy zwyczaj i sakrament religijny, zwłaszcza wśród członków ruchu Rasta. Marihuana zajmuje istotne miejsce w kulturze Indii, gdzie jest na tyle powszechna, że organizacja Indian Hemp Drug Comission (założona w latach dziewięćdziesiątych XX wieku w celu nadzorowania rynku

---

2 R. Rudgley, *Alchemia kultury...*, op. cit., s. 78.
3 Wymienianie katy pośród innych narkotycznych psychostymulantów budzi pewne kontrowersje. Kiedyś uważana była za narkotyk, jednak badania przeprowadzone przez Światową Organizację Zdrowia wykazały, że jest ona substancją pozbawioną właściwości narkotycznych i uzależniających.

konopi) wydała oficjalne oświadczenie, iż roślina ta jest integralną częścią indyjskiego życia. Konopie, chociaż zostały zdelegalizowane w większości państw Europy, a także w Stanach Zjednoczonych, są wciąż bardzo popularnym narkotykiem o właściwościach relaksacyjnych.

Bogate w halucynogenne alkaloidy nasion poganka (harmina, harmalina i tetrahydroharmina), tzw. *yaje* (*yale*, *yage*), są nadal używane przez ludy Amazonii w szamańskich praktykach[4]. Aktywne alkaloidy znajdujące się w nasionach poganka występują w różnych gatunkach z rodzaju banisteria (*Banisteriopsis*), tzw. *yaje*. Rosną one w wilgotnych lasach amazońskich i odgrywają bardzo ważną rolę w szamańskich obrzędach ludów tego regionu. Sięganie po halucynogenne substancje wziewne na tym obszarze geograficznym znane było od czasów pradawnych. Świadczą o tym liczne przedmioty wykorzystywane do tego celu, znalezione w wykopaliskach archeologicznych.

Podobnie w irańskiej medycynie ludowej do dzisiaj wykorzystuje się zarówno psychoaktywne, jak i przeciwbólowe właściwości *harmalu*. Według wierzeń jego psychoaktywne cechy wywołują napady szału, ale przynoszą też ulgę w bólu. Obecnie gotowane w occie nasiona poganka (*harmal*) są lekarstwem na ból zębów. Stosowane są w formie płukanek, których nie należy połykać, gdyż połknięte powodują senność, majaczenia i halucynacje[5].

W wielu kulturach święte substancje tworzą uporządkowaną hierarchię, odzwierciedlającą pozycję społeczną tych, którym wolno je spożywać[6]. I tak, tradycyjna wiedza i wierzenia (np. u Bimin-Kuskusmin) przekazywane są w czasie męskich obrzędów inicjacyjnych, kiedy to inicjowani osiągają coraz wyższy stopień wtajemniczenia[7]. Z kolei finansowy sukces, będący konsekwencją naftowego boomu, znacząco wpłynął na konsumpcję czuwaliczki jadalnej, czyli katy (*khat*, *qat*) w Republice Jemenu. Do lat siedemdziesiątych XX wieku była ona niemal wyłącznie używką bogatych elit miejskich, jednak gwałtowny wzrost jej popularności wśród bogacących się ludzi zakwestionował znaczenie, jakie dotąd miały spotkania poświęcone żuciu katy, służące kultywowaniu wartości konserwatywnych.

Z kolei częste używanie betelu powoduje powstawanie osadów barwiących zęby na czarno. Jak zauważa Rudgley, w niektórych społecznościach sczerniałe zęby stały się symbolem wysokiego statusu społecznego[8].

---

4 Więcej: C. Naranjo, *The Healing Journey: New Approaches to Consciousness*, Random House, New York 1973.
5 R. Rudgley, *Alchemia kultury...*, op. cit., s. 61.
6 *Ibidem*, s. 100.
7 *Ibidem*.
8 *Ibidem*, s. 154.

Powyższy przegląd współczesnych – rytualnych, mistycznych i użytkowych – zastosowań narkotyków nie ukazuje w pełni bogatych wielowiekowych tradycji. Stanowi jedynie formę zwrócenia uwagi na to, że zakorzenione w wierzeniach substancje psychoaktywne przetrwały do dzisiaj w różnych kulturach, nawet jeśli w pewnym stopniu zmieniało się ich znaczenie. Niestety, obok tendencji podtrzymujących zwyczaje i wierzenia zaszły procesy, które zmodyfikowały miejsce narkotyków zarówno w świadomości społecznej, jak i w prawodawstwie.

Proces chemicznego oczyszczania pozwolił na produkowanie silnie uzależniających substancji, które były źródłem bogacenia się organizacji przestępczych, wiele narkotyków zaś, choćby kokaina, utraciło tradycyjny kontekst kulturowy.

Mimo że narkobiznes rozwinął się w Ameryce Łacińskiej w latach siedemdziesiątych XX wieku, według niektórych źródeł[9] wzrost zainteresowania kokainą, który nastąpił w latach dziewięćdziesiątych XIX wieku[10], położył kamień węgielny pod ten proceder. Podobny los spotkał również inne narkotyki, w których posiadanie w kolejnych latach wchodziły potężne kartele narkotykowe. Coraz wyraźniejszy stawał się też podział narkotykowego biznesu na kraje produkujące narkotyki i kraje je konsumujące. Wyłoniły się też państwa specjalizujące się w poszczególnych etapach produkcji narkotyku, kraje ukierunkowane na produkcję konkretnego środka (np. Afganistan) oraz państwa określane mianem *multidrug country* (np. Kolumbia), produkujące różne narkotyki. W wyniku zachodzących procesów doszło do rozwoju organizacji wchodzących w skład międzynarodowego aparatu ochrony przed procederem narkotykowym[11]. Oddziaływanie narkotykowej produkcji stało się w niektórych krajach tak duże, że ten aparat reguluje sytuację gospodarczo-polityczną zarówno w tych państwach, jak i niekiedy na całych kontynentach, czego przykładem jest Ameryka Południowa, wraz z krajami Ameryki Środkowej.

Wprawdzie w niektórych regionach świata substancje psychoaktywne zachowały swoją rytualną funkcję, jednak można zauważyć, że przemiany kulturowe, wraz z czynnikami społeczno-ekonomicznymi, spowodowały istotne zmiany nawet w niektórych kulturach pozaeuropejskich. Obok tradycyjnego użycia, kultywowanego przede wszystkim przez starszych członków społeczeństw, pojawił się nowy sposób zażywania substancji psychoaktywnych, dużo bardziej szkodliwy dla zdrowia.

---

9 Na podstawie: L. Grinspoon, J. Bakalar, *Cocaine, a Drug and Its Social Evolution*, Basic Books, Inc., Publishers, New York 1976.
10 Na podstawie: *ibidem*.
11 W. Dobrzycki, *System międzyamerykański*, Scholar, Lublin 2002.

Ponadto popularyzacja „świętych miejsc", nieznanych wierzeń i zwyczajów, szczególnie wśród bitników i członków ruchu hipisowskiego, rozpowszechnienie publikacji na temat psychodelicznych właściwości meksykańskich grzybów, a co za tym idzie – masowe wyjazdy do Meksyku przyczyniły się do pewnej profanacji zarówno kultu grzybów, jak i psychodelicznego kaktusa. Rozwój zorganizowanej turystyki do Huautla de Jimenez[12] spowodował demistyfikację tego miejsca i utratę jego pierwotnego charakteru.

Kolejne lata udowodnią, że substancje psychoaktywne odegrają szczególną rolę w kulturze młodzieżowej: staną się częścią ideologii, nośnikiem wartości oraz środkiem jednoczącym pokolenie.

---

[12] Więcej na temat narkoturystyki: B. Hoffmann, *Narkoturystyka*, „Remedium" 2013, nr 6 (244), s. 1–5.

Rozdział IV
Praktyki przyjmowania narkotyków w kulturze młodzieżowej XX wieku

Młodzież jako szczególna kategoria społeczna określana jest według takich wyznaczników, jak: wiek oraz zespół charakterystycznych cech biologicznych, psychologicznych i społecznych. Trudno jest sformułować jednoznaczną definicję młodzieży.

Zgodnie ze *Słownikiem języka polskiego* młodzież to „młodzi ludzie"[1]. W antropologiczno-kulturowym ujęciu Margaret Mead młodzieżą są osoby, które z racji wieku oraz otaczającej i odciskającej swe piętno kultury dostosowują do niej swoje wartości i zachowania[2]. W interesującej publikacji *Dzicy z naszej ulicy* Barbara Fatyga przyjmuje, że młodzież stanowią nastoletni uczniowie ostatnich klas szkół podstawowych, uczniowie szkół średnich oraz studenci i inni „młodzi dorośli", którzy mając już za sobą moment startu życiowego, nie zrywają związków z grupami subkulturowymi, organizacjami, ruchami i środowiskami, w których koncentruje się przeważająca część lub – rzadziej – całość ich aktywności życiowej[3]. Jak pisze Witold Pawliczuk z Kliniki Psychiatrii Wieku Rozwojowego AM w Warszawie, pojęciem „młodzież" obejmuje się rozmaicie definiowane osoby lub grupę osób w okresie przejściowym między dzieciństwem a dorosłością[4]. Autor ten przedstawia różne teoretyczne koncepcje autorów, którzy starali się ująć w ramy pojęciowe termin „młodzież". I tak, w koncepcji Helmuta Schelskiego[5] „młodzież" jest określeniem przydatnym do oddania

---

1 E. Sobol (red.), *Mały Słownik Języka Polskiego*, PWN, Warszawa 2000, s. 467.
2 M. Mead, *Kultura i tożsamość. Studium dystansu międzypokoleniowego*, PWN, Warszawa 1978, s. 25–147.
3 B. Fatyga, *Dzicy z naszej ulicy. Antropologia kultury młodzieżowej*, ISNS UW, Warszawa 1999, s. 62.
4 W. Pawliczuk, *Definicje terminu „młodzież" – przegląd koncepcji*, Klinika Psychiatrii Wieku Rozwojowego AM w Warszawie, Kierownik Kliniki: prof. nadzw. dr hab. med. Tomasz Wolańczyk, http://www.czytelniamedyczna.pl/2708,definicje-terminu-mlodziez-przeglad-koncepcji.html, dostęp: 23.06.2013.
5 H. Schelski, *Die skeptische Generation. Eine Soziologie der Jugend* [w:] H.M. Kriese, *Socjologiczne teorie młodzieży. Wprowadzenie*, Impuls, Kraków 1996, s. 104–106; W. Pawliczuk, *Definicje terminu „młodzież"...*, op. cit.

stanu przejściowego między przeciwstawnymi biegunami: dzieciństwa i dorosłości. Stan ten charakteryzuje potrzeba uzyskania pewności zachowań, która realizowana jest zwykle poprzez oddanie się jakiejś idei lub podjęcie wysiłków mających na celu uporządkowanie swojego życia; możliwe jest też jedno i drugie. W ujęciu Samuela N. Eisenstadta[6] młodzież stanowią osoby, które z racji wieku są w stanie przejściowym między dwoma procesami socjalizacji: pierwotnym – wyznaczającym typy nastawień charakterystycznych dla „wspólnoty", i wtórnym – dotyczącym typów nastawień charakterystycznych dla „społeczeństwa". Jednostki te, z powodu niedostatecznego przygotowania w ramach socjalizacji pierwotnej do pełnienia ról i wyboru odpowiednich wartości we współczesnym świecie, tworzą grupy rówieśnicze, które zaspokajają potrzebę przynależności i emocjonalnego bezpieczeństwa, a jednocześnie przygotowują do przejmowania wartości i ról dorosłych, budując strefę łącznikową między dwoma procesami socjalizacji i umożliwiając utrzymanie równowagi w społeczeństwie. Według Friedricha H. Tenbrucka[7] młodzież jest grupą społeczną, której warunkiem istnienia jest wspólnota zachowań, wartości i świadomości. Grupa ta ma również swój aspekt historyczny, a jej proces rozwoju zależny jest od ogólnego rozwoju struktur społecznych.

Z punktu widzenia przynależności społecznej młodzi ludzie często znajdują się między rodziną a społeczeństwem, w miejscu nieokreślonym, mają w związku z tym marginalny status społeczny. Wychodząc poza obszar rodziny, nie tworzą jeszcze własnych rodzin, nie są zintegrowani ze strukturami społeczno-ekonomicznymi jako formami samorealizacji w dorosłości[8]. Kryteria wieku okazują się wielokrotnie mniej istotne niż te związane z procesem socjalizacji.

Młodzież, tak jak inne zbiorowości, podlega ciągłym przeobrażeniom, na które wpływają procesy zarówno społeczno-ekonomiczne, jak i kulturowe. Nie bez znaczenia pozostają zmiany cywilizacyjne, a szczególnie rozwój nowych technologii. Na tę kwestię zwraca uwagę Zbyszko Melosik, zaznaczając, że „młodzież" jest dynamiczną „konstrukcją społeczną"[9], a jej funkcjonowanie determinują czynniki biologiczne, psychologiczne i społeczno-kulturowe.

---

6   S.N. Eisenstadt, *Von Generation zu Generation. Altersgruppen und Sozialstruktur* [w:] H.M. Kriese, *Socjologiczne teorie młodzieży...*, op. cit., s. 112–117; W. Pawliczuk, *Definicje terminu „młodzież"...*, op. cit.
7   F.H. Tenbruck, *Jugend und Gesellschaft* [w:] H.M. Kriese, *Socjologiczne teorie młodzieży...*, op. cit., s. 126–131; W. Pawliczuk, *Definicje terminu „młodzież"...*, op. cit.
8   W. Siwak, *Estetyka rocka*, Semper, Warszawa 1993, s. 133.
9   Z. Melosik, *Młodzież a przemiany kultury współczesnej* [w:] R. Leppert, Z. Melosik, B. Wojtasik (red.), *Młodzież wobec (nie)gościnnej przyszłości*, Wyd. Nauk. Dolnośląskiej Szkoły Wyższej Edukacji TWP, Wrocław 2005.

Ponieważ moim celem nie jest tu głębsza analiza kształtowania się pojęcia „młodzież", niezależnie od licznych propozycji[10] i terminów definicyjnych przez pojęcie młodzieży rozumiem zarówno osoby dorastające, jak i tzw. młodych dorosłych.

Zachodzące szczególnie w ciągu ostatnich kilkunastu lat przemiany wyraźnie pokazują, że wiele z dawnych definicji i ujęć, choćby podkreślających znaczenie buntu czy Comte'owski „instynkt zmiany", uległo zakwestionowaniu albo wręcz dezaktualizacji.

Z pojęciem młodzieży ściśle związany jest termin kultury młodzieżowej. Powstaje ona w wyniku wyodrębnienia się w szeroko pojmowanej kulturze wzorów i zachowań specyficznych dla młodzieży jako „podgrupy" społecznej. Takie rozumienie kultury młodzieżowej koresponduje z zaproponowaną przez Jerzego Wertensteina-Żuławskiego definicją subkultury, którą określa jako

[...] zespół wzorów kulturowych stanowiących wyróżniki jakiejś grupy społecznej w łonie szerszego społeczeństwa, ale nie obejmujących całej aktywności kulturowej człowieka[11].

Oznacza to, że wzorce kulturowe dominujące w danej społeczności uzupełnione są wzorcami, które mogą dotyczyć np. języka, sposobów spędzania czasu wolnego czy zainteresowań. Zgodnie z takim pojmowaniem subkultura nie może istnieć samodzielnie.

Bywają jednak sytuacje, w których „kreatorami" kultury młodzieżowej stają się nowe wzorce, powstałe w wyniku wyraźnej opozycji do tradycji kulturowo-społecznych zakorzenionych w danym społeczeństwie. Wtedy można mówić o wyłonieniu się kontrkultury młodzieżowej. W świetle koncepcji Wertensteina-Żuławskiego kontrkulturę tworzy zespół wzorów kulturowych kształtujących się w opozycji do wzorów dominujących w danej społeczności. Zespół ten obejmuje całokształt aktywności kulturowej człowieka, ale nie może istnieć w oderwaniu od kultury dominującej. Zasadniczą funkcją kontrkultury jest zaprzeczanie, podważanie i przewartościowywanie wzorów kultury dominującej[12].

---

10 Na przykład liczne publikacje Barbary Fatygi (m.in. przytaczane w tej pracy), ponadto: J. Garewicz, *Pokolenie jako kategoria socjofilozoficzna*, „Studia Socjologiczne" 1983, nr 1, s. 75–87; A. Kłoskowska, *Socjologia młodzieży: przegląd koncepcji*, „Kultura i Społeczeństwo" 1987, nr 2, s. 19–37; H. Świda-Ziemba, *Młodzież PRL. Portrety pokoleń w kontekście historii*, WL, Kraków 2010; H. Świda-Ziemba (red.), *Młodzież a wartości*, WSiP, Warszawa 1979 i inne; M.J. Szymański, *Młodzież wobec wartości: próba diagnozy*, IBE, Warszawa 1998.
11 J. Wertenstein-Żuławski, *To tylko rock'n roll*, ZAKR, Warszawa 1990, s. 9.
12 Ibidem.

Lata pięćdziesiąte

Narkotyki w pierwszych subkulturach

Od połowy lat pięćdziesiątych przede wszystkim w Stanach Zjednoczonych, jak również w niektórych krajach Europy Zachodniej zaczęły zachodzić przemiany społeczne i obyczajowe, które w pełni rozwinęły się w następnym dziesięcioleciu. Złożyły się na nie m.in. wyż demograficzny, relatywny wzrost dobrobytu oraz przedłużenie szkolnej edukacji. Wszystko to doprowadziło do ukształtowania się młodzieży jako odrębnej kategorii w wymiarze nie tylko demograficznym, ale i społecznym. Wśród młodego pokolenia coraz bardziej widoczny stawał się sprzeciw skierowany przeciwko wartościom uznawanym przez starsze generacje, skoncentrowane przede wszystkim na przywracaniu w okresie powojennym dobrobytu. Procesy te widoczne były szczególnie w Stanach Zjednoczonych, w mniejszym zaś stopniu w społeczeństwach Europy Zachodniej. Wpływały też na kształtowanie się nonkonformistycznych postaw w niektórych krajach bloku wschodniego.

Wśród atrybutów młodzieżowego stylu życia znalazły się nie tylko ubiór, słuchana muzyka, język i sposób spędzania czasu wolnego, gdyż wielu świadomych swej odrębności młodych ludzi zaczęło szukać potwierdzenia w grupie rówieśniczej, tworząc pierwsze subkultury[13]. Wraz z rozwijającą się ideą młodości w młodzieżowym stylu życia pojawiły się różnego rodzaju używki, stając się niekiedy jego trwałym elementem.

Jako pierwsi idee amerykańskiego społeczeństwa konsumpcyjnego lat pięćdziesiątych odrzucili bitnicy (*beat generation*). Nie akceptując konserwatywnych ideałów panujących szczególnie w amerykańskich rodzinach klasy średniej, bitnicy stworzyli własne środowisko, otwarte na wszelkie różnorodności.

Ten nurt nieprzystosowania społecznego, będący na ogół udziałem młodzieży z klas wyższych[14], do dziś bywa różnie definiowany. Określani nieformalnym, awangardowym ruchem literacko-kulturowym, byli zwolennikami muzyki jazzowej, buddyzmu, wolnego seksu, alkoholu i innych używek. Sama nazwa ruchu pochodzi najprawdopodobniej od angielskiego słowa *beat*, związanego z takimi słowami, jak „pobicie" (w sensie przegrania), „stracenie" i „zmęczenie", co wskazywałoby na ważny symboliczny wymiar słowa. Pokoleniem przegranym miałaby tu być generacja, której młodość przebiegała w okresach drugiej wojny światowej i powojennym. Niekiedy zwraca się uwagę na związek tego pojęcia z terminologią muzyczną stosowaną w odniesieniu do rytmu.

---

13 Więcej na ten temat: J. Wertenstein-Żuławski, *To tylko rock'n roll*, op. cit.
14 *Ibidem*, s. 51.

Sławnymi bitnikami byli m.in. pisarze i poeci: Jack Kerouac, Ken Kesey, Irving Allen Ginsberg, Neal Cassady i Gregory Corso. Wśród cenionych dzieł tej generacji znalazły się przede wszystkim: *W drodze* (1957)[15] i *Włóczędzy Dharmy*[16] (1958) Kerouaca, *Skowyt*[17] (1956) Ginsberga i *Nagi lunch*[18] (1959) Williama S. Burroughsa. Nie mniejszym uznaniem cieszyła się powieść *Lot nad kukułczym gniazdem*[19] Keseya. Ginsberga ochrzczono „chodzącą encyklopedią wiedzy psychodelicznej" oraz „niebiańskim klaunem"[20]. Podobnie postrzegano Burroughsa, którego pierwszą powieść *Junkie* (wydana w 1953 roku) okrzyknięto mianem powieści narkotycznej, a on sam, wbrew własnemu życzeniu, zyskał przydomek pisarza narkotycznego. Co ciekawe, rosnącym zainteresowaniem wśród „zwykłych" czytelników cieszyły się publikacje biochemików, np. *Drugs and the Mind* (1957)[21] Roberta S. de Roppa.

Na twórczość i światopogląd bitników ogromny wpływ wywarł Humphry Osmond – brytyjski psychiatra prowadzący intensywne badania nad środkami psychodelicznymi i twórca terminu „psychodeliczny"[22], rozumianego jako poszerzający umysł. W liście z 30 marca 1956 roku do angielskiego pisarza i eseisty Aldousa Huxleya humorystycznie zachwalał LSD słowami: *To fathom heli or soar angelic, just take a pinch of psychedelic*[23]. To właśnie Osmond w 1953 roku podał autorowi *Nowego, wspaniałego świata* meskalinę[24], która wpłynęła nie tylko na jego twórczość, ale i życie. Huxley stał się zagorzałym zwolennikiem środków psychoaktywnych, a w szczególności wspomnianej meskaliny i LSD-25. Przeżywane w wyniku ich stosowania doświadczenia wizyjne stały się niezbędnym uzupełnieniem obrazu świata kształtowanego za pomocą słów i intelektu. Huxley dostrzegał dużo korzyści w sięganiu po środki psychodeliczne w codziennym życiu. W liście do Alberta Hofmanna wyznał:

> Jestem przekonany, że tego rodzaju poszukiwania, wykorzystujące wizyjne doświadczenia, będą prowadzone – w różnorodnych formach zależnych od konstytucji fizycznej, temperamentu oraz działalności zawodowej osób je

---

15 J. Kerouac, *W drodze* [*On the Road*, 1957], tłum. A. Kołyszko, W.A.B., Warszawa 2005.
16 J. Kerouac, *Włóczędzy Dharmy* [*The Dharma Bums*, 1958], tłum. M. Oborski, W.A.B., Warszawa 2006.
17 A. Ginsberg, *Howl and Other Poems* [wyd. 1: 1956], City Lights Publisher, San Francisco 2001.
18 W.S. Burroughs, *Naked Lunch*, Olympia Press (Europe), Grave Press (U.S.), 1959.
19 K. Kesey, *Lot nad kukułczym gniazdem* [*One Flew Over the Cuckoo's Nest*, 1962], tłum. T. Mirkonin, Albatros, Warszawa 2009.
20 R. Rudgley, *Alchemia kultury...*, op. cit.
21 R.S. de Ropp, *Drugs and the Mind* [wyd. 1: 1957], Delacorte Press, Ann Arbor 1976.
22 Pochodzi od *psyche* (umysł) i *delos* (transformujący).
23 N. Murray, *Aldous Huxley: A Biography*, Abacus, Aucklbn 2003, s. 419.
24 Więcej: M. Erdmann, *The Spiritualization of Science, Technology, and Education in a One-World Society*, "Forcing Change" 2011, 5 (1).

podejmujących – w celu rozpoznania własnej natury. Będą one użyteczne w technikach „mistyki stosowanej", które pomagają ludziom wynieść możliwie dużo korzyści z doświadczeń transcendentalnych, a wglądy w inne światy spożytkować dla właściwego rozwoju tego świata[25].

Huxley eksperymentował z narkotykami aż do śmierci, a wrażenia, jakie wywarły na nim wcześniej testowane substancje narkotyczne, wpłynęły na treść jego najsłynniejszej powieści – *Nowy, wspaniały świat* (1931–1932).

Pierwszy, pozbawiony medycznego znaczenia, autoeksperyment z użyciem LSD przeprowadził na początku 1951 roku Ernst Jünger – niemiecki nacjonalista o krytycznym stosunku do NSDAP i Hitlera. Czyniąc własne doświadczenia narkotykowe tematem swoich niektórych książek (np. *Annäherungen: Drogen und Rausch*[26]), stał się jednym z najpopularniejszych pisarzy i myślicieli w środowisku bitników. Od tego czasu LSD zaczęło być zażywane przez ludzi wywodzących się ze środowisk twórczych: pisarzy, malarzy, muzyków oraz osób, które można by nazwać duchowymi poszukiwaczami. Jednym z nich był Alan W. Watts – brytyjski pisarz, filozof i mówca. Zafascynowany sztuką i mistycyzmem dalekowschodnim[27], zespoleniem człowieka z przyrodą, technikami medytacji, wielokrotnie porównywał doświadczenia narkotykowe z przeżyciami mistycznymi[28]. Nazywany „uśmiechniętym uczonym epoki kwasu"[29], często eksperymentował z meskaliną, LSD i marihuaną. Jak sam mówił:

> [...] kiedy po raz pierwszy zostałem zaproszony przez dr Keitha Ditmana z Kliniki Neuropsychiatrycznej przy Szkole Medycznej UCLA do przetestowania mistycznych właściwości LSD-25, nie przypuszczałem, że środek chemiczny jest w stanie spowodować pierwotne doświadczenie mistyczne. Sądziłem, że co najwyżej może spowodować podobne odczucia, jakie daje pływanie w płetwach na nogach. Tak też się stało. Moje pierwsze doświadczenie z LSD-25, mimo że niezwykle interesujące pod względem intelektualnym i estetycznym, nie wywołało przeżyć mistycznych. Kilka miesięcy później, w 1959 roku, ponownie spróbowałem LSD-25. Tym razem towarzyszyli mi w tym doktorzy Sterling Bunnell i Michael Agron, związani z Kliniką Langley-Porter w San Francisco. Podczas dwóch eksperymentów zdumiałem się i w pewnym sensie zawstydziłem, gdyż przeszedłem przez stany świadomości, które były zgodne z opisem doświadczeń mistycznych znanych mi z literatury. [...] Poprzez dalsze eksperymenty z LSD-25 i innymi środkami, z wyjątkiem DMT, które jest dla mnie nie tyle interesujące, co zabawne,

---

25 A. Hofmann, *LSD...*, op. cit., s. 198.
26 E. Junger, *Annäherungen: Drogen und Rausch* [wyd. 1: 1970], Klett-Cotta, Stuttgart 2008.
27 A.W. Watts, *The Spirit of Zen* [wyd. 1: 1936], Grove Press, New York 1994; A.W. Watts, *The Way of Zen* [wyd. 1: 1957], Vintage Books, New York 1999.
28 A.W. Watts, *Psychedelics and Religious Experience* [in:] B. Aaronson, H. Osmond (ed.), *Psychedelics...*, op. cit., s. 131–144.
29 R. Rudgley, *Alchemia kultury...*, op. cit.

zauważyłem że bez trudu mogę osiągać stan „kosmicznej świadomości", stając się coraz mniej zależny od samych środków chemicznych, niezbędnych do „dostrojenia się" do mistycznego przeżycia. Zauważyłem, że spośród pięciu testowanych przeze mnie środków psychodelicznych LSD-25 i konopie najlepiej służą moim celom. Szczególnie konopie, które nie wywołują dziwnych zmian w percepcji sensorycznej i – jak wskazują badania medyczne – mają mniej groźnych skutków ubocznych niż LSD[30].

Również w naukowo-filozoficznych poglądach bitników znalazło się więcej miejsca dla konopi niż dla LSD, grzybów halucynogennych, peyotlu czy meskaliny. To właśnie konopie miały umożliwiać zniesienie wszelkich (poza)twórczych granic; były najefektywniejszą metodą poszerzenia świadomości i kontaktu z transcendencją[31].

Jednak sesje, w trakcie których (często grupowo) zażywano LSD, także wywoływały wyjątkowe przeżycia, najczęściej doświadczenia wizyjne, mające duże znaczenie nie tylko w mistycyzmie i religii, ale także w plastycznej twórczości artystycznej, w literaturze i nauce. Doznania te wnosiły nowe spojrzenie na istotę procesu twórczego i dotyczyły tak wielu obszarów działalności artystycznej, że nadano im wspólną nazwę – sztuki psychodelicznej[32]. Dzieła pisarzy bitników okrzyknięto więc mianem literatury psychodelicznej, jej twórców zaś nazwano pisarzami narkotycznymi.

W połowie lat pięćdziesiątych ukazały się dwa znaczące eseje Huxleya: *Wrota percepcji* (1954; znane też jako *Drzwi percepcji*[33]) oraz *Niebo i piekło*[34] (1956), poświęcone stanom będącym wynikiem stosowania substancji halucynogennych.

W książkach tych zostały celnie uchwycone zmiany percepcji zmysłowej i świadomości, których autor doświadczył w testach na samym sobie z udziałem meskaliny. Eksperyment z meskaliną był dla Huxleya doświadczeniem wizyjnym. Ujrzał rzeczy w nowym świetle, przez co ujawniła się ich właściwa, głęboka i bezczasowa istota, która jest ukryta przed zwykłym spojrzeniem. Obydwie książki zawierały podstawowe spostrzeżenia dotyczące istoty doświadczenia wizyjnego oraz znaczenia tego doświadczenia dla zrozumienia świata – historii kultury, powstawania mitów, pochodzenia religii i procesu twórczego, którego

---

30 A.W. Watts, *The Joyous Cosmology: Adventures in the Chemistry of Consciousness* [wyd. 1: 1962], New World Library, Novato 2013; "California Law Review" 1968, 56 (1), s. 74–85.
31 R.A. Wilson, *Sex, narkotyki i okultyzm. Podróże poza granice świadomości* [*Sex, Drugs & Magick. A Journey Beyond Limits*, 1987] tłum. D. Misiuna, Graffiti, Toruń 2002, s. 110.
32 Określenie to odnosi się do twórczości powstałej pod wpływem środków odurzających (w największym stopniu LSD) i dotyczy sytuacji, w której narkotyk staje się źródłem inspiracji twórczej i kształtuje obraz dzieła.
33 A. Huxley, *Drzwi percepcji. Niebo i piekło* [*The Doors of Perception and Heaven and Hell*, 1954, 1956], tłum. M. Mikita, Cień Kształtu, Warszawa 2012.
34 *Ibidem*.

wynikiem jest działalność artystyczna. Huxley dostrzegał wartość narkotyków halucynogennych w tym, że dają one ludziom – którym los daru spontanicznej percepcji wizyjnej – jaką odznaczają się mistycy, święci i wielcy artyści – możliwość doświadczenia niezwykłego stanu świadomości i osiągnięcia dzięki niemu wglądu w świat duchowy tych wielkich twórców. Halucynogeny mogą prowadzić do głębszego zrozumienia kwestii religijnych i mistycznych, a także do nowego i świeżego spojrzenia na wielkie dzieła sztuki. Dla Huxleya narkotyki były kluczami zdolnymi otworzyć drzwi percepcji – kluczami chemicznymi, obok innych znanych, lecz pracochłonnych technik otwierania drzwi do światów wizji, jak medytacja, odosobnienie, post czy pewne praktyki yogi[35].

Jak zauważał pisarz,

> [...] człowiek, który wraca przez Drzwi w Murze, nigdy nie będzie taki sam, jaki był. Będzie mądrzejszy, ale mniej arogancko pewny siebie, szczęśliwszy, ale obdarzony mniejszą dozą samozadowolenia, pokorniejszy w akceptacji własnej niewiedzy, a jednak lepiej przygotowany do pojmowania relacji pomiędzy słowami a rzeczami, między systematycznym rozumowaniem a niezgłębioną Tajemnicą, którą próbuje zawsze na próżno zgłębiać[36].

Warto dodać, że Huxley był przeciwnikiem używania w odniesieniu do środków halucynogennych określenia „narkotyki", gdyż wzbudzało negatywne skojarzenia zarówno w języku angielskim, jak i niemieckim.

Artystyczne i literackie utwory – manifesty stworzyły podatny grunt pod późniejsze ruchy kontestacyjne, a szczególnie kontrkulturę hipisów powstałą w drugiej połowie lat sześćdziesiątych.

Na przełomie lat pięćdziesiątych i sześćdziesiątych popularność LSD w Stanach Zjednoczonych, a także w niektórych krajach Europy Zachodniej, wzrosła do tego stopnia, że zaczęło zajmować czołowe miejsce wśród odurzających specyfików zażywanych przez członków kształtującej się powoli kontrkultury. Do rozprzestrzeniania się LSD przyczyniły się sensacyjne doniesienia na jego temat ukazujące się w mass mediach. Opisywano w nich eksperymenty z wykorzystaniem tego środka, jego wyjątkowe właściwości i nieprawdopodobne wręcz działanie na ludzi. Na amerykańskim rynku księgarskim zaczęły pojawiać się publikacje zawierające opisy doświadczeń z LSD. W 1961 roku ukazała się książka Jane Dunlap *Exploring Inner Space: Personal Experiences under LSD 25*[37], poświęcona medyczno-terapeutycznym aspektom LSD. Szybko stała się bestsellerem. Podobny odbiór miały inne publikacje na ten temat.

---

35 A. Hofmann, *LSD...*, op. cit., s. 195.
36 A. Huxley, *Drzwi percepcji...*, op. cit., s. 48.
37 J. Dunlap, *Exploring Inner Space: Personal Experiences under LSD 25*, Ilium Books, Somerville 1961.

Opowiedziana w niej historia, tocząca się na utopijnej wyspie Pala, jest próbą przedstawienia syntezy osiągnięć nauk przyrodniczych i cywilizacji technicznej, z mądrością Wschodu, w postaci nowej kultury, w której racjonalizm i mistycyzm pomyślnie się jednoczą. Medycyna oparta na mokszy, magicznym lekarstwie przyrządzanym z grzybów, pełni dużą rolę w życiu mieszkańców wyspy Pala (moksza znaczy w sanskrycie „uwalniać", „wolność"). Lekarstwo może być używane jedynie w krytycznych momentach życia[38].

Rok później ukazała się ostatnia powieść Huxleya, pt. *Wyspa*[39], w której autor ponownie poruszał problem środków psychodelicznych. Jednak w Wielkiej Brytanii powstawała właśnie subkultura wyraźnie preferująca inne substancje psychoaktywne.

Lata sześćdziesiąte

Londyn i subkultura mods

Mimo że bitnicy nie odegrali tak istotnej roli wśród młodzieży brytyjskiej jak w amerykańskiej, a do połowy XX wieku większość Anglików niemal nie znała rozrywkowej funkcji pewnych narkotyków, również w Londynie środki odurzające stały się powszechne. Wzrost liczby imigrantów z Karaibów, przywożących ze sobą własne konopie, przyczynił się do zwiększenia się popularności tego narkotyku wśród młodych Brytyjczyków. Marihuana zaczęła pojawiać się w londyńskich klubach folkowych i jazzowych. Od tego czasu można zaobserwować zmianę znaczenia i funkcji środków psychoaktywnych. O ile wcześniej miały służyć przede wszystkim bitnikom w poszerzaniu świadomości ukierunkowanej na twórczość, o tyle na przełomie lat pięćdziesiątych i sześćdziesiątych sprzyjać dobrej zabawie. Londyńskie kluby opanowały wtedy takie środki, jak: siarczan amfetaminy (*Bennies*), deksamfetamina (*Dexies*), metylfenidat (*Rit*), mytylamfetamina (*Meths, crystal*) i Durophet (*black bombers*)[40].

W 1960 roku powstała w angielskiej stolicy subkultura mods[41]. Przyjmuje się, że wyrosła ona z rozpowszechnionej szczególnie w drugiej połowie lat pięćdziesiątych subkultury Teddy boys. Wśród atrybutów ją charakteryzujących znalazły się nie tylko skuter, słuchana muzyka i wizerunek członków, ale też styl życia, którego istotnym elementem było „rekreacyjne" zażywanie psychostymulantów. Dużym uznaniem wśród modsów cieszył się Drinamyl (*Purple*

---

38 A. Hofmann, *LSD...*, op. cit., s. 197.
39 A. Huxley, *Island*, Harper, New York 1962.
40 P. Robson, *Narkotyki*, op. cit.
41 Więcej: D. Hebdige, *Subculture: The Meaning of Style*, Methuen, New York 1979.

Hearts) – bardzo niebezpieczna mieszanka amfetaminy i barbituranów. Początki tej substancji sięgają końca lat pięćdziesiątych XX wieku. Wtedy to młodzi ludzie zauważyli, że barbiturany łagodzą negatywne skutki amfetaminy. Z kolei osoby uzależnione od heroiny w barbituranach znajdowały awaryjny środek zastępczy.

Jak podkreślają badacze, to właśnie dzięki amfetaminie możliwe stały się całonocne imprezy w klubach, a niekiedy i w domach. Dick Hebdige wysnuł tezę, że powodowała „rozszerzenie" czasu wolnego aż do porannych godzin. Czas ten był swoistą alternatywą dla szarej codzienności pochodzących z klasy robotniczej modsów. Narkotyki stwarzały im poczucie lepszego życia i umożliwiały wyjście poza rutynowe, codzienne zachowania[42]. Ponadto często zastępowały alkohol (zwłaszcza piwo), będący środkiem rodziców. Andrew Wilson[43] zwraca uwagę, że amfetamina nie była kojarzona z „intoksykacją", ale z „fajnym życiem na obrotach". Nic dziwnego więc, że marihuana, ze względu na swoje relaksacyjne działanie, nie cieszyła się uznaniem wśród modsów.

W związku z amfetaminową „epidemią" szerzącą się zwłaszcza wśród młodzieży, a także przypadkami szkodliwych dla zdrowia nadużyć, w 1964 roku zaostrzono przepisy prawne w Wielkiej Brytanii. Jednak niezależnie od tego, a raczej – tym bardziej, ekspansja czarnego rynku przyczyniała się do wzrostu zażywalności amfetaminy.

Kontrkultura

W Stanach Zjednoczonych zachodziły wówczas inne procesy. Na początku lat sześćdziesiątych większość bitników przeniosła się do San Francisco, do dzielnicy Haight Ashbury[44] ze względu na niskie czynsze lokali. Środowisko to zyskało wtedy znaczną popularność w całej Ameryce, w dużym stopniu dzięki rozgłosowi, który nadała im prasa. Z uwagi na negatywny stosunek do ówczesnej władzy amerykańskiej wielu ludzi sądziło, że ruch bitników toruje drogę rewolucji społecznej[45].

---

42 Więcej: *ibidem*; D. Hebdige, *The Meaning of Mod* [in:] H. Stuart, T. Jefferson (ed.), *Resistance Through Rituals: Youth Subcultures in Post-War Britain*, Routledge, London 1993.

43 Więcej: A. Wilson, *Mixing the Medicine: The Unintended Consequence of Amphetamine Control on the Northern Soul Scene*, "Internet Journal of Criminology" 2008, http://www.internetjournalofcriminology.com/Wilson%20-%20Mixing%20the%20Medicine.pdf, dostęp: 17.01.2014.

44 Obecnie dzielnica ta nazywana jest żartobliwie *Hashberry*: *hash* jest skrótem od słowa „haszysz" (czyli marihuana), *berry* – końcówka występująca w angielskich nazwach niemal wszystkich owoców jagodowych: K. Jankowski, *Hipisi w poszukiwaniu ziemi obiecanej*, Jacek Santorski & Co. Wydaw., cop., Warszawa 2003, s. 62.

45 Więcej: *ibidem*.

Od 1963 roku obserwowano zwiększający się przypływ młodych ludzi do wspomnianej dzielnicy. Rozpoczęła się wtedy stopniowa ewolucja znanych tu wzorców życia w kierunku stylu hipisowskiego[46], który zapanował ostatecznie parę lat później[47]. Wśród przybywających do Haight Ashbury byli też trzej naukowcy: Ralph Metzner, Richard Alpert (w czasie pobytu w Indiach przyjął imię Ram Dass) i Timothy Leary.

Metzner – Niemiec z pochodzenia, absolwent uniwersytetu oksfordzkiego, doktor psychologii klinicznej z Uniwersytetu Harvarda – był też wykładowcą psychofarmakologii. Alpert – utytułowany pracownik naukowy Uniwersytetów Stanforda i Harvarda, sprawował od 1956 roku funkcję członka zarządu Harvardzkiego Projektu Badań nad Środkami Psychodelicznymi. Również Leary – psycholog, pisarz, absolwent Uniwersytetu Stanu Waszyngton, doktor Uniwersytetu Kalifornijskiego – był ikoną i mentorem psychodelicznej rewolucji. Jak sam podkreślał, wyjazd do Cuernavaca w Meksyku i kontakt ze świętymi grzybami *Teonanácatl* stał się punktem zwrotnym w jego życiu[48], któremu sens miało nadać poszukiwanie szerszej świadomości. Chociaż „prekursorem" eksperymentowania ze świętymi grzybami był Huxley, Leary zdawał sobie sprawę, że dopiero teraz zaistniała szansa, aby pojedyncze eksperymentowanie przekształcić w konkretny ruch przyciągający wielu zainteresowanych odmiennymi stanami świadomości.

Badania nad działaniem LSD, prowadzone przez Learego początkowo w środowisku akademickim, szybko utraciły naukowy charakter, zamieniając się w długotrwałe imprezy narkotyczne z udziałem zarówno studentów, jak i osób spoza środowiska uczelnianego.

Doniesienia mediów o eksperymentach z LSD, przeprowadzonych w uniwersyteckim Centrum Badań nad Osobowością, spowodowały ostrą krytykę Leary'ego. W związku z zaistniałą, nieakceptowaną przez władze uczelni sytuacją w 1963 roku został, wraz ze swoim współpracownikiem Alpertem, zwolniony z Uniwersytetu Harvarda. Później Leary „doznał całkowitej przemiany z wykładowcy realizującego badania w mesjasza ruchu psychodelicznego"[49]. W tym samym roku zaczął wydawać „Psychedelic Review", gdzie zamieszczano artykuły poświęcone politycznym aspektom odurzania, jak również poetycko-artystyczne opisy przeżyć pod wpływem narkotyków. W sierpniu 1963 roku Leary wygłosił odczyt dla grupy luterańskich psychologów w Filadelfii, w trakcie którego padły znamienne zdania:

---

46 W San Francisco słowo *hippie* pojawiło się w prasie w 1965 roku na określenie przybyszów, którzy pojawili się w starej dzielnicy bitników Haight Ashbury. *Ibidem*, s. 60.
47 *Ibidem*.
48 T. Leary, J.P. Tarcher, *Flashbacks, an Autobiography: T. Leary*, J.P. Tarcher – Distributed by Houghton Mifflin Co., Los Angeles – Boston 1983, s. 29.
49 A. Hofmann, *LSD...*, *op. cit.*, s. 92.

Jeżeli traktujecie swoją religię poważnie, jeżeli naprawdę chcecie poświęcić się duchowym poszukiwaniom, musicie nauczyć się używać środków psychodelicznych. Narkotyki to religia dwudziestego pierwszego wieku. W dzisiejszych czasach praktyka religijna bez użycia środków psychodelicznych jest jak studiowanie astronomii bez użycia teleskopu[50].

Leary twierdził ponadto, że LSD to

> [...] najpotężniejszy środek podniecający, jaki człowiek odkrył. [...] rozkosz i ekstaza pod wpływem LSD są tak wielkie, że sposób, w jaki dawniej uprawialiśmy miłość, wydaje się podobny do aktu płciowego manekinów[51].

Utracenie naukowego etatu nie tylko nie przeszkodziło Leary'emu w propagowaniu swoich poglądów, ale dostarczyło mu wręcz nowych zwolenników, doskonale wpisujących się w kontrkulturowe trendy połowy lat sześćdziesiątych. Lata te stały się dla młodzieży okresem bardzo znaczącym, czasem kreowania nowych postaw, zmiany świadomości i niezwykłych przemian obyczajowych, zwłaszcza w dziedzinie seksualności i związanych z nią zachowań, jak również wspomnianych używek. San Francisco okrzyknięto zaś centrum ruchu hipisowskiego.

W styczniu 1966 roku przy Haight Street 1535 bracia Jay i Ron Thelinowie otworzyli pierwszy sklep psychodeliczny[52]. Wśród oferowanych artykułów znalazły się książki, płyty i plakaty o tzw. psychodelicznej treści. Sklep ten, łamiąc konwencję, składał się z trzech części, w tym z „centrum spokoju", w którym hipisi mieli się relaksować, medytować czy po prostu spać. Zapotrzebowanie na tego typu sklepy doprowadziło do powstawania kolejnych[53], a wśród nich również takich, które proponowały handel wymienny (najczęściej wymieniano się ubraniami, ozdobami, płytami, ale i drobną elektroniką).

Przeobrażenia, które zaszły w sferze wizualnej związanej z ubiorem czy fryzurą, były wynikiem głębszych procesów polegających na zanegowaniu wartości i form instytucjonalnych narzuconych i gloryfikowanych przez państwo amerykańskie.

Oficjalnym dniem narodzin ruchu *hippie* stał się 14 stycznia 1967 roku, kiedy to w Golden Gate Park w San Francisco odbyło się „The World's First Human Be-in". Organizatorzy zapowiadali udział liderów, przewodników i bohaterów nowego pokolenia. Na kolorowych transparentach wymalowano wszystkie zna-

---

50 S. Turner, *Głód niebios...*, op. cit., s. 56.
51 K. Jankowski, *Hipisi...*, op. cit., s. 28.
52 G. Anthony, *Summer of Love: Haight-Ashbury at Its Highest*, Last Gasp, San Francisco 1995, s. 60–67.
53 P. Stine, *The sixties*, Wayne State University Press, Detroit 1995, s. 139.

ne dziś hasła i symbole ruchu: *Love, LSD, Make Love not War, All People are One* oraz *Fuck Hate*.

Be-in okazał się wielkim karnawałem hipisowskim. Ludzie ze „szczepów", poprzebierani w stroje indiańskie, murzyńskie, hinduskie, stroje z epoki wiktoriańskiej, bawili się, tańczyli, kochali, jedli i słuchali po raz pierwszy swoich proroków. Byli nimi psycholodzy – Timothy Leary i Richard Alpert, poeci pokolenia beatników – Allen Ginsberg, Michael McClure, Lenore Kandel, mistrz zen – Allan Watts i inni, przebrani w białe hinduskie szaty, z wymalowanym trzecim okiem na czole. W tłumie krążył Święty Mikołaj, rozdając bezpłatnie papierosy z marihuaną i tabletki LSD[54].

Wyznawane przez hipisów wartości opierały się m.in. na zniesieniu podziałów i różnic narodowościowych i społecznych, a także na solidarności z przedstawicielami innych kręgów kulturowych. Dzięki lokalnym strojom pochodzącym najczęściej z Półwyspu Indyjskiego hipisi manifestowali wspólnotę postaw, tolerancję, spontaniczność, naturalność i całkowitą wolność jednostki będącej obywatelem świata. Założenie, że działanie każdego człowieka ma wymiar twórczy, oraz odrzucenie konsumpcyjnego stylu życia skutkowało własnoręcznym szyciem i przerabianiem posiadanych już ubrań. Propagowane przez hipisów hasła, choćby *non violence* czy *flower power*, znalazły także odbicie w motywach kwiatowych będących częstym wzorem na ich ubraniach, a manifestowanie „programowej" swobody seksualnej wyrażało się u kobiet rezygnacją z noszenia stanika. Charakterystyczna „pacyfka", symbolizująca protest przeciwko wojnie wietnamskiej i będąca wyrazem pokojowego nastawienia, zdobiła nie tylko szyje, ale także strój.

Niektóre narkotyki stały się istotnym elementem nowego modelu życia, opartego na idei rozszerzania świadomości. Najczęściej stosowanym środkiem było LSD, umożliwiające osiąganie efektu zwiększania wymiarów czasu i przestrzeni; sporym powodzeniem cieszyły się też grzybki psychoaktywne[55]. Ideologia hipisów „kłóciła" się z przyjmowaniem środków pobudzających[56], natomiast hamujące działanie na układ nerwowy i usypiające właściwości heroiny uniemożliwiały intensywne przeżywanie „świata" i wnikanie w głąb siebie, w związku z czym również nie cieszyła się popularnością. Leary także dokonywał wyraźnego rozgraniczenia między takimi środkami, jak: LSD, psylocybina, meskalina czy haszysz, a narkotykami z grupy opioidów: morfiną czy heroiną, przed których używaniem wyraźnie ostrzegał.

---

54 K. Jankowski, *Hipisi...*, op. cit., s. 60.
55 P. Stamets, *Psilocybin Mushrooms of the Word*, Ten Speed Press, Berkeley 1996, s. 46–52.
56 Z wyjątkiem ecstasy ze względu na „prospołeczne" funkcje tego środka.

Odczucia pojawiające się pod wpływem LSD traktowane były jako duchowa iluminacja, a sam narkotyk stał się gwarantem przeżycia mistycznego, elementem poznawczym, środkiem uwalniającym od zahamowań, umożliwiającym przeżycia religijne. Jego głównym propagatorem został właśnie Leary:

> [...] rozumiałem, że umarłem, że gra, którą ja, Timothy, prowadziłem przez całe życie, skończyła się. Mogłem przeżywać na nowo swoje życie i wiele zdarzeń, które uprzednio zapomniałem. Powiem więcej, mogłem cofnąć się do najwcześniejszych okresów mojej ewolucji i przeżywać świadomość jednokomórkowego organizmu. Wszystko to było poprzednio poza moim umysłem. Odkrycie, że ludzki mózg posiada nieskończone możliwości rozwoju i że może pracować w nieoczekiwanych wymiarach przestrzenno-czasowych, przyniosło mi wielką radość, a zarazem uczucie grozy i przekonało mnie, że obudziłem się z głębokiego ontologicznego snu. Po tym odkryciu poświęciłem większość mojej energii na zrozumienie rewelacyjnych możliwości ludzkiego układu nerwowego i przekazanie moich doświadczeń innym[57].

W trakcie swoich badań nad LSD Leary szukał podobieństw pomiędzy stanem umysłu wywołanym przez ten narkotyk a stanem opisanym przez buddyzm zen jako *satori* (oświecenie). Jak zauważa Kazimierz Jankowski,

> [...] buddyzmem zen interesowało się znacznie wcześniej wielu wybitnych psychoterapeutów, między innymi Erich Fromm, który w swoich pracach zajmował się zbieżnością niektórych koncepcji psychoanalizy i tej filozofii. Oczywiście koncepcje filozoficzne Dalekiego Wschodu zawierają wiele interesującego, a być może bezcennego materiału, który można znaleźć zastosowanie w pełniejszym rozumieniu natury człowieka. Trudno jednak zgodzić się ze sposobem, w jaki Leary uczynił użytek z buddyzmu zen, traktując dosłownie każde zdanie i zakładając arbitralnie, że LSD przez swoje właściwości chemiczne może „nawrócić" na buddyzm zen każdego, kto przyjmie ten środek. Tak więc potraktował LSD dosłownie jako święty lek, wprowadzający do nowego ruchu społecznego. Z punktu widzenia zen głównym problemem człowieka jest znalezienie własnej drogi życiowej, którą każdy indywidualnie odkrywa w stanie satori. Natomiast droga życiowa przeciętnego obywatela cywilizowanego społeczeństwa w mniejszym czy większym stopniu jest z góry zdeterminowana przez wzory kulturowe, ekonomiczne i polityczne. Leary żądał odrzucenia tego wszystkiego, co zostało narzucone jednostce przez kulturę i głosił, że oczyszczenie się z tych wpływów może nastąpić za pośrednictwem LSD. Człowiek musi najpierw odpaść ze społeczeństwa i szukać oświecenia, a dopiero później własnej drogi życiowej[58].

---

57 K. Jankowski, *Hipisi...*, op. cit., s. 65.
58 *Ibidem*, s. 71.

„Filozofia" Leary'ego znalazła odzwierciedlenie w propagowanym przez niego haśle: *Turn On, Tune In, Drop Out!*[59] (Włącz się, dostrój, odpadnij!). Ostatnie z trzech wskazań było nawoływaniem do porzucenia burżuazyjnego stylu życia, odwrócenia się plecami do społeczeństwa, porzucenia szkoły, studiów, pracy, a po otwarciu się na nowe doznania za pomocą środków psychodelicznych – poświęcenia się bez reszty prawdziwemu, wewnętrznemu wszechświatowi poprzez badanie własnego systemu nerwowego.

Charakterystyczna postawa przyjmowana zgodnie z hasłem *Do your own thing!* (Rób swoje!) okazała się podstawową zasadą realizowaną we „wzorcowej" komunie hipisowskiej oraz w innych społecznościowych grupach hipisów, jak również w odniesieniu do zażywania substancji psychoaktywnych:

> [...] jeśli ktoś miał ochotę ugotować, mógł to zrobić bez przeszkód, jeśli nie, nikt nie miał o to do niego pretensji. Robić swoje oznacza, że jeśli chcę zażyć LSD, później wykąpać się w rzece, to jest to moja i tylko moja sprawa. Nikt nie może mi w tym przeszkodzić. Ale mnie z kolei pod żadnym pozorem nie wolno żądać od innych członków komuny towarzyszenia mi. Mogę oczywiście każdemu to zaproponować, ale każdy musi mieć pełną swobodę wyrażenia akceptacji lub odmowy. Jeśli mam ochotę siedzieć bezczynnie i w ten sposób „robić swoje", jest to też „moja sprawa"[60].

Jak zauważa Hofmann,

> [...] doktryna Leary'ego, głosząca, że LSD służy nie tylko do odnalezienia świętości i odkrycia samego siebie, lecz jest także najsilniejszym z dotychczas odkrytych afrodyjaków – z pewnością przyczyniła się w istotny sposób do szybkiego rozpropagowania konsumpcji LSD wśród młodej generacji[61].

W tym samym czasie powstawała muzyka, która w założeniu miała towarzyszyć odmiennym stanom świadomości. Właściwości substancji psychoaktywnych opiewali już wędrowni bardowie, najczęściej jednak były odniesieniem do wydarzeń z udziałem narkotyku. Ballady zatytułowane *Lady Snow* czy cała wręcz seria *Cocaine Blues*, wykonywane przez różnych wykonawców, jak choćby Hanka Thompsona lub Davey'a Grahama, pokazywały wprawdzie, że narkotyk może stać się ważnym bohaterem utworu muzycznego, jednak nie oddawały samopoczucia będącego wynikiem zażycia środka. Pochodząca najprawdopodobniej z lat czterdziestych XX wieku historia o życiu Willy'ego Lee, zabijającego „swoją kobietę" pod wpływem whisky i kokainy, stała się inspiracją muzyków również w następnych dekadach.

---

59 T. Leary, J.P. Tarcher, *Flashbacks, an Autobiography*, op. cit., s. 253.
60 K. Jankowski, *Hipisi...*, op. cit., s. 86.
61 A. Hofmann, *LSD...*, op. cit., s. 92.

Wczesnym rankiem, gdy krążyłem wokół.
Wziąłem kreskę koki i zastrzeliłem swoją kobietę,
Poszedłem prosto do domu spać,
Wetknąłem tą oddaną 44 pod poduszkę.
Wstałem następnego ranka i złapałem za pistolet,
Wziąłem kreskę koki i uciekłem,
Pobiegłem dobrze, lecz zbyt wolno,
Wyprzedzili mnie w Juarez w Meksyku.
Później w Hot Joincie, gdy brałem tabletki,
Wszedł szeryf z Jericho Hill.
Powiedział: „Willy Lee, nie nazywasz się Jack Brown,
Jesteś tym draniem, który zastrzelił swoją kobietę".
Powiedziałem „Tak, och tak, nazywam się Willy Lee,
Jeśli masz moje prawa, to mi je odczytaj, zastrzeliłem Ją bo mnie raniła,
myślałem, że jestem jej tatuśkiem, lecz miała ich jeszcze pięciu".
Gdy mnie aresztowano, byłem ubrany w czerń,
Wsadzili mnie do pociągu i zabrali z powrotem,
Nie miałem przyjaciela, który wpłaciłby kaucję, więc
Wrzucili moje wysuszone zwłoki do więzienia hrabstwa.
Wczesnym rankiem następnego dnia, około w pół do dziesiątej,
zauważyłem zbliżającego się szeryfa,
Odkaszlnął i powiedział:
„Chodź, draniu" wprost do sądu rejonowego.
Na sali sądowej rozpoczął się mój proces,
Gdzie mój los zależał od dwunastu porządnych ludzi,
Chwilę przed tym, nim ława przysięgłych zaczęła posiedzenie,
zobaczyłem małego sędziego, który zaczął się rozglądać.
Za pięć minut wyszedł mężczyzna,
Trzymający werdykt w prawej dłoni,
Werdykt brzmiał: „zabójstwo pierwszego stopnia".
Wykrzyknąłem: „Boże, Boże, miej dla mnie litość!"
Sędzia się uśmiechnął, gdy podniósł długopis,
99 lat w więzieniu Folsom,
99 lat pod ziemią,
Nie zapomnę tego dnia, gdy zastrzeliłem tę złą sukę.
No dalej, wsłuchaj się w to, co mówię,
Odstaw whisky i weź kokainę.

Cocaine Blues[62]

---

62 Tłumaczenie: http://www.tekstowo.pl, dostęp: 3.01.2013. Wśród twórców wykonujących ten utwór znaleźli się m.in.: Woody Guthrie (1944), Hank Thompson (1959) czy Davey Graham (1964).

Jednak to dopiero psychedelic rock, nazywany niekiedy acid rockiem, nawiązywał zarówno improwizowanym brzmieniem, jak i warstwą tekstową utworów do stanów postnarkotycznych.

Zespoły tworzyły halucynacyjne, tajemnicze brzmienie, jakby bezpośrednio nawiązujące do odbioru muzyki poprzez deformujące działanie środków odurzających. Inni rozszerzyli pojęcie przedstawienia, osiągając efekty czasoprzestrzenne bliskie stanom po zażyciu LSD. Niektóre grupy muzyczne poświęcały pewną część swojej twórczości problemom narkotyków: w warstwie tekstowej, w zachowaniach scenicznych, jak również w tym wszystkim, co można określić mianem stylu życia muzyków. Do takich grup należał niewątpliwie legendarny zespół The Doors. Już sama nazwa grupy nawiązywała do wspomnianych *Drzwi percepcji* Huxleya. Występy zespołu przypominały teatr rockowy, z elementami pantomimy i... narkotyków[63].

Inny zespół amerykański, będący główną gwiazdą festiwali psychodelicznych organizowanych przez pisarza Keseya – The Grateful Dead – po zetknięciu się w 1965 roku z Owsleyem Stanleyem, badaczem LSD, zaczął tworzyć własną muzykę zainspirowaną przeżyciami narkotycznymi. Na wielu młodych muzyków doświadczenia narkotyczne wywarły wyjątkowy wpływ. Jak skomentował Jerry Garcia, lider supergrupy acid rocka z San Francisco, Grateful Dead,

> [...] to, co zawsze uważali za „rzeczywisty świat", teraz sprawiało wrażenie fantazji i na odwrót. Branie [LSD] wszystko zmieniło. Wyzwoliło mnie, ponieważ nagle zdałem sobie sprawę, że moje próby normalnego ułożenia sobie życia to fikcja[64].

Członkowie innej grupy – Jefferson Airplane – podobnie jak wielu innych twórców epoki hipisów zachęcali do ucieczki w halucynacje narkotyczne i sny, co jest widoczne choćby w takich piosenkach, jak *Won't You Try?* czy *White Rabbit*. Muzyka grupy emanowała narkotycznym brzmieniem i wymagała od słuchaczy doświadczania jej w odmiennym stanie świadomości. Z kolei grupa Quicksilver (występująca także pod nazwą Quicksilver Messenger Service) oddawała stany upojenia narkotycznego, teksty nawiązywały zaś do poglądów i dążeń hipisów. Utwory innego zespołu tego okresu – Small Faces – zamieszczone na płycie wydanej w 1968 roku, będącej „największym osiągnięciem zespołu"[65], zainspirowane zostały w dużej mierze przeżyciami narkotycznymi.

Środki odurzające odgrywały też ważną rolę w twórczości artystów nowojorskich. O ile w San Francisco dominowały muzyczne konwencje wpisujące się

---

63 Więcej: B. Hoffmann, *Rock a przemiany kulturowe końca XX wieku*, Semper, Warszawa 2001; J. Hopkins, D. Sugerman, *Nikt nie wyjdzie stąd żywy. Historia Jima Morrisona* [*No One Here Gets Out Alive*], tłum. G. Grątkowski, In Rock Music Press, Warszawa 2006.
64 S. Turner, *Głód niebios...*, op. cit., s. 54.
65 W. Weiss, *Rock. Encyklopedia*, Iskry, Warszawa 1991, s. 507.

w ideologię ruchu hipisowskiego, o tyle Nowy Jork zaproponował odmienną tendencję. Jak podkreśla Gino Castaldo,

> Nowy Jork od niepamiętnych czasów był miejscem dla muzyki szczególnym. Na wiele dziesięcioleci jazz wybrał go sobie na stolicę [...]. Również przemysł piosenki zlokalizował swoje centrum strategiczne najpierw na Tin Pan Alley, później zaś w Brill Building, razem z głównymi firmami fonograficznymi świata[66].

Od połowy lat sześćdziesiątych Nowy Jork był miejscem twórczych eksperymentów łączących muzykę rockową ze sztukami plastycznymi i beatową poezją[67]. To właśnie w Nowym Jorku działali muzycy, którzy wywarli wpływ na powstałą w kolejnym dziesięcioleciu subkulturę punk, negującą hipisowskie ideały i utopie. Ponury, mroczny wizerunek nowojorskich zespołów, oprócz innej muzyki, propagował też „inne narkotyki".

W solowej twórczości Lou Reeda i w założonej przez niego w 1964 roku amerykańskiej formacji The Velvet Underground kluczowym wątkiem były opiaty, od których uzależniony był wokalista zespołu. Niektóre teksty zamieszczone na pierwszej płycie zespołu (np. *Heroin, I'm Waiting For The Man, Run Run Run*) ze zdumiewającą wówczas otwartością mówiły o zjawisku narkomanii.

> Heroina, jest moją śmiercią
> Heroina, jest moją żoną i moim życiem
> Ponieważ jest wojakiem moich żył
> Prowadzi do centrum w mojej głowie
> Jestem w lepszej sytuacji niż umarlak
> The Velvet Underground, *Heroin* (1967)[68]

Reed, będący autorem śmiałych obyczajowo tekstów, w piosence *Sister Ray* (1967) zmuszał do refleksji na temat upadku i upodlenia współczesnego człowieka, przedstawiając zbiorowy portret grupy nowojorskich narkomanów[69].

Warto też wspomnieć o niezwykłej twórczości nowojorskiej artystki Patti Smith, zacierającej granice pomiędzy muzyką a poezją. Środki odurzające także były głównym tematem jej utworów:

> Jej poezja, również poezja śpiewana – bardzo oryginalna pod względem językowym, śmiała obyczajowo i obrazoburcza – była zapisem marzeń, fantazji erotycznych, halucynacji narkotycznych...[70]

---

66 G. Castaldo, *Ziemia obiecana. Kultura rocka 1954–1994*, tłum. J. Uszyński, Znak, Kraków 1997, s. 124.
67 Więcej: B. Hoffmann, *Rock a przemiany kulturowe...*, op. cit.
68 http://www.tekstowo.pl, dostęp: 5.01.2013.
69 W. Weiss, *Rock. Encyklopedia*, op. cit., s. 586.
70 *Ibidem*, s. 508.

Narkotyki obecne były w życiu i wytworach ikony kontrkultury – Huntera Thompsona, który jasno deklarował: „Nie każdemu polecałbym seks, narkotyki czy szaleństwo, ale mnie one zawsze służyły". Thompson był tak zagorzałym zwolennikiem substancji odurzających, że towarzyszyły mu one poniekąd nawet po śmierci (zmarł 20 stycznia 2005 roku). W sierpniu 2005 roku jego prochy zostały wystrzelone z armaty mającej kształt logo gonzo – symbolu tzw. dziennikarstwa subiektywnego, którego był propagatorem. Logo gonzo przedstawia zaciśniętą pięść trzymającą dojrzały peyotl.

Oczywiście wymienieni wyżej artyści sięgali również po inne narkotyki, ale to nie substancje „rozszerzające" świadomość dominowały zarówno w ich życiu, jak i twórczości.

Środki psychoaktywne popularne były także w Europie Zachodniej, zwłaszcza w Wielkiej Brytanii. Doświadczenia narkotyczne wywarły duży wpływ na twórczość wielu angielskich zespołów muzycznych i solowych artystów. W 1965 roku po raz pierwszy pojawiły się w piosenkach Beatlesów podteksty narkotyczne: utwór *Day Tripper* (Jednodniowy wycieczkowicz) ma podwójne znaczenie, ponieważ *trip* oznacza też seans narkotyczny[71]. Podobny ukryty sens ma także utwór *Norwegian Wood*:

> Raz miałem dziewczynę
> a może powinienem powiedzieć
> ona raz miała mnie
> Pokazała mi swój pokój:
> Czyż nie jest to dobre
> Norweskie drewno?
> Poprosiła bym został i usiadł gdziekolwiek
> Więc obejrzałem się i zauważyłem, że nie ma tam krzesła
> Usiadłem na dywanie
> Spędzając czas
> Pijąc jej wino
> Rozmawialiśmy do drugiej i wtedy powiedziała
> „Czas do łóżka"
> powiedziała mi, że pracowała rano i zaczęła się śmiać
> powiedziałem jej, że ja nie i wyczołgałem się, by spać w wannie
> I kiedy się obudziłem
> Byłem już sam
> Ten ptaszek uleciał
> Więc zapaliłem ogień
> Czyż nie jest dobre
> Norweskie drewno?[72]

---

71 J. Wertenstein-Żuławski, *To tylko rock'n roll, op. cit.*, s. 79–80.
72 *Ibidem*, s. 80. Mianem „norweskiego drewna" określano pewien gatunek haszyszu, który kolorem przypominał drewno.

Aluzje do narkotyków kryły się też w innych kompozycjach tej grupy, np. w *Yellow Submarine*. Jak zauważa Wertenstein-Żuławski, utwór ten odczytywany był przez młodzież jako „zaproszenie do halucynacyjnej, psychodelicznej podróży z przyjaciółmi, by zapomnieć o »tamtym« świecie":

> do krainy łodzi podwodnych
> gdzie żyjemy łatwym życiem
> każdy z nas ma to co trzeba
> niebo z błękitu i morze z zieleni
> w naszej żółtej łodzi podwodnej[73]

i gdzie:

> wszyscy przyjaciele są na pokładzie
> znacznie więcej mieszka obok[74]

Z kolei utwór *Tomorrow Never Knows* (1966) powstał pod wpływem muzyki hinduskiej i medytacji transcendentalnej studiowanej pod kierunkiem Maharishiego Maresha Yogiego, a także środków halucynogennych.

> Wyłącz umysł, rozluźnij się, płyń strumieniem
> to nie umieranie, to nie umieranie
> połóż się, całą myśl poddaj pustce
> to jest blask, to jest blask
> Tak, że możesz dostrzec znaczenie tego co wewnątrz – to jest mówienie
> To jest mówienie
> że miłość jest wszystkim i każdy jest miłością
> to jest wiedzieć, to jest wiedzieć
> Kiedy ignorancja i niewiedza opłakują zmarłych
> to jest wiara, to jest wiara
> Ale słuchaj barwy twoich marzeń
> to nie jest życie, to nie jest życie
> lub graj grę „Istnienie" do końca
> od początku[75]

Wśród rockandrollowych muzyków LSD stało się bardzo szybko niezwykle popularne.

> LSD brali niemal wszyscy najbardziej wpływowi muzycy rockandrollowi – między innymi John Lennon, Paul McCartney, George Harrison, Mick Jagger, Keith Richards, Brian Jones, Pete Townshend, Steve Weenwood, Eric Burdon,

---

73 J. Wertenstein-Żuławski, *To tylko rock'n roll*, op. cit., s. 85.
74 *Ibidem*.
75 *Ibidem*.

Brian Wilson, Roger McGuinn, Cat Stevens, Jim Morrison, Eric Clapton, Jimi Hendrix[76].

Po środki odurzające sięgały także niektóre folkowe zespoły, np. wzorujący się na brytyjskich hipisach Incredible String Band. Choćby utwór *A Very Cellular Song* (1967) nawiązuje do uczucia zespolenia z roślinami i zwierzętami, zatracenia się w elektrycznej masie cząsteczek.

Co ciekawe, beatlesi nie byli związani od początku swojej działalności muzycznej ze „światem psychodelicznym". Grupa przechodziła liczne przeobrażenia stylistyczne, brzmieniowe i sceniczne. Sam fakt, że otarła się o temat narkotyków, pokazuje siłę ich oddziaływania.

Środki zmieniające świadomość pojawiły się również w twórczości literackiej: bezpośrednie relacje między sztuką i narkotykami wykroczyły poza wąski krąg bitników, stając się praktyką masową wielu mniej popularnych wówczas pisarzy. Poszukiwaniom nowych doświadczeń ze środkami odurzającymi poświęcano liczne artykuły i książki. Słynna powieść *Próba Kwasu w Elektrycznej Oranżadzie*[77] Toma Wolfe'a, opowiadająca o czasach dzieci kwiatów, pokazywała, że szukanie innych, lepszych wymiarów bytu za pomocą narkotyków może stać się celem życia.

W Stanach Zjednoczonych, a następnie w Europie pod wpływem przeżyć wywoływanych przez zażywane specyfiki rozwijała się sztuka psychodeliczna. Ważną częścią literatury, muzyki i filmu były dzieła stworzone w narkotycznej poetyce, pozwalającej na obrazowe oddanie doświadczenia narkotycznego poprzez stymulację stanów graniczących z transem, medytacją lub hipnozą[78]. Należy podkreślić, że w przypadku sztuk plastycznych dzieła nie powstają w trakcie działania środka odurzającego, lecz dopiero w okresie późniejszym, gdy artysta wykorzystuje narkotykowe doznania w procesie twórczym.

Tak długo, jak utrzymuje się stan odurzenia, twórcza aktywność napotyka na trudności, jeśli nie jest całkowicie zahamowana. Napływ zmieniających się w rosnącym tempie obrazów jest tak silny, że nie da się ich przedstawiać ani modelować. Obejmujące całą świadomość wizje paraliżują aktywność. Dzieła artystyczne powstałe bezpośrednio pod wpływem działania LSD posiadają najczęściej charakter szczątkowy i zasługują na uwagę nie dlatego, że stanowią osiągnięcie artystyczne, lecz ponieważ są rodzajem psychoprogramu, który oferuje wgląd w najgłębsze umysłowe struktury artysty, aktywowane i przywoływane do świadomości przez LSD[79].

---

76 *Ibidem.*
77 T. Wolfe, *Próba Kwasu w Elektrycznej Oranżadzie* [*The Electric Kool-Aid Acid Test*, 1968], tłum. R. Bialy, T. Tłuczkiewicz, Iskry, Warszawa 1995.
78 K. Klejsa, *Filmowe oblicza kontestacji*, Trio, Warszawa 2008, s. 157–158.
79 A. Hofmann, *LSD...*, *op. cit.*, s. 72.

Narkotyki psychodeliczne stały się, obok muzyki, podstawowym elementem kulturowej przemiany całego pokolenia, a także twórczości filmowej, ustalając kanon „narkotycznego filmu"[80]. Niesłabnącym uznaniem cieszyły się improwizowane przedstawienia teatrów ulicznych, kwestionujących wartości społeczeństwa konsumpcyjnego. Na przykład członkowie The San Francisco Mime Troupe[81] byli cenionym zespołem teatralnym. Nie brakowało też „psychodelicznych plakacistów", takich jak Stanley Mouse, Alton Kelley i Wilfried Satty.

Mimo że to LSD stało się „narkowizytówką" epoki kontrkultury, inne substancje psychoaktywne również miały swoich zwolenników. Po środki odurzające sięgała choćby poetka Anne Sexton czy pisarka i filozof Ayn Rand (Alissa Zinowiewna Rosenbaum), która codziennie przyjmowała dekstroamfetaminę i – jak można sądzić[82] – była od niej uzależniona. Wśród uzależnionych od amfetaminy można też wymienić Philipa K. Dicka (np. *Trzy stygmaty Palmera Eldritcha*[83]). Podane przykłady są świadectwem tego, że **substancje psychoaktywne obecne były w życiu i twórczości pisarzy wywodzących się z różnych środowisk i tworzących w różnych okresach.**

Jednak to właśnie LSD w latach 1964–1966 osiągnęło ogromną popularność. Coraz częściej jednak media informowały o zgubnych dla zdrowia i życia skutkach działania tego środka, w następstwie czego zarząd Sandoza podjął decyzję o wstrzymaniu dystrybucji LSD. Nadszedł moment, w którym narkotyki zaczęły wywoływać coraz liczniejsze kontrowersje społeczne. Pierwszą reakcją władz na ich masowe używanie były federalne przepisy zakazujące posiadania LSD, wprowadzone w 1965 roku. Wobec takiej sytuacji nawet sam Stanislav Grof sięgnął po alternatywne podejście terapeutyczne – tzw. Holotropowe Oddychanie[84].

Grof był orędownikiem i propagatorem prac badawczych[85] nad silnymi środkami psychodelicznymi, tj. LSD-25, psylocybiną, MMDA, DMT i ketami-

---

80 Więcej na ten temat we fragmentach poświęconych sztuce filmowej.
81 Więcej: S.V. Mason, *The San Francisco Mime Troupe Reader*, University of Michigan Press, Ann Arbor 2005.
82 Nigdy oficjalnie nie potwierdzono informacji, że Ayn Rand była klinicznie uzależniona od narkotyków.
83 P.K. Dick, *The Three Stigmata of Palmer Eldritch*, Doubleday, New York 1965.
84 Technika ta polega na przyspieszonym i pogłębionym oddychaniu w trakcie słuchania muzyki relaksacyjnej. Stworzyli ją Stanislav Grof i jego żona Christina jako terapię holotropiczną, mającą na celu sięganie do odmiennych stanów świadomości za pomocą specyficznego oddychania. Do dziś w wielu miejscach świata funkcjonują centra specjalizujące się w oddychaniu holotropowym, np. czeskie Centrum Leczenia Alternatywnego HOLOS (http://holos.cz).
85 S. Grof, *Poza mózg. Narodziny, śmierć i transcendencja w psychoterapii* [*Beyond the Brain: Birth, Death, and Transendence in Psychotherapy*, 1985], tłum. I. Szewczyk, Wyd. A, Kraków 1999; S. Grof, *Przygoda odkrywania samego siebie: wymiary świadomości. Nowe perspektywy*

ną. Badania te prowadził w Centrum Psychiatrycznym w Maryland, a ich celem było udowodnienie możliwości istnienia głębokich pokładów podświadomości. Te hipotetyczne pokłady nazwał „matrycami prenatalnymi"; ich doznawanie i przeżywanie w odmiennych stanach świadomości miało zaś prowadzić, zdaniem badacza, do głębokich zmian osobowości. Grof wychodził z założenia, że środki psychoaktywne nie wywołują w rzeczywistości patologicznych stanów farmakologicznych (psychoz toksycznych), lecz są niespecyficznymi wzmacniaczami procesów mentalnych, które mogą być wykorzystywane w psychoterapii[86].

Raporty z badań sporządzane przez Grofa i jego współpracowników intrygowały i wzbudziły na tyle poważne zainteresowanie psychiatrów i psychologów, że wielu z nich pragnęło podążyć jego śladami, i to nie tylko w Stanach Zjednoczonych.

Co ciekawe, również hipisi[87] dostrzegli w oddychaniu holotropowym zamiennik niektórych substancji psychoaktywnych. Umiejętności te okazały się wkrótce szczególnie przydatne, gdyż w 1968 roku wprowadzono w Stanach Zjednoczonych ogólnokrajowy zakaz produkcji LSD. Od tego momentu jego wytwarzaniem zajęły się nielegalne laboratoria, jednak fakt ten nie wpłynął na zmniejszenie popularności narkotyku. Wzrastające zainteresowanie środkami odurzającymi zaowocowało wdrożeniem również w innych krajach surowych przepisów dotyczących posiadania, dystrybuowania i używania środków halucynogennych.

Po delegalizacji LSD Leary założył League of Spiritual Discovery – organizację prowadzącą kampanię na rzecz uznania tego narkotyku za legalny sakrament. Powstała także „podziemna" organizacja propagująca hasła poprawy stosunków na świecie dzięki masowej produkcji i upowszechnianiu LSD jako „lekarstwa na wszelkie zło" – Broyherhood of Eternal Love (Bractwo Wiecznej Miłości). Pojawiły się nawet sugestie, aby wodę dostarczaną do mieszkań zaprawić LSD, co spowodowałoby powstanie świadomości powszechnej jedności. Sam Leary nawoływał do powrotu do tych pierwotnych form religii, w których używanie narkotyków i słuchanie muzyki wprawiało w stan umożliwiający wejście w sferę duchów[88].

Hofmann podkreśla, że gwałtowny wzrost sięgania po LSD nie był jedynie wynikiem odkrycia tej substancji. Narkotyk ten miał pomagać ofiarom nowoczesności.

---

w psychoterapii [*The Adventure of Self-Discovery: Dimensions of Consciousness and New Perspectives in Psychotherapy and Inner Exploration*, 1988], tłum. K. Azarewicz, Uraeus, Gdynia 2000; S. Grof, *LSD Psychotherapy*, Hunter House, Pomona 1980.
86 S. Grof, J. Halifax, *The Human Encounter of Death*, E.P. Dutton, New York 1977.
87 Interesujące wypowiedzi na ten temat w filmie *Woodstock* w reżyserii Michaela Wadleigha.
88 S. Turner, *Głód niebios...*, op. cit., s. 55–61.

Wywoływały go raczej głębokie przyczyny natury społecznej: materializm, wyobcowanie ze świata natury poprzez industrializację i rosnącą urbanizację, brak satysfakcji zawodowej w mechanicznej i bezdusznej pracy, nuda i bezcelowość życia w warunkach dobrobytu i obfitości, a także brak religijnych i wychowawczych i znaczących, filozoficznych podstaw życia[89].

Zgodnie z opinią Bruce'a Jacksona, pracownika naukowego Uniwersytetu Harvarda, badającego w 1966 roku problem uzależnienia od substancji psychoaktywnych, „narkotyki, tak jak guma do żucia, telewizja, wielkie samochody i łamanie prawa, są nieodłącznym elementem amerykańskiego stylu życia"[90].

Z czasem doszło do zmiany postaw niektórych muzyków wobec substancji psychoaktywnych. Uzależnieni od narkotyków, zaczęli widzieć w nich zagrożenie, które przekładało się na treść utworów pozbawionych psychodelicznej euforii. Również śmierć wielu artystów, np. Briana Jonesa, Jimiego Hendrixa, Janis Joplin czy Jima Morrisona, rzuciła ponury cień na psychodeliki. Teksty utworów muzycznych nie informowały już jedynie o narkotycznych przeżyciach ich autorów, lecz wielokrotnie poruszały problemy wynikające z zażywania substancji psychoaktywnych (np. piosenki *The Black Plague* The Animals z 1967 roku czy *Kick* The Raiders z 1966 roku)[91]. Nie oznaczało to jednak rezygnacji przez młodych ludzi z używek w ogóle, ale zaczęła się zmieniać „scena narkotykowa" oraz jej „aktorzy". Miejsce LSD zaczęły coraz częściej zajmować środki o nasennym i przeciwlękowym działaniu – benzodiazepiny.

Podobna sytuacja występowała w Polsce. W naszym kraju narkomania młodzieżowa jako problem społeczny pojawiła się na przełomie lat sześćdziesiątych i siedemdziesiątych[92]. Skala problemu była jednak w stosunku do lat późniejszych niewielka. Do Polski zaczęły wówczas przenikać echa kontrkultury, a przede wszystkim ideologii hipisowskiej.

Jak pisze Jolanta Rogala-Obłękowska, branie narkotyków związane było wtedy z ideologią ruchu hippie i służyło osiąganiu odmiennych stanów świadomości, niedostępnych przeciętnym ludziom. Było ponadto obwarowane licznymi

---

89 A. Hofmann, *LSD...*, op. cit., s. 73.
90 Na podstawie: R. Davenport-Hines, *Odurzeni...*, op. cit., s. 368.
91 Należy podkreślić, że pomimo licznych utworów afirmujących używki również w późniejszych latach rozwoju rocka pojawiały się teksty będące w wyraźnej opozycji do substancji psychoaktywnych, jak choćby polskiej grupy Dżem, amerykańskich zespołów: Alice in Chains, Aerosmith, Red Hot Chili Peppers, Bad Brains lub muzyków znanych z „rozrywkowego stylu życia" – Guns N' Roses, irlandzkiego U2, Stinga czy wielu innych wykonawców.
92 B. Wojnarowska, M. Staniszek, *Uczeń a narkotyki. Jak zapobiegać i pomóc*, Instytut Matki i Dziecka, Warszawa 1991, za: J. Rogala-Obłękowska, *Młodzież i narkotyki. Rodzinne czynniki ryzyka nałogu*, ISNS UW, Warszawa 1999, s. 15

rytuałami, np. kładziono nacisk na wspólne branie narkotyków, co utrwalało więzi, zwiększało spójność grupy i świadczyło o wyzwoleniu z konwenansów[93].

Ze względu na utrudniony dostęp do prawdziwych narkotyków wśród młodzieży hipisującej panowała moda na eksperymentowanie z różnymi preparatami: rozpuszczalnikami chemicznymi, niektórymi gatunkami roślin, a nawet proszkiem do prania. Ponadto powodzeniem cieszyły się leki psychostymulujące, takie jak psychedryna lub fermetrazyna, a także wywołujące zaburzenia świadomości, np. parkopan lub astmosan[94].

Od 1972 roku zainteresowanie polskiej młodzieży środkami uzależniającymi systematycznie wzrastało i przenosiło się na różne środowiska, a czynnikami sprzyjającymi upowszechnianiu narkotyków były komuny hipisowskie i zloty młodzieżowe[95]. Rogala-Obłękowska zwraca uwagę, że był to początek epidemicznego charakteru tego zjawiska, analogiczny do sytuacji w innych krajach, tyle że bagatelizowany w mediach i sprowadzany do kwestii zachcianek „bananowej młodzieży"[96].

Lata siedemdziesiąte

Narkotyki w subkulturze punk

Na przełomie lat sześćdziesiątych i siedemdziesiątych doszło do stopniowego zaniku społecznych zainteresowań młodego pokolenia. Zmalała popularność hipisów, a młodzi ludzie nie byli już tak silnie zjednoczeni wokół kontrkulturowych ideałów. Rozczarowanie kryzysem gospodarczym i społecznym, odczuwanym szczególnie w środowiskach proletariackich Europy, przyczyniło się do powstania w połowie lat siedemdziesiątych w Wielkiej Brytanii ruchu punk, ponownie kierującego ideowe podstawy młodzieżowej rewolty przeciw kapitalistycznym mechanizmom rynku oraz wszelkim przejawom konsumpcyjnego stylu życia.

Uczestnictwo w subkulturze stało się pewną formą ucieczki od problemów współczesnej rzeczywistości, a także możliwością wyrażenia postawy potępiającej działania rządu, Kościoła i policji. Poglądy młodzieży wyrażało fatalistyczne hasło *no future* i przejęcie niektórych elementów ideologii anarchistycznej.

Muzyka punk zawierała w sobie krytykę konserwatywnych wartości, państwa i jego instytucji. O ile jednak negowani przez punków hipisi próbowali

---

93 J. Rogala-Obłękowska, *Młodzież i narkotyki...*, op. cit.
94 *Ibidem*.
95 *Ibidem*.
96 *Ibidem*.

stworzyć wyraźną opozycję do funkcjonujących w tradycyjnym społeczeństwie norm, wartości, ośrodków politycznych czy społecznych, o tyle w przypadku ruchu punk najważniejsza okazała się postawa nihilistyczna. Muzyka, strój czy fryzura odwołujące się do antyestetyki czy estetyki szoku były sposobami uzewnętrzniania wszelkiej niechęci do systemu państwowego, ról społecznych i zasad kierujących życiem społecznym.

Nabijana ćwiekami kurtka, „pieszczochy"[97] na rękach, długie, sznurowane buty oraz podarte, wąskie i zdobione agrafkami lub zamkami błyskawicznymi dżinsy były nieodłącznymi atrybutami tożsamości grupowej punków. Zniszczone koszulki bądź kurtki, podkreślające subkulturową przynależność, dekorowane były napisem „anarchy" lub samą literą „A" w kółku, nihilistycznym hasłem *no future*, a nawet swastyką, która miała w tym przypadku szokować, a nie propagować nazizm. Strój punków miał zaskakiwać i oburzać. Podobnie jak sama ideologia, wyrażał całkowity brak zgody na tradycyjne zasady funkcjonowania społecznego.

Za sprawą subkultury punk popularność zyskały chemiczne substancje wziewne[98]. Łatwy dostęp do tych tanich i niebezpiecznych środków doskonale wpisywał się w punkową antyestetykę, która odrzucała nie tylko hipisowską ideologię, ale także narkotyki: haszysz i LSD. Jeden z pierwszych fanzinów[99] nosił nazwę „Sniffin' Glue". Od tego czasu klej stał się czołowym narkotykiem subkultury punk, choć nie jedynym. Na liberalny stosunek członków subkultury punk do narkotyków zwraca uwagę Jack B. Moore[100].

W tym samym czasie coraz większą popularnością zaczęła zyskiwać muzyczna twórczość jamajskiego artysty Boba Marleya, jak również innych wykonawców reggae. Muzyka ta okupiła nie tylko zwolenników ruchu rasta, ale i wielu członków subkultury punk. Oprócz wykonywania utworów reggae część punków przejęła niektóre symbole (barwy flagi etiopskiej) oraz pewne elementy filozofii życiowej (wegetarianizm) właśnie od rastafarianinów[101]. Młodzież sympatyzująca z ruchem rasta sięgała po marihuanę.

Warto nadmienić, że w Polsce pierwsze sygnały obecności kultury punk pojawiły się w latach 1978–1980. Wprowadzenie stanu wojennego powstrzymało

---

97 Słynne skórzane bransolety, przypominające bardzo gruby pasek do zegarka, nabijane metalowymi, często ostrymi ozdobami.
98 G. Marshall, *Skinhead Nation*, AK Press, Oakland 1996, s. 43.
99 Od angielskiego słowa *fanzine*, utworzonego z *fan* (wielbiciel) i *magazine* (czasopismo).
100 J.B. Moore, *Skinheads Shaved for Battle: A Cultural History of American Skinheads*, Bowling Green State University Popular Press, Bowling Green 1993, za: R.T. Wood, *The Indigenous, Nonracist Origins of the American Skinhead Subculture*, "Youth Society" 1999, 31, s. 139, http://yas.sagepub.com/content/31/2/131, dostęp: 3.10.2013.
101 S. Bernat (red.), *Dźwięk w krajobrazie jako przedmiot badań interdyscyplinarnych*, Instytut Nauk o Ziemi UMCS, Komisja Krajobrazu Kulturowego PTG, Lublin 2008, s. 278.

wprawdzie jej rozwój, jednak spotęgowało niezadowolenie młodzieży, a tym samym przyczyniło się do eksplozji ruchu punk w latach 1983–1984[102].

Narkotyki w subkulturze skinhead

W połowie lat siedemdziesiątych. doszło też do odradzania się, powstałej niemal dziesięć lat wcześniej, subkultury skinhead[103]. Proces ten był odpowiedzią na rozwój punka. „Nowi" skini rekrutowali się przede wszystkim ze środowisk kibiców[104] piłki nożnej, a później spośród zwolenników National Front. Tym samym skinhead uległ radykalizacji i rozwinął się jego nacjonalistyczny odłam. Wraz z „trzecią falą ska", która nadeszła na przełomie osiemdziesiątych i dziewięćdziesiątych, rozpoczął się powrót niektórych środowisk skinheadów do robotniczych korzeni. Stworzyło to dogodne warunki do pojawienia lewicowych odłamów tej podkultury młodzieżowej, takich jak: Skinheads Against Racial Prejudice (SHARP) z Nowego Jorku[105], brytyjscy Anti-Racist Action, anarchizujący Red and Anarchist Skinheads (RASH) czy komunistyczni Red Skinheads. Nowo powstałe formacje z pewnością zmieniły nie tylko kształt subkultury skinhead, ale i stosunek do niektórych używek. Mimo że w 1981 roku pewna część angielskich skinów zaczęła wąchać klej, narkotyki nie cieszyły się zainteresowaniem środowisk skinheadów zarówno prawicowych, przywiązujących wagę do „czystości wewnętrznej"[106], jak i lewicujących, sympatyzujących często z ruchem *straight edge*, całkowicie odrzucającym substancje psychoaktywne.

Kompot, czyli „polska heroina"

W tym czasie część młodzieży próbowała też sięgać po „klasyczne" narkotyki (np. morfinę czy kodeinę), zdobywane dzięki powszechnemu fałszowaniu recept bądź kradzieży aptek i szpitali. Jak wspominali wtedy narkomani:

> [...] to było tak, że każdy starał się gdzieś się wkręcić, no wiesz, najlepiej było mieć kogoś w szpitalu, nie chorego, ale na przykład znać sanitariusza... bo z lekarzami to już różnie było, ale jak się człowiek postarał... Poza tym, no wiesz, można było podebrać babci, mamie, wiedziało się, że ktoś z rodziny coś tam bierze, w sensie

---

102 Więcej: J. Wertenstein-Żuławski, M. Pęczak (red.), *Spontaniczna kultura młodzieżowa: wybrane zjawiska*, Wiedza o Kulturze, Wrocław 1991.
103 G. Marshall, *Skinhead Nation*, AK Press Distribution, Oakland 1996.
104 Celowo używam tu określenia „kibice", a nie „pseudokibice", gdyż wówczas nie można było jednoznacznie stosować tych słów wobec fanów futbolu.
105 Więcej: G. Marshall, *Skinhead Nation*, op. cit.; J.B. Moore, *Skinheads Shaved for Battle...*, op. cit.
106 *Ibidem*.

jakieś leki, nie, no i wiadomo, listek relanium, chociaż lepsze były dormy, ale rzadko kto z rodziny to brał [chodzi o Reladorm – B.H.], no i wiesz, relanium listek, no bo nie sztuka przecież, też czasami ratował[107].

Ja pamiętam, jak na bezczelnego chcieliśmy wejść do szpitala, kumpel miał znajomą pigułę [pielęgniarkę – B.H.], ale nic się nie dało. Nieźle było, bo potem wziął jakiś biały fartuch, chyba z jakiejś piekarni czy czegoś, ubrał się w to i wszedł na odział. Chciał się dostać do apteczki w zabiegowym, ale zobaczył lekarza i spieprzył, nie dało się, no[108].

Wprowadzenie specjalnych recept na środki narkotyczne i wzmożone restrykcje ze strony aparatu ścigania nie przyniosły spodziewanych rezultatów. Stały się natomiast impulsem do poszukiwania i eksperymentowania z różnego rodzaju środkami roślinnymi. Młodzież zaczęła brać rozmaite preparaty zawierające opium, odkrywając narkotyczne działanie uprawianego w Polsce maku lekarskiego[109]. Tak rozpoczął się w naszym kraju kolejny etap narkomanii młodzieżowej.

Z początku nie znałem kompotu. Chociaż to poszło lawinowo. Najpierw był mak zielony. No o tym się wiedziało, wiesz, ludzie się znali. Nie było żadnego problemu, jechaliśmy na pola, do chłopa. Nie kupowaliśmy niczego, poletko sobie stało, a my korzystaliśmy. Poza tym czasami ktoś kogoś znał, ktoś miał pole, ktoś pracował przy maku. Zaczęło się od zielonego. Był na wyciągnięcie ręki[110].

W tym samym roku (1976), w którym powstała w Wielkiej Brytanii subkultura punk, dwaj studenci chemii z Gdańska wynaleźli kompot, czyli „polską heroinę".

[...] wiesz... wtedy to się ostro zaczęło... chociaż na początku nikt nic nie wiedział. Ale informacje się rozchodziły, tylko nie wiadomo za bardzo było jak się za to wziąć. Ja w każdym razie sam nie robiłem, znaczy się na pewno nie od razu[111].

---

107 Z wypowiedzi Ryszarda Z., rozmowa przeprowadzona przeze mnie w drugiej połowie lat osiemdziesiątych w oddziale detoksykacyjnym Instytutu Psychiatrii i Neurologii w Warszawie.
108 Z wypowiedzi Stanisława L., rozmowa przeprowadzona przeze mnie w drugiej połowie lat osiemdziesiątych w zamiejscowym oddziale rehabilitacyjnym ZOZ – „Grzmiąca" Szpitala Psychiatrycznego w Warszawie, ul. Nowowiejska.
109 J.J. Wasik, M. Staniszek, *Zwalczanie narkomanii w Polsce i na świecie*, Wyd. UWr, Wrocław 1993, s. 17, za: J. Rogala-Obłękowska, *Młodzież i narkotyki...*, op. cit., s. 16.
110 Z wypowiedzi Ryszarda Z., rozmowa przeprowadzona przeze mnie w drugiej połowie lat osiemdziesiątych w oddziale detoksykacyjnym Instytutu Psychiatrii i Neurologii w Warszawie.
111 Z wypowiedzi Pawła Ka., rozmowa przeprowadzona przeze mnie w drugiej połowie lat osiemdziesiątych w oddziale detoksykacyjnym Instytutu Psychiatrii i Neurologii w Warszawie.

Środek ten, otrzymywany dzięki ekstrakcji alkaloidów opiatowych z wywaru ze słomy makowej, acetylowanych bezwodnikiem octowym, był nie tylko tani, ale i ogólnodostępny, gdyż wytwarzano go metodą „chałupniczą" (najczęściej w domach czy melinach narkomanów). Dla wielu uzależnionych właśnie kompot okazał się „używką idealną":

> [...] poza tym kompot było łatwo zdobyć i był tani. Chociaż w naszych realiach i na niego brakowało pieniędzy, czasami, bo najczęściej jakoś szło. Dla mnie kompot był jakimś takim wybawieniem. Próbowałem z prochami. W sumie od nich zacząłem, nie żeby było bardzo trudno je zdobyć. Ja na przykład normalnie u lekarza dostawałem. Na uspokojenie, na początku mówiłem lekarzowi, że sporo piłem, że przestałem, chociaż, nie, ja nie piłem, ale taki blef, no że przestałem, ale teraz spać nie mogę itp. Wiesz, lekarze znowu wcale tak nie wnikali w szczegóły [...]. Potem się jakoś kombinowało, ale było trudniej. Mój lekarz zaczął coś chyba podejrzewać, mamę wysyłałem, żeby wziął na siebie receptę, ale też to było podejrzane. Te leki za szybko się kończyły i nie wszystko było na receptę. Próbowałem z weterynarzem, ale nie dało się, zrobił się problem. Byli lekarze, którzy nie wnikali, idziesz, płacisz, masz receptę, ale drogie się to porobiło. I raptem przechodzi informacja, że jest coś w zastępstwie, że ludzie próbują, że to jest lepsze, tańsze i tyle zachodu nie potrzeba[112].

Łatwy, odbywający się w domach proces produkcji „polskiej heroiny" stał się dla narkomanów gwarantem samowystarczalności i niezależności. Ci, którzy nie posiadali własnego mieszkania, korzystali z gościnności innych narkomanów bądź w ostateczności zdani byli na handlarzy kompotu.

> Najbardziej się cieszyłem, że starzy kupili dom na Kurpiach. Słuchaj, jadę, a tam całe pole maków. Maki wszędzie, wszędzie po drodze, dookoła. Później, jak wyszedłem z ośrodka nie jeździłem tam, nie chciałem sobie przypominać. Wiesz, jak teraz na to patrzę, to najważniejsze w tym wszystkim było mieszkanie. Ja miałem, poza tym mieszkał u mnie Marek [Marek M. – jeden z pierwszych narkomanów uzależnionych od kompotu – B.H.]. Z Markiem można było ćpać, wiesz, on był uczciwy. Wiedziałem, że z nim mogę ćpać. W sumie to byliśmy samowystarczalni. Dawne czasy. Potem dochodzili ludzie, zrobiło się głośno, że na Ł. [ulica w Warszawie – B.H.] można zaćpać, a to już było kiepskie. Chodziło głównie o to, że sąsiedzi się stawiali, baliśmy się. Z samym Markiem było naprawdę w porządku[113].

---

112 Z wypowiedzi Pawła Ko., rozmowa przeprowadzona przeze mnie w drugiej połowie lat osiemdziesiątych w miejscu prywatnym.
113 Z wypowiedzi Stanisława L., rozmowa przeprowadzona w drugiej połowie lat osiemdziesiątych w zamiejscowym oddziale rehabilitacyjnym ZOZ – „Grzmiąca" Szpitala Psychiatrycznego w Warszawie, ul. Nowowiejska.

Z początku inaczej to wszystko wyglądało, wiesz, w sumie ćpasz, ale nie traktujesz tego poważnie, ty ćpasz, inni ćpają, razem ćpacie, źle nie jest, ale potem to się rozpier... Poza tym, wiesz, przestajesz się dzielić z innymi, przestajesz się dzielić towarem, nie dajesz. Teraz na to się trochę inaczej patrzy, ale wiesz, ja nie mogłem dać towaru dziewczynie, ja nie mogłem się z nią dzielić, ja musiałem mieć dla siebie. A myślisz, że inni to co, tak samo. Nikt się nie dzielił[114].

W tym czasie zaczęły zanikać wśród narkomanów idee ruchu hipisowskiego i – szerzej ujmując – kontrkultury. Jak zauważa Rogala-Obłękowska,

[...] branie narkotyków w coraz mniejszym stopniu było powiązane z jakąkolwiek ideologią czy rytuałem. Zanikały wśród narkomanów idee kontrkultury i kontestacji oraz poczucie wspólnoty pokoleniowej. Branie narkotyków stało się celem samym w sobie i sposobem na życie[115].

Narkomani tworzyli, nawiązując do koncepcji Richarda A. Clowarda i Lloyda Ohlina, specyficzną „podkulturę wycofania"[116].

No to jest tak, że w sumie to mało cię reszta obchodzi. Masz ludzi dookoła siebie, ale jesteś z nimi w układach. Ja nie wiem nawet, jak to nazwać, w sumie znasz sporo ludzi, ale to są ludzie od grzania. Pewnie ciężko to zrozumieć... Wiesz, w sumie to jest tak, że albo jesteś narąbany, albo myślisz skąd wziąć towar, żeby się narąbać, he, he... ta... teraz tak się śmieje, ale takie wesołe to to nie jest. Ale dobra, odwróćmy temat, czy jest chociaż jedna, dwie, trzy osoby, które chciałyby mieć kontakt z kimś, kto ćpa? Teraz ja też to widzę z obu stron, wiem, jak jest, jak się ćpa i nie... . A jednak nawet jak wychodzisz z odwyku, wychodzisz z ośrodka i zobacz, nie ma wokół ciebie ludzi, ze starymi, to znaczy ze starymi znajomymi nie chcesz mieć kontaktu, zamykasz się przed nimi, dosłownie, zmieniasz miejsce zamieszkania, nowych – nie masz. Przez cały czas, jak grzałeś, nie było nikogo innego. Skąd teraz raptem mają się wziąć? I pomyśl, nawet jak nie bierzesz, nawet jak wyszedłeś z odwyku, z długiego odwyku, z ośrodka, po dwóch latach, dla innych i tak jesteś ćpunem. Przez czas ćpania potraciłeś znajomych, ale i na co ci oni byli...[117]

---

114 Z wypowiedzi Ryszarda Z., rozmowa przeprowadzona przeze mnie w drugiej połowie lat osiemdziesiątych w oddziale detoksykacyjnym Instytutu Psychiatrii i Neurologii w Warszawie.
115 J. Rogala-Obłękowska, *Młodzież i narkotyki...*, op. cit., s. 16.
116 R.A. Cloward, L.E. Ohlin, *Delinquency and Opportunity: A Theory of Delinquent Gangs*, The Free Press, New York 1960.
117 Z wypowiedzi Sławka G., rozmowa przeprowadzona przeze mnie w drugiej połowie lat osiemdziesiątych w miejscu prywatnym.

Jeszcze jedna wypowiedź ukazuje, że „społeczny świat" narkomana był wtedy bardzo zubożały:

> Z początku jakoś sobie radzisz, to też sporo zależy od człowieka. Ja przez długi czas pracowałem, lubiłem swoją pracę, a narkotyki nie przeszkadzały mi w pracy. Naprawdę dość długo tak ciągnąłem. Powiem ci, że najbardziej byłem przerażony, jak mieliśmy wyjazd z teatrem[118], za granicę, do Stanów. Kurczę, byłem przerażony, jak ja tam pojadę bez towaru?! No przecież przez granicę nie wezmę, a na miejscu? Jasne wiem, pomyślisz „facet ciągnie drzewo do lasu"... to naprawdę nie było takie proste. Ale to tak, na boku, ale wracając do pracy, to długo pracowałem, a potem już się nie dało. Wypadasz ze wszystkiego[119].

Wyraźna była granica i szybko ustanawiana pomiędzy światem narkotyków a światem abstynencji narkotykowej, gdy brakowało wspólnej płaszczyzny:

> [...] bo to jest trochę tak, że funkcjonujesz jakby na dwóch poziomach: poziom niebrania i tu jeszcze masz znajomych, niebiorących, jakieś swoje sprawy i jest ten drugi poziom – brania. Ale to na początku. No ten poziom brania, to tacy znajomi od pigułek, masz kumpli, z którymi musisz pokombinować. I potem szybko, naprawdę szybko te proporcje się zmieniają. Chodzi o to, że masz dalej, znasz, znaczy się ludzi, którzy nie ćpają, ale ty tych ludzi inaczej już widzisz. Tobie oni są potrzebni, na ile masz z nich jakąś korzyść. Przede wszystkim możesz od nich brać pieniądze, możesz im coś opchnąć, mogą cię skontaktować z kim trzeba, żebyś sprzedał telewizor czy coś, tak jest. Widzisz ich tak. Ale i oni zaczynają cię unikać. Przecież wiem, jak było. No i masz tych drugich znajomków od kombinowania, ale to nie są jacyś twoi przyjaciele, to są ludzie od kombinowania. I te proporcje, co o nich mówiłem, bardzo się zmieniają. Dla ciebie istnieją już głównie ci drudzy. A ci pierwsi często sami od ciebie się izolują, a i ty od nich[120].

W latach siedemdziesiątych pojawiły się publikacje ukazujące realia środowiska młodocianych narkomanów. Na przykład pochodząca z 1979 roku książka *My, dzieci z dworca ZOO* Christiane F.[121] była szokującą relacją piętnastoletniej narkomanki z Berlina Zachodniego. W innej konwencji utrzymana

---

118 Chodzi o teatr kukiełkowy, w którym pracował respondent.
119 Z wypowiedzi Staszka L., rozmowa przeprowadzona w drugiej połowie lat osiemdziesiątych w miejscu prywatnym.
120 Z wypowiedzi Pawła Ka., rozmowa przeprowadzona w drugiej połowie lat osiemdziesiątych w miejscu prywatnym.
121 Tyt. oryg.: *Wir Kinder vom Banhof ZOO*. Autorką jest Christiane V. Felscherinow. Pamiętnik ukazał się pod nieujawnionym nazwiskiem. Pierwsze polskie wydanie: Ch.F., *My, dzieci z dworca ZOO*, z zapisu magnetofonowego podali do dr. K. Hermann i H. Rieck, tłum. R. Turczyn, Iskry, Warszawa 1987. W 2014 roku wydawnictwo Iskry opublikowało *Christiane F. Życie mimo wszystko*. Autorka przedstawia w tej książce dalszy ciąg swojej historii.

była sensacyjna powieść *Heroina 74* wydana pod pseudonimem Amadeo Visconsini[122]. Jej treść koncentrowała się nie na „ideologicznych", ale na przestępczych aspektach narkomanii. Trend ten utrzymał się przez wiele lat zarówno w literaturze i filmie, jak i muzyce.

Lata osiemdziesiąte

Tendencje w Polsce

Od połowy lat osiemdziesiątych w Polsce wyraźnie zarysowuje się zmiana modelu narkotyzowania się. Przemiany obejmują nie tylko rodzaj stosowanych środków, ale też obniżanie się wieku inicjacji narkotykowej[123]. Do zmian przyczyniły się zarówno przepisy dotyczące rejestracji maku lekarskiego i wykupu słomy makowej, jak i przenikające do kraju z Zachodu trendy w kulturze młodzieżowej.

W czerwcu 1983 roku weszło w życie rozporządzenie ministra rolnictwa i gospodarki żywnościowej w sprawie rejestracji maku lekarskiego i wykupu słomy makowej. Przyjęto koncepcję kontraktacji upraw maku z obowiązkiem odsprzedaży słomy makowej państwu. Kontrole dotyczyły uprawy o powierzchni 50 m² i większe. W 1985 roku uchwalono ustawę o przeciwdziałaniu narkomanii, w wyniku której zdobywanie niezbędnego składnika do produkcji kompotu stało się znacznie utrudnione. Rozpowszechniły się substancje lotne; ponadto coraz częściej dochodziło do mieszania leków uspokajających z alkoholem i marihuaną. Odkryto właściwości halucynogenne pewnych grzybów rosnących w Polsce. Zaczęły pojawiać się uzależnienia mieszane, polegające na łączeniu opiatów z lekami psychotropowymi[124]. Moi respondenci zauważyli:

> Wiesz, to nie zawsze było tak, że każdy łapał się od razu za kompot. Znaczy się może jak kompot wynaleziono, to się łapali, ale też marihuana robiła się popularniejsza. No i prochy. Sporo ludzi zaczynało od prochów. Ludzie zaczynali od różnych środków. W zasadzie chyba od wszystkiego, co wpadło w rękę, ale fakt, szybko się przechodziło do kompotu. Nawet jak brało się coś innego, to tak raczej dla poratowania, ale w ostatecznym rozrachunku kończyło się na kompocie. Chociaż wcale nie od razu[125].

---

122 Właściwe imię i nazwisko autora: Bohdan Władysław Tymieniecki. Pierwsze polskie wydanie: A. Visconsini, *Heroina*, Iskry, Warszawa 1985.
123 Na podstawie: J. Rogala-Obłękowska, *Młodzież i narkotyki...*, op. cit., s. 17.
124 *Ibidem*.
125 Z wypowiedzi Sławka G., rozmowa przeprowadzona w drugiej połowie lat osiemdziesiątych w miejscu prywatnym.

Z tym mieszaniem to najczęściej było tak, że te środki brało się, jak nie było nic innego akurat albo na początku. Można było mieszać, ale jednak, jak towar był, kompot znaczy się, to nawet nie wiem, czy ktoś jakoś tam mieszał. Ja w każdym razie nie. Wiesz, jak było z czego ten kompot robić, to tak naprawdę łatwiej było niż z prochami. Prochów trzeba było mieć dużo. Nie zawsze, nie każdemu się udawało. Mój kumpel mieszkał w małej miejscowości, w Ciechanowie. Jego tam wszyscy znali, potem i tak przeniósł się do Warszawy, ale długi czas nikt nie chciał mu załatwić prochów ani recepty, no nic. W Warszawie było inaczej, ale w tych mniejszych miejscowościach nawet bezpieczniej było się zamelinować i być he, he, samowystarczalnym[126].

Z kolei popularyzacja grzybów halucynogennych *Psilocybe Semilanceata* (łysiczka lancetowata) dotyczyła wówczas stosunkowo wąskiego grona osób. Najczęściej sięgający po grzybki czynili to okresowo i deklarowali, że grzybki są jedyną substancją, którą zażywają.

Towarzyszący grzybkom dogmat swoistego elitaryzmu powodował, że jesienią organizowane były co roku ekskluzywne wyprawy, których przebieg polegał nieodmiennie na trzech podstawowych czynnościach: Zbieranie – Konsumpcja – Kontemplacja[127]. Otoczone aurą tajemniczości grzybki postrzegane były nie tyle jako narkotyk, co środek służący wyższym celom. Ich zażywanie było „rodzajem nobilitacji, inicjacją, mającą otworzyć osławione »drzwi percepcji«, umożliwić oglądanie nowych światów, przeżywane niedostępnych dotąd wrażeń"[128]. Jak wynika z badań Bartosza Kaczmarczyka, przeprowadzonych wprawdzie dekadę później, ale oddających w pełni istotę „grzybkowego nałogu" również z wcześniejszego okresu, szczególnego znaczenia nabierała w tym przypadku przynależność grupowa spotęgowana przez fakt poczucia wspólnego doświadczenia. Jednak zdaniem badanych przyjmujących łasiczkę, najlepsze efekty osiąga się w grupach od dwóch do czterech osób. Im wyższa bowiem jest ich ilość, tym bardziej zwiększa się prawdopodobieństwo wystąpienia wzajemnych animozji będących przeszkodą w osiągnięciu komfortu psychicznego całej grupy. Wiele zależy bowiem od wzajemnego wpływu na siebie poszczególnych konsumentów, ich oddziaływania na siebie, od ich kondycji psychicznej. Grzyby halucynogenne, nawet rodzimą łysiczkę, nie są środkiem, po który sięga się przypadkowo; ich zażycie jest wcześniej zaplanowane. Nie jest to również substancja, która ma charakter „narkotyku weekendowego", gdyż jej działanie jest

---

126 Fragment rozmowy z Waldkiem, odbytej w drugiej połowie lat osiemdziesiątych w oddziale detoksykacyjnym Instytutu Psychiatrii i Neurologii w Warszawie.
127 Na podstawie niepublikowanej pracy magisterskiej Bartosza Kaczmarczyka *Konsumpcja grzybów halucynogennych psilocybe semilanceata. Opis zjawiska na przykładzie młodzieży w Polsce pod koniec lat 90.*, napisanej pod kierunkiem dr hab., prof. UW Jolanty Rogali--Obłękowskiej, ISNS UW, 2000.
128 *Ibidem.*

zbyt silne i rozległe w czasie, by potencjalny konsument szybko mógł normalnie funkcjonować[129].

Dla sporej liczby amatorów grzybów halucynogennych konsumpcja jest nie mniej ważna niż zbieranie. Charakterystyczna jest w tym przypadku specyficzna otoczka niesamowitości, uczestniczenia w ceremoniale niedostępnym dla innych. „[...] te niecodzienne, silne doznania psychiczne sprawiają, że uczestnicy psylocybowych seansów darzą grzyby swoistym szacunkiem"[130].

Z pewnością grupowe zażywanie i rytualna atmosfera zdecydowanie odróżniają zwolenników halucynogenu od osób uzależnionych od opiatów (w tym kompotu):

[...] czy braliśmy w grupie – różnie, ale nawet jeśli, to nie programowo. Wiesz, my po prostu czasami robiliśmy po dwie, trzy osoby, ktoś się trafił i był, ktoś gdzieś mieszkał albo pomieszkiwał u kogoś od czasu do czasu... Na ogół jacyś ludzie dookoła byli i tyle. Ale żebym miał potrzebę brania z kimś, to nie, wiesz, raczej każdy myślał o tym, żeby przygrzać i mało go reszta obchodziła. W samotności też brałem. Przynajmniej święty spokój (śmiech), no i z nikim się nie dzielisz, nie słuchasz tych próśb, tego błagania... Ta grupa to do niczego nie była potrzebna. No chyba, żeby ci ktoś podał działkę, żeby się wkłuć, ale nic poza tym. Jasne, wiesz, czasami się jakoś tam czas wspólnie spędzało, paliło się to i owo i wtedy jakaś tam nabijana faja krążyła miedzy ludźmi, ale z perspektywy, jak to teraz widzę, to mi się to z ćpaniem nie kojarzy. Ćpanie to był kompot, a do czego ci tu ludzie?... Jak dostaniesz zapaści, to cię na klatkę wystawią...[131]

[...] często brałem z innymi ludźmi, ale to dlatego, że akurat u kogoś byłem, mieszkałem czy takie tam..., ale jak miałem zapasik w domu, to brałem, nie musiałem z nikim się umawiać czy w ogóle, znaczy w sumie to nikt mi nie był potrzebny, żeby przygrzać. Jednak wiesz z nami – ćpunami to jest tak, że jak masz towar, masz gary, sprzęt, masz gdzie robić, to masz i masę ludzi koło siebie. Dopóki się szwendałem po innych, to brałem z nimi, potem dostałem mieszkanie, znaczy w spadku kawalerkę, po babci, no i zacząłem na własną rękę, ale nie wiedziałem sam, jak się zorganizować, bo w sumie, to zawsze wolałem skołować jakieś pieniądze i towar kupić, a nie próbować robić. Z chemii dobry nie byłem (śmiech), a tak na poważnie, po prostu łatwiej mi czasami było mieć jakieś pieniądze. Dużą dozę ćpania zawdzięczam bratu, zawsze mnie ratował finansowo. Potem było gorzej. Dopóki mieszkałem w domu, było łatwiej z pieniędzmi, później się pogorszyło, znaczy jak zacząłem mieszkać sam, to chyba w domu odetchnęli, że mają mnie z głowy. Późne powroty, rachunki telefoniczne jak z kosmosu. Takie tam, no ale jak zacząłem mieszkać sam, to właściwie wtedy wyszło, że ja ćpam.

---

129 B. Kaczmarczyk, *Konsumpcja grzybów...*, op. cit.
130 *Ibidem*.
131 Z wypowiedzi Pawła Ka., rozmowa przeprowadzona w drugiej połowie lat osiemdziesiątych w oddziale detoksykacyjnym Instytutu Psychiatrii i Neurologii w Warszawie.

Lament był znów od rodziny, znaczy z ich strony, że co oni zrobili, że teraz to już się zaćpam i żebym wracał. No bo wyszło na jaw, że my tam sobie radzimy, jak możemy, i gotujemy to i owo. W sumie to sąsiadka doniosła rodzince. Potem miałem pełen dom ludzi. Wiesz najgorsze to chyba było to, że to mieszkanie było na Miedzianej, krok od Centralnego. Wiesz, co to oznaczało, ja miałem pełen dom ludzi. Baliśmy się wyrzucać słomę do śmietnika i w ogóle nikomu się nie chciało wynosić tego wszystkiego, to pierdziu do wanny. Jak ktoś wchodził do kibla, to go odrzucało. Wiesz, no smród był taki, że tam będzie śmierdziało jeszcze z 50 lat. No i tak naprawdę, to ten smród mnie zdradził[132].

Dla mnie grzanie to było grzanie i o czym tu mówić, rytuału w tym nie było żadnego. Tak jak teraz na to patrzę, z perspektywy prawie dwóch lat, to naprawdę, daj spokój, jaki rytuał... Zero... Ja nie brałem grzybków, w ogóle mnie to nie interesowało. W sumie to ja nie miałem potrzeby, wiadomo, człowiek próbował różnych rzeczy, ale wiesz jak był mus i nic innego nie było, to zostawały apteki. W sumie to nie było takie trudne, z tymi alarmami to różnie bywało, a prawda jest taka, że połowa aptek ich nie miała. No i to, że do recept zawsze było jakieś dojście. Ja miałem taki patent, że u lekarza, jak się odwrócił czy poszedł do gabinetu obok, to zasuwałem mu po kilka, nie wszystkie, bo wiadomo, zorientowałby się, no a pieczątka stała na biurku. Poza tym sami robiliśmy różne hece, na przykład pieczątki się zamawiało, nie było to proste, bo przepisy, ale człowiek zawsze jakoś kombinował. A i dobre były na wsiach czy w takich małych miasteczkach gabinety lekarskie. Tam zawsze można było załatwić coś, a poza tym zasunąć było łatwo. No i u dentysty. A już najlepiej mieć kogoś w szpitalu, kto dorobi klucz do apteczki. No miód, malina. Wiesz, ja miałem na ogół pod ręką kompot, a to jakoś się nie komponowało z grzybkami, a kompot zazwyczaj był. Najważniejsze tak naprawdę to było mieć jakąś jedną osobę, z którą sobie całe to zaopatrzenie załatwisz[133].

Podobnych wypowiedzi jest więcej. Wszystkie wyraźnie kwestionują rytualno-magiczny aspekt przyjmowanych narkotyków.

Motywy sięgania po środki odurzające były dość zbliżone. Część respondentów podkreślała znaczenie ucieczki od rzeczywistości, inni mówili o ucieczce „do" innego towarzystwa, pozostali narkotyki utożsamiali z „lepszym światem":

[...] wiesz, ja nigdy sobie nie zadawałem pytania, dlaczego biorę. Na początku – czy ja wiem, znaczy to była jakaś ciekawość, potem to nawet się nie zastanawiałem. Jak byś mnie zapytała wtedy, pewnie bym nie wiedział, co powiedzieć, a teraz, powiem coś, znaczy w sumie nic oryginalnego nie powiem. Przez głupotę brałem. Może to było tak, że miało się kumpli, oni coś wspominali o narkotykach, to się

---

[132] Z wypowiedzi Witka D., rozmowa przeprowadzona przeze mnie w drugiej połowie lat osiemdziesiątych poza oddziałem szpitalnym.
[133] Z wypowiedzi Artura D., rozmowa przeprowadzona w drugiej połowie lat osiemdziesiątych poza oddziałem szpitalnym.

kojarzyło z jakimś lepszym światem, nie wiem, tak myślę teraz. W sumie wiesz, to nie ma znaczenia, bo nawet jak na początku bierzesz, bo masz jakieś tam ideały, czujesz się wolny, wolny ptak, wszystko może, nic nie musi, te sprawy. Narkotyki mają ci dać wolność... no i dają, ale na ile? Łapiesz się szybko, że w sumie tylko o tym myślisz, w ogóle inne rzeczy tracą znaczenie[134].

Narkotyki to było coś zakazanego, no i taki świat inny, Zachód czy coś takiego. Muzyka, jakieś zespoły, człowiek się tym nakręcał. O narkotykach nikt nic nie wiedział, a to, że były takie zakazane, nie dla wszystkich, to strasznie kręciło. A z drugiej strony, to one szybko stawały się takim twoim drugim ja. Bardzo szybko. Wtedy to nie myślałeś, czy cię kręcą, czy to Zachód, wiesz, trzeba było przygrzać i nikt nie zastanawiał się specjalnie. A poza tym to było naprawdę straszne ciśnienie, no straszne. Ja wiem, pewnie to ciężko zrozumieć, ale wiesz, po prostu bez tego się nie dało. Daj spokój, jak srasz po nogach, trzęsie cię, jak siedzisz na kiblu i nie wiesz, czy masz srać czy rzygać, co najpierw, to o czym myślisz. Ja ci mówię mało elegancko, ale tak jest. Nie czarujmy się. Łapiesz się na tym, że albo myślisz, żeby przygrzać, albo czy będziesz miał za co. Pamiętasz to z oknami albo pamiętasz drzwi. Ja już nie miałem co sprzedawać[135].

Mnie najbardziej interesowało jak to jest, dlaczego to takie zakazane i tak jakoś popłynęłam[136].

Łatwo mi teraz robić z siebie mądrego, ale czy ja wiem, chyba chodziło o to, że szukaliśmy jakiegoś urozmaicenia, nie żeby rozrywki, ale takiego przeżywania. Wiesz, człowiek się nasłuchał Morrisona, Hendrixa, myślał, że jak oni brali, to o coś im chodziło, coś osiągnęli, nie byli takimi powszednimi ludźmi, a nas to omija. Że to musi być cholernie atrakcyjne, no a jak oni brali, to czemu my nie...[137]

Wiesz, to się robiło takie jakby modne. No zaczynało się często od zielonego maku. Nikt z początku nie brał tego na serio. W ogóle nikt nie mówił o uzależnieniu. Kupa ludzi próbowała w wakacje, ale właśnie od zielonego maku. Potem pojawił się kompot. I dalej no z początku nikt tego na serio nie brał. Ale potem to się zmieniło[138].

[...] czy ja wiem, no dla rozrywki to nie, nawet nie dla zabicia czasu. Wiesz, no znasz mnie, każdy miał swoich bohaterów. Ja poszedłem w muzykę i to dawno,

---

134 Z wypowiedzi Sławka G., rozmowa przeprowadzona w drugiej połowie lat osiemdziesiątych poza oddziałem szpitalnym.
135 Z wypowiedzi Pawła Ko., rozmowa przeprowadzona w drugiej połowie lat osiemdziesiątych poza oddziałem szpitalnym.
136 Z wypowiedzi Joanny, rozmowa przeprowadzona w drugiej połowie lat osiemdziesiątych poza oddziałem szpitalnym.
137 Z wypowiedzi Pawła Ka., rozmowa przeprowadzona w drugiej połowie lat osiemdziesiątych poza oddziałem szpitalnym.
138 Z wypowiedzi Henia W., rozmowa przeprowadzona w drugiej połowie lat osiemdziesiątych poza oddziałem szpitalnym.

jeszcze bez narkotyków. Pamiętasz, nawet w szkole podstawowej łapałem się za granie... A to jednak było środowisko eksperymentujące i poszukujące wrażeń. Nie wiem, może też sobie myślałem „chcę być jak Hendrix"; on grzał i grał, był Bogiem, to może i ja. Ale czy ja wiem? To też trochę jest tak, że znasz różnych ludzi, a potem otaczasz się takimi, co ci odpowiadają, a jak ci biorą i myślą tak jak ty, to i ty zaczynasz[139].

Zaczęła pojawiać się świadomość własnego uzależnienia:

> W to się wpadało i nawet człowiek nie wiedział kiedy. Jasne, może nie od razu, ale... Jak brałeś prochy, to wiedziałeś, że to są leki, słabsze, mocniejsze, ale leki. Moim zdaniem nie było takiego poczucia, że oooo... biorę i już koniec ze mną czy coś. Ja przynajmniej sobie myślałem, że to nic takiego: babcia bierze, matka bierze, to i ja biorę. Biorę więcej tych leków, bo jestem młody, to na organizm inaczej działa, ale potem doszedł kompot. A jeszcze wcześniej marycha. Tak w sumie to ostro zaczęło się już od marychy. Kompot też doszedł. Tak doszedł, bo ja jak nie miałem kompotu, to i prochy brałem, a czasami jedno z drugim, różnie. Jak doszedł kompot, to poszło wszystko dużo szybciej. Nawet nie to, że brałem coraz więcej, bo ja długo jakoś sobie jechałem na takich samych działkach, ale chodzi o to, że poszło wszystko razem. Wiesz, człowiek robił takie rzeczy, jakich normalnie by się wstydził. Okradać ludzi, wiesz, dla mnie to nie było normalne. Nie chodzi o jakieś włamania, ale rodzinę, kumpli... I jedno nakręcało drugie, dawki się zwiększały, ale stopniowo, ale jak to wszystko zbierzesz do kupy, to już nie byłeś ty, nie ty dawny. I jeszcze wciąż dochodziły różne informacje, ktoś zaćpał, ktoś miał zapaść, wiedziałeś już, że to nie przelewki, że siedzisz po uszy. Próbujesz odstawić, a tu dupa, nic ci się nie udaje, idziesz na detoks, wypisujesz się po dobie. I nie myślisz, że ci nic nie jest, tylko wiesz, że siedzisz w gównie po sam czubek głowy. Wiesz, nie skupisz się na tym, raczej to przyjąłeś do wiadomości, ale wiesz, że możesz z tego nie wyjść[140].

> Ja nie myślałem żeby się leczyć. Pomyślałem, że zaćpam się kiedyś i nawet nie zauważę kiedy. A że zacząłem się leczyć to był przypadek, ale ja się nie zastanawiałem nad jakimś końcem, brałem i to było ważne, a jak to tam będzie w przyszłości, to mało mnie obchodziło, ale wiedziałem, że łatwo nie będzie[141].

> Nie żeby cię ktoś zmuszał. Sam z siebie. Mnie tam nikt nie zmuszał. Całe to gadanie, kto komu podał pierwszy raz, to pier...lenie. Co za różnica: kto komu.

---

139 Z wypowiedzi Pawła Ka., rozmowa przeprowadzona w drugiej połowie lat osiemdziesiątych poza oddziałem szpitalnym.
140 Z wypowiedzi Roberta M., rozmowa przeprowadzona w drugiej połowie lat osiemdziesiątych w oddziale detoksykacyjnym Instytutu Psychiatrii i Neurologii w Warszawie.
141 Z wypowiedzi Ryszarda P., rozmowa przeprowadzona w drugiej połowie lat osiemdziesiątych w zamiejscowym oddziale rehabilitacyjnym ZOZ – „Grzmiąca" Szpitala Psychiatrycznego w Warszawie, ul. Nowowiejska.

Chciałeś to brałeś. Ale najgorsze chyba jest to, że nikt tego na początku nie traktuje poważnie. A potem jednak wiesz, że poszło to za daleko. Co tu kombinować, no wiesz, że bez towaru nie żyjesz. No nie możesz. I do tego ten wstyd[142].

Poczucie wstydu, o którym wspomina respondent, było powiązane w dużym stopniu z odbiorem społecznym narkomanów:

> Bo wstyd. Ten wstyd dochodzi do ciebie co jakiś czas, ale jest. Ja się wstydziłem ludzi, których znałem. Ćpuna się kojarzy z syfem całym, z chorobami, żółtaczką, jakąś gruźlicą[143]. Wstydzisz się tego, tego, że ludzie, znajomi różni, ludzie, których znałeś cię nie poznają, udają, że nie widzą i w ogóle. Fakt, jak bierzesz, to o tym aż tak nie myślisz, ale wstydzisz się też, że wracasz do grzania. To moja nie pierwsza próba i najbardziej boję się, żeby utrzymać to wszystko. Żeby dalej nie grzać[144].

> [...] co innego na detoksie. Tu każdy wie, co i jak, po co tu jesteś. Ale jak miałem kiedyś iść do lekarza, coś mi się zrobiło, ropień jakiś i na żyle na dodatek, mam iść do lekarza i myślę, kur... a jak on spojrzy na moje ręce, to mnie wypier... za drzwi[145].

> [...] ja się najbardziej wstydziłam sznytów i zębów. Dlatego najbardziej chciałabym te zęby wymienić, nie wiem no zrobić coś z tym. Od razu widać po mnie, jakie mam hobby...[146]

> [...] weź sąd. Nawywijałeś, z jednej strony klawo jest, ćpasz, jesteś nie do końca poczytalny, może spojrzą inaczej, leczyć się musisz, zamiast do pierdla, to na detoksik, ale jest druga strona: siedzisz na rozprawie i myślisz kur... oni mnie tu mają za ćpuna. Wiesz, no biorą cię za rynsztok, że taki człowiek to i tak stracony, że może na ludzi napada. Ja na nikogo nie napadłem, no nie. Ta sprawa to była za sklep, ale tak cię biorą. I to się ciągnie za tobą. Przestaniesz dajmy na to grzać, minie rok, dwa, trzy, dziesięć, a dla ludzi i tak będziesz ćpunem[147].

W 1973 roku powstał zespół Dżem. Działalność tej grupy miała szczególne znaczenie nie tylko ze względu na niezwykłe brzmienie zespołu i wyjątkowy

---

142 Z wypowiedzi Roberta M., rozmowa przeprowadzona w drugiej połowie lat osiemdziesiątych w oddziale detoksykacyjnym Instytutu Psychiatrii i Neurologii w Warszawie.
143 Nie było wówczas społecznego problemu AIDS w Polsce, stąd w wypowiedziach moich respondentów temat ten się nie pojawiał.
144 Z wypowiedzi Roberta M., rozmowa przeprowadzona w drugiej połowie lat osiemdziesiątych w oddziale detoksykacyjnym Instytutu Psychiatrii i Neurologii w Warszawie.
145 Z wypowiedzi Michała M., rozmowa przeprowadzona w drugiej połowie lat osiemdziesiątych poza oddziałem szpitalnym.
146 Z wypowiedzi Z.Z., rozmowa przeprowadzona w drugiej połowie lat osiemdziesiątych poza oddziałem szpitalnym.
147 Z wypowiedzi Pawła Ka., rozmowa przeprowadzona w drugiej połowie lat osiemdziesiątych poza oddziałem szpitalnym.

głos Ryszarda Riedla, ale również z uwagi na przejmujące, osobiste teksty utworów uzależnionego od narkotyków wokalisty:

> W deszczowy dzień ulicą szedł
> Spotkałem go, cholerny pech
> To był niewinny i taką minę miał
> Teraz już wiem, że los tak chciał
>
> Rozmowa krótka, jeden gest
> Wiedziałem już, że towar pewny jest
> Ogarnął mnie szaleństwa duch
> I już niewinnych, niewinnych było dwóch jee...
>
> Do bramy, bo pada deszcz
> Gdy zaćpiesz przejdzie dreszcz
> I wróci, wróci tęcza barw
> I pęknie twój wrogi świat
> I znów przed życiem, przed życiem pęknie strach
> Twój strach, twój strach, twój strach
> Który cię zmusza, aby ćpać [...]
>
> *Niewinni i ja*, album *Dzień, w którym pękło niebo* (1985)

> Pozwól mi spróbować jeszcze raz.
> Niepewność mą wyleczyć, wyleczyć mi.
> Za pychę i kłamstwa, za me nałogi,
> Za wszystko co związane z tym.
> Te świństwa duże i małe,
> Za mą niewiarę,
> Rozgrzesz mnie, no rozgrzesz mnie!
>
> Panie mój, o Panie!
> Chcę trochę czasu, bo czas leczy rany.
> Chciałbym, chciałbym zobaczyć co,
> Co dzieje się w mych snach. Co dzieje się.
> I nie, nie chcę płakać, Panie mój!
>
> Uczyń bym był z kamienia, bym z kamienia był.
> I pozwól mi, pozwól mi,
> Spróbować jeszcze raz, jeszcze raz, jeszcze raz.
>
> *Modlitwa III*, album *Najemnik* (1989)

Pochodzący z przełomu lat osiemdziesiątych i dziewięćdziesiątych utwór *Detox* oddaje przeżycia związane z pobytem w oddziale detoksykacyjnym:

> To było wiosną, byłem tam
> może za krótko, nie wiem sam
> Zaczęło się ot tak
> znów przerwę w życiorysie mam
> Potem powoli, w górę, nie w dół
> myśli przybywa, wyrzutów też
> to tylko pretekst, by zerwać się
>
> Chodzenie po ścianach,
> rzygać się chce
> To tu normalka – ktoś pociesza mnie
> Tracę już wiarę, zostać czy nie
> Zostać tu czy nie
> Zostać tu czy nie
> Zostać tu czy nie
>
> Już powolutku nakręcam się
> który to odwyk, sam nie wiem, nie
> Tutaj naprawdę nie jest tak źle
> poczekaj stary choć jeden dzień
> Tutaj nie, nie jest źle
> dzisiaj to wiem bo i prawdę znam
> tam na detoxie musisz walczyć sam
>
> Tylko Twa wiara pomoże Ci
> wiara i siła, by wygrać z tym
> z czym tylu ludzi przegrywa co dzień
> Przegrywa co dzień
> Przegrywa co dzień
> Ja to wiem [...]
>
> *Detox*, album *Detox* (1991)

Podobnie kompozycja *Jak malowany ptak* jest doskonałym odniesieniem do stanu uzależnienia.

> Za oknem żywi ludzie, inny wymiar, inne życie
> Czy wiesz, jak ciężko jest
> Walczyć z każdym nowym dniem
> Każdej nocy modlić się o bezpieczny, spokojny sen
>
> Bez nadziei i bez szans spojrzeć w karty mówiąc pas
> Czy przyjmiesz mnie mój Boże
> Kiedy odejść przyjdzie czas?
> Czy podasz mi swą rękę?

A może będziesz się bał
Będziesz się bał...
Za oknem wrzeszczą ludzie
Szybę stłukł rzucony kamień

Czy wiesz jak czuję się
Gdy wy objęciach trzymam śmierć?
Gdy wyrok napisany w lekarza oczach szklanych
Gdy lecą, lecą tak, jak ten malowany ptak

Czy przyjmiesz mnie mój Boże
Kiedy odejść przyjdzie czas?
Czy podasz mi swą rękę?
A może będziesz się bał

Za oknem wrzeszczą ludzie
Szybę stłukł rzucony kamień
Czy wiesz jak czuję się
Gdy wy objęciach trzymam śmierć?
Gdy wyrok napisany w lekarza oczach szklanych
Gdy lecą, lecą tak, jak ten malowany ptak [...]

Jak malowany ptak, album *Detox* (1991)

W 1980 roku angielski gitarzysta, wokalista rockowy i kompozytor Eric Clapton nagrywa utwór *Cocaine*[148]:

Gdy chcesz się zabawić, musisz ją wziąć.
Kokaina.
Gdy chcesz zatańczyć, tak nisko na ziemi.
Kokaina.

Ona nie kłamie, nie kłamie, nie kłamie;
Kokaina.

Gdy masz złe wieści, chcesz się ich pozbyć.
Kokaina.
Gdy twój dzień jest skończony i chcesz biec.
Kokaina.

Ona nie kłamie, nie kłamie, nie kłamie;
Kokaina.

Gdy twoja sprawa odeszła i chcesz jechać dalej.
Kokaina.
Nie zapomnij tego faktu, już nie ma powrotu.
Kokaina.

---

148 http://www.tekstowo.pl, dostęp: 5.11.2013.

Przekaz ten różni się zdecydowanie od treści utworów poświęconych kokainie, powstałych dekadę czy dwie później.

Koszmar narkotykowego nałogu pokazywały też filmy, np. polskie produkcje: *Alabama* w reżyserii Ryszarda Rydzewskiego (1984) czy *Jestem przeciw* w reżyserii Andrzeja Trzosa-Rastawieckiego (1985). Natomiast większość filmów zagranicznych utrzymanych jest w konwencji klasyki gatunku – produkcji pochodzącej z 1971 roku pt. *Narkomani* lub *Panika w Parku Sztywnych* (*The Panic in Needle Park*, reż. Jerry Schatzberg), w którym z drastycznymi detalami ukazano nie tylko fizyczną, ale i psychiczną degenerację narkomanów. Sceny są niezwykle realne i w emocjonalny sposób oddziałują na widza. Oparty na faktach obraz *Christiane F. – My, dzieci z dworca Zoo* (reż. Ulrich Edel, 1981) pokazuje, że narkomania, ze wszystkimi jej konsekwencjami, dotyka nawet dzieci. Oczywiście nie brakowało też produkcji ukierunkowanych na zaprezentowanie kryminalnego wymiaru narkotykowego świata, czyli opowiadających o gangach narkotykowych, mafii, o tym wszystkim, co tworzy przestępcze podziemie. Filmy te nie mają charakteru moralizatorskiego, jednak ich realizm i koncentracja na ukazaniu złych skutków nałogu nie pozostawiają w widzu najmniejszej wątpliwości co do jego istoty.

Z biegiem lat narkotyki coraz częściej zaczęły wykraczać poza problemy środowiskowe czy osobiste, stanowiące głównie treść przekazów filmowych i muzycznych, stając się elementem panującej kultury.

Po okresie transformacji ustrojowej, wraz ze wzrostem dostępności do różnych środków psychoaktywnych, problem przestał dotyczyć marginalnej części społeczeństwa[149]. Odtąd można było mówić nie tylko o nowym etapie polskiej narkomanii, ale i o kulturowych przeobrażeniach, które spowodowały zmianę stosunku społeczeństwa do używek i ich miejsca w otaczającej rzeczywistości.

Istotne zmiany zaszły też w Stanach Zjednoczonych i w Europie Zachodniej, choć oczywiście z innych przyczyn niż w Polsce. Powstały nowe trendy w kulturze młodzieżowej, pociągające za sobą przewartościowanie stylu życia, muzyki i – ogólnie ujmując – funkcjonowania społecznego. Pojawiały się nowe używki, zmienił się model przyjmowania substancji psychoaktywnych. Były obecne w różnych grupach i środowiskach młodzieży.

---

149 J. Rogala-Obłękowska, *Młodzież i narkotyki...*, op. cit., s. 3.

Rap i narkotyki[150]

Mimo że punk ze swoją programową „antyestetyką" zdominował kulturę młodzieżową w drugiej połowie lat siedemdziesiątych, nie był on jedynym zjawiskiem skupiającym młodych ludzi. W dziedzinie muzyki ważną rolę odegrali wtedy dwaj didżeje: DJ Kool Herc i Grandmaster Flash. Pierwszy z nich organizował uliczne imprezy taneczne w południowym Bronksie, drugi niemal w tym samym czasie wynalazł scratching[151]. W kolejnych latach breakdance tańczono na ulicach amerykańskich metropolii, szczególnie w Nowym Jorku i Los Angeles. DJ Kool Herc, zainspirowany jamajskimi „toasterami", czyli melorecytatorami, stał się współtwórcą nowego stylu muzycznego – rapu, w którym scratching i melodeklamacja stanowiły podstawę. Oprócz sportowych dresów częścią hip-hopowej garderoby stały się także ubrania markowe. Hip-hopowcy nie wyrzekali się jednak swoich korzeni[152]. Wielu Afroamerykanów, zgodnie z tradycją, nosiło złotą biżuterię i odzież w jaskrawych kolorach. Chodziło o to, by wyglądać na kogoś bardziej majętnego, a co za tym idzie – pod każdym względem lepszego. Styl hip-hop stał się mieszanką strojów sportowych, luksusowych ubrań i krzykliwej biżuterii.

Na amerykańskim „rynku" narkotykowym zaszły wtedy wyraźne przemiany. Po latach fascynacji środkami halucynogennymi wzrosło zainteresowanie heroiną, jednak substancją cieszącą się szczególną popularnością stała się, obok heroiny, kokaina. Apogeum jej spożycia przypadło na rok 1979. W połowie lat osiemdziesiątych w Stanach Zjednoczonych i Europie pojawia się kokaina przeznaczona do palenia (*crack*). Rozpowszechniła się zwłaszcza w środowisku nowojorskich raperów, którzy za przykładem KRS1 poświęcali jej często swoje melodeklamacje. Po 1986 roku była już ceniona wśród gangsta raperów Zachodniego Wybrzeża, a niedługo potem także w Europie.

Jak pisze Steve Turner,

[...] często narzucającą się metodą ucieczki są dla młodych ludzi gangi, które dają poczucie przygody i uprzywilejowanej pozycji. Kradnąc, członkowie gangów mogą podnieść swój standard życiowy, a stosując przemoc – zlikwidować wrogów

---

150 Więcej: B. Hoffmann, *„Gra w zielone", czyli o marihuanie w kulturze hip-hopowej*, „Problemy Opiekuńczo-Wychowawcze" 2006, nr 10, s. 21–26.
151 Scratching to technika polegająca na przesuwaniu płyty w przód i w tył w trakcie jej odtwarzania na gramofonie. Przyczyniła się do stworzenia całkiem nowego dźwięku *staccato*, który z kolei zainspirował nowy styl tańca pełnego akrobacji i urywanych ruchów – tańca, który dziś znamy jako *breakdance*.
152 Więcej na ten temat: Z. Melosik, *Postmodernistyczne kontrowersje wokół edukacji*, Edytor, Toruń – Poznań 1995.

i tym sposobem doprowadzić do zmian społecznych. Narkotyki takie jak *crack* dają chwilowe poczucie wolności[153].

Działalność cenionych dziś przedstawicieli gangsta rapu (a szczególnie *West Coast* hip-hopu) finansowana była okresowo z pieniędzy pochodzących z handlu narkotykami, co wynikało ze skomplikowanej sytuacji ekonomiczno--społecznej raperów. Niewielu muzyków rockowych pochodzi ze społeczności, w których bezdomność, narkomania, przemoc, nędza i bezrobocie są elementem codziennego życia, jak to było u twórców rapu i hip-hopu, co oczywiście nie może być usprawiedliwieniem przestępczego procederu.

Choć kultura hip-hopowa narodziła się w „czarnych" gettach Nowego Jorku, bardzo szybko przyjęta została przez młodzież innych krajów, a pod koniec lat osiemdziesiątych także polską. W pierwszym okresie działalności zespoły hip--hopowe cieszyły się opinią grup chuligańskich, a ich utwory nawiązujące bezpośrednio do amerykańskiego pierwowzoru nie były akceptowane społecznie. Jednak od kilku lat, pomimo wewnętrznych podziałów, to właśnie hip-hop rozwija się w Polsce bardzo dynamicznie, a typowy dla tego nurtu kultury młodzieżowej styl życia wraz z manifestacją postaw i upodobań obowiązuje nie tylko w wielkomiejskich aglomeracjach, ale również w mniejszych miejscowościach.

Renata Pawlak zauważa, że „istotnym elementem kultury hip-hopowej jest [...] poszukiwanie w życiu szczęścia, a co się z nim wiąże – osiąganie stanu przyjemności"[154]. Podobnie jak Turner, podkreśla, że cenioną przez hip-hopowców wartością jest wolność, która „daje im poczucie satysfakcji z możliwości dokonywania wygodnych i przyjemnych, choć nie zawsze zgodnych z prawem, wyborów"[155]. Stan przyjemności osiągają najczęściej za pomocą używek, zwłaszcza marihuany, która w tej kulturze odgrywa szczególną rolę.

Wraz z rozwojem kultury rap zdecydowanie zmienił się charakter przekazu dotyczący niektórych używek. Marihuana stała się nieodłącznym elementem hip-hopowego stylu życia. Warto jednak pamiętać, że pełna akceptacja tej substancji nie oznaczała aprobaty innych używek, co bywa przypisywane kulturze hip-hopu. I tak, w wielu utworach słyszymy, że najlepiej cały dzień znajdować się pod jej wpływem:

> [...] Zacieram dłonie oto idzie fajny dzionek
> Nie będzie dzisiaj żadnych dzikich świń, skarbonek
> Sprawdzam szufladkę tam baciki[156] już skręcone [...]
> Kaliber 44 i DJ600V.O.L.T.: *Ja się wcale nie chwalę*,
> album *Road Hip-Hop Classic 2008*

---

153 S. Turner, *Głód niebios...*, op. cit., s. 198.
154 R. Pawlak, *Polska kultura hip-hopowa*, Kagra, Poznań 2004, s. 152.
155 *Ibidem*, s. 153.
156 Marihuana przygotowana do palenia.

> [...] Z koncertu – kierunek hotel
> Najebani – riplej potem
> Korytarz – ktoś rozwalił gablotę
> Głupotę plotę.
> Hotel wali haszem[157]
> Całe trzecie piętro nasze.
> Zdrowie wasze –
> Ja się trzymam. [...]
>
> Tede: *Drin za Drinem*, album *S.P.O.R.T.* (2001)

Twórcy hip-hopowi jawnie przyznają się w swych utworach do zażywania wspomnianej używki, m.in. raper Eldo na płycie zatytułowanej *Eternia* (2003):

> [...] Jaram takie ilości, że już widzę na zielono
> Padam na pysk i znów zapalam, głupoty gadam. [...]

Innym przykładem może być utwór zespołu Molesta, którego słowa brzmią:

> [...] Ale wolę chodzić nastukany[158] niż zadawać rany
> Ten stan umysłu jest przeze mnie uwielbiany [...]
> Ktoś powie, że teksty są monotematyczne,
> Ja powiem – gandzia[159] ma znaczenie kosmiczne,
> Dlatego składam jej uwielbienie liryczne
> Będzie to miało skutki katastroficzne.
> Legalizacja ma znaczenie ideologiczne,
> A uzależnienie czuje się tylko psychiczne.
> Więc wolę się nastukać, znaleźć się na wyżynie,
> Teraz wiesz, o czym mówię – blant[160] za blantem płynie [...]
>
> Molesta: *Wolę się nastukać*, album *Skandal* (1998)

Według wielu hip-hopowców palenie marihuany jest niezbędnym warunkiem dobrej zabawy:

> DJ grzej puyty, Stuff[161] już nabyty, nabity
> Wokół kobiety i typy z ekipy
> Zapowiada się wieczór znakomity [...]
>
> Paktofonika: *Dejot rusza czarne puyty*,
> album *Archiwum kinematografii* (2002)

---

157 Mowa o haszyszu.
158 Pod wpływem środka.
159 Marihuana.
160 Inna nazwa marihuany przeznaczonej i przygotowanej do palenia.
161 Nazwą tą określa się środek zmieniający świadomość.

> [...] Zabawa, cały czas piwko, trawa i kobieta do życia mnie napawa [...]
> Ale uśmiech od ucha do ucha póki nie zabierze mnie kostucha [...]
> Każdy kto pojęcie ma niech bawi się jak ja
>
> Beat Squad: *Zabawa*, album *Nadal lubię... życie inaczej* (2001)

W trakcie spotkań towarzyskich, zwłaszcza odbywających się w domach[162], konieczne jest używanie trawki, choć czasami wystarcza sama jej obecność, by zagwarantować dobre samopoczucie:

> Czyżby opary marihuany tak działały,
> Że przez samo wdychanie taką jazdę[163] dały?
> To nie czary-mary
> Tylko ganji opary
> Snują się po pokoju, wyszukując ofiary [...]
> W zamkniętym pomieszczeniu
> Czy palisz, czy nie
> To śmiać ci się chce [...]
> To mnie odpręża
> Nogi się uginają jak ciało węża. [...]
>
> Beat Squad: *Czyżby*,
> album *Nadal lubię... życie inaczej* (2001)

Marihuana, zdaniem hip-hopowców nie tylko inspiruje, ale też w znacznym stopniu wspomaga proces tworzenia; wiele utworów powstało przecież pod jej wpływem. Palenie liści zapewnia ponadto poczucie krótkotrwałego szczęścia, którego nie można zaznać w domu, szkole czy innym przeznaczonym dla młodzieży miejscu:

> Ja wciąż numeruje tu stoje nie dubluje
> Na tle rośliny sie kamufluje [...]
> Ja nic nie obiecuje, bo z trawką wciąż obcuje
> Wciągam dym potem go wydmuchuje
> Mam haj i pluje, czuje halucynuje [...]
> Gram w zielone, bo to mnie rajcuje
> Mach dla ciebie a ja odlatuje
> Więc daje mu je, liście zielone tak tu je
> Bo mnie moc wyjebuje
> Ja siedze i halucynuje [...]
> Biorę zielone i blunta roluje [...]

---

162 Tak zwanych domówkach.
163 Pożądane samopoczucie po zażyciu środka.

Kocham dym, więc się tym inhaluje [...]
Mach dla ludzi których szanuje
Więc czy grasz w zielone, gram, gram, gram
Masz zielone, mam, mam, mam
Dasz mi zielone, nie ma sprawy
Dam po dwa pięć za gram bo mało tego mam [...]

Jestem już spalony, totalnie rozluźniony [...]
Skręt to mój amulet nabijam sie na bule [...]

Trzyha/Warszafski Deszcz: *Gram w zielone (Jaram!)*,
album *Nastukafszy* (1999)

W opinii większości hip-hopowych twórców palenie marihuany przyczynia się do wytworzenia więzi z grupą, wykreowania wspólnoty i środowiska wzajemnej akceptacji. Dają temu wyraz w różnych kompozycjach:

[...] Zrobimy wpadkę, [...] na zieloną chatkę[164] [...]
I baw się bez obaw, bez bólu, przecież tu jest jak w ulu [...]
Zabawa na 102, hip-hop gra [...] wszyscy cieszą się – ha, ha

Paktofonika: *Dejot rusza czarne puyty*,
album *Archiwum kinematografii* (2002)

[...] Zielona moc (ultra przyjemnie)
Nabita fifka – zielona rozgrywka
Dużo towcu[165] i jeszcze więcej
Blanty kręcę – po to mam ręce
Blantoholik, poza tym MC[166]
Pytasz o blanty, ja blanty mam
Zawsze z kumplami w zielone gram – nie sam.

Molesta: *Wolę się nastukać*, album *Skandal* (1998)

Niektórzy podkreślają metafizyczny, wręcz religijny wymiar sięgania po marihuanę, co obrazuje fragment utworu *Kontroluj się* grupy Molesta:

[...] Moim bogiem jest zielony pan owinięty w biały szal.
Nie prowadź z nim gadki, tylko go pal. [...]

Jednym z kluczowych wątków twórczości hip-hopowej jest niewątpliwie poszukiwanie tożsamości, które „odbywa się najczęściej przez opozycję wobec pewnej rzeczywistości ustalonej jako rzeczywistość negatywna"[167]. Marihuana,

---

164 Dom/mieszkanie, w którym jest dużo marihuany.
165 Narkotyk, tu chodzi o marihuanę.
166 Master of Cremony lub Microphone Controller.
167 W. Siwak, *Estetyka rocka*, Semper, Warszawa 1993, s. 134.

zdaniem hip-hopowców, pogłębia prawdziwe pasje i zainteresowania. Jej palenie staje się swoistą wizytówką przedstawiciela tej grupy[168]:

> [...] W strefie jarania i w strefie rymowania
> Jesteśmy numer jeden nie do pokonania
> Bo nas zasłania zielone pole rażenia[169] [...]
> Molesta: *Wolę się nastukać*, album *Skandal* (1998)

Pozytywny stosunek czy wręcz aprobata „miękkich" używek nie oznacza w kulturze hip-hopu postawy tolerancji wobec innych narkotyków. Treść wielu utworów jest świadomym protestem przeciwko twardym narkotykom, a przede wszystkim heroinie, uznawanej za najgorszą ze wszystkich substancji psychoaktywnych. Środek ten, mimo że jest zażywany (szczególnie w postaci palonej), postrzegany jest jako zło:

> [...] Ty co cię pochłonęło zaśniesz albo już usnąłeś
> Otwórz oczy i zastanów się weź, czy to pojąłeś
> Twa dusza opętana czy to do serca sobie wziąłeś
> Chora jazda[170] wstrząs falą oczy brąz[171] kolor oczopląs [...]
> Molesta: *Za dalekie odloty*, album *Ewenement* (1999)

Poważne konsekwencje uzależnienia od twardych narkotyków mają przestrzegać przed sięganiem po nie:

> [...] Staram się nie przeginać pały
> Jak te durne dzieciaki
> Co mocne prochy poznały i odpalały,
> Loty[172] miały póki fani klepały,
> Teraz odwyki, zastrzyki,
> Złote strzały i inne tricki [...]
> Inespe: *Staram się*, album *Ocean Szarych Bloków* (2001)

> [...] To sztuka wykorzystać czarodziejski dym[173] i żyć z nim
> Nigdy nie zrozumiem tych, co biorą hurtowo dragi[174]
> Na otoczenie nigdy nie zwracają uwagi
> Kiedy ktoś mu splunie w twarz, to nie ma odwagi się bić [...]
> Molesta: *Kontroluj się*, album *Skandal* (1998)

---

168 Por. R. Pawlak, *Polska kultura...*, op. cit.
169 Oddziaływanie marihuany.
170 Odczucia po zażyciu narkotyku.
171 Nawiązanie do „browna" – heroiny przeznaczonej do palenia.
172 Odczucia po zażyciu narkotyku.
173 Chodzi o dym z palenia marihuany.
174 Potocznie narkotyki.

Jednym z przekonujących tekstów, zarazem protestów przeciwko twardym narkotykom, jest *Aluminium* formacji Trzyha/Warszafski Deszcz:

> [...] Detoks miałeś cały czas palisz [...]
> Aluminium szeleści [...]
> Błędny wzrok błędny dzień [...]
> Strata osobowości weź się zmień
> Bez przyszłości jesteś dobrze wiem
> Chwiejny wzrok niby żyjesz spoko
> Kojarzysz mi się tylko z dnem
> Niestety i z opalonym szkłem [...]
> Przerażasz mnie jakbyś już w kalendarz kopnął [...]
> Bo z tego wychodzi tylko jeden na sto [...]
> Zażywasz, przegrywasz
> To nic nie pomoże [...]
> I happy endu nie ma w tym horrorze [...]
> Kombinujesz wpadasz w szał nikt się z tego nie wyrywa
> Wynosisz rzeczy z domu już cię nikt nie powstrzyma [...]
> Zastanów się w końcu bo już umierasz [...]
>
> album *Nastukafszy* (1999)

W niektórych tekstach ich autorzy niemal instruują odbiorcę, jakie środki psychoaktywne i w jaki sposób przyjmować, tak aby nie wyrządzić sobie krzywdy. Wyrażają one ponadto stosunek członków kultury hip-hopowej do innych niż marihuana używek:

> A teraz o dragach zapodamy ci wykład
> Pamiętaj nigdy nie wal prochów, wal kwasy[175] po trochu. [...]
> Respekt dla ciebie, jeśli jesteś zielony[176]
> Pierdol inne dragi, pal jointów tony.
>
> Molesta: *Kontroluj się*, album *Skandal* (1998)

Hip-hopowcy wielokrotnie podkreślają, że palenie marihuany jest czynnością zgodną z naturą:

> [...] Pomagają mi liście[177]
> Szelest sprawia, że myślę [...]
> Tu, gdzie żyję, są one zbrodnią nie lekiem
> Choć zawsze były z człowiekiem [...]
>
> K.A.S.T.A. Squad: *Wrocławska Premiera*,
> album *Kastaniety* (2002)

---

175 Substancje chemiczne, wywołujące zmiany w postrzeganiu, myśleniu i uczuciach.
176 Odniesienie do marihuany.
177 Chodzi o liście marihuany.

Nic dziwnego więc, że autorzy większości tekstów opowiadają się w nich za legalizacją lekkich używek, przede wszystkim marihuany, która zazwyczaj nie jest uznawana w tym środowisku za narkotyk:

> Buh! Po ciężkim dniu odprężenie,
> Buh! W dobrym towarzystwie upalenie [...]
> Panie sędzio nie rozumiem w czym cała sprawa!
> Boskie dzieło, Boskie ziele, to dla mnie jest trawa!
> To moja wiara, mój kult, mam dość poniżania.
> Gdzie sprawiedliwość, gdzie równość, gdzie wolność wyznania?
> Gdzie wolność kultu w konstytucji zapisana [...]
>
> Bas Tajpan, Gutek, Hastu: *Protest*, album *Ekspedycje* (2000)

W innym utworze słyszymy:

> [...] Wienio pali gibona
> Jaro nie jara,
> Bo się boi, że skona
> Ja mam to w d...
> I tak sobie kupię,
> Od dziś za to trzy lata
> Trochę mniej dla nielata,
> Nie pomoże tata.
> Wkrótce będzie errata –
> Poprawka, znaczy dla mnie i oczytanych graczy,
> Poprawka, znaczy legalne będzie trawka –
> Tak być musi [...]
> Zakaz nic nie zmienia
> Wszystko komplikuje [...]
>
> K.A.S.T.A. Squad: *Zobacz*, album *Kastaniety* (2002)

W niektórych piosenkach widoczne jest wręcz świadome namawianie do używania marihuany, co stało się podstawą krytycznego stosunku wielu środowisk do kultury hip-hopowej. W środowisku tym można jednak spotkać osoby niezażywające i niewychwalające tego narkotyku, a także zdające sobie sprawę z własnego uzależnienia:

> [...] Mówisz mi, że palenie zastępuje rzeczywistość
> Wzbudzasz litość i czarno widzę twoją przyszłość
>
> Grammatik: *Nie ma skróconych dróg*,
> album *Światła miasta* (2000)

> Ja z daleka od tego świata [...]
> Mam mocną zbroję
> A uzbrojenie twoje narkotyki.
> Mówisz, że są dobre do muzyki
> I to są właśnie złe nawyki
> I masz wyniki w jakim wieku,
> Przecież potem wylądujesz w ścieku.
> Nie ma na to leku [...]
>
> OMP: *Ja z daleka*,
> album *Dobra oferta* (2000)

> Ale znowu się zakałapućkałem
> Miałem do wyboru i wybrałem
> Że pociągnie mnie THC[178], na tyle, że ja pociągnę je
> Dobrze, czy źle, a kto to wie
> Płuco me domaga się, mówię nie
> Mogę se całe gadanie wsadzić w D
> Taka jest właśnie cecha THC
>
> Paktofonika: *Le Sie Zmahauem*,
> album *Archiwum kinematografii* (2000)

Narkotyki pojawiają się także w nazwach grup (np. Hemp Gru) czy tytułach płyt (np. pierwsza płyta Warszafskiego Deszczu to *Nastukafszy*).

Przytoczone przykłady nie wyczerpują problematyki, ale pokazują wyraźnie stosunek polskich raperów do popularnej w ich środowisku używki.

Substancje psychoaktywne w kulturze rave[179]

Filozofia lat sześćdziesiątych i towarzyszące jej psychodeliki przeżyły renesans w drugiej połowie lat osiemdziesiątych. Niezwykle intensywnie zaczęła się wtedy rozwijać subkultura, a raczej kultura rave (techno), w której narkotyki odegrały rolę pierwszoplanową.

W odniesieniu do techno wielokrotnie używam słów „kultura" i „subkultura", niejako zamiennie. Winna więc jestem Czytelnikowi wyjaśnienia, że trudności z nazewnictwem, a także z ustosunkowaniem się do tego wszystkiego, co było określane mianem „techno", wynikają z niemożności jednoznacznego zdefiniowania tego zjawiska. Z jednej strony jego uczestnicy w niektórych sferach aktywności (np. ubiór, sposób spędzania wolnego czasu, muzyka, światopogląd) tworzą subkulturę, z drugiej zaś strony trend ten tak szybko przeniknął do

---

178 Najaktywniejszy składnik konopi indyjskich.
179 W części poświęconej kulturze rave wykorzystałam niektóre fragmenty własnego artykułu: *Techno – subkultura smutku*, „Problemy Opiekuńczo-Wychowawcze" 2001, nr 6, s. 8–13.

oficjalnej kultury, że zatarł granicę pomiędzy jednym a drugim, budując ogólnie panujący *cyber style*. Z tego tez względu skłaniam się ku traktowaniu techno i rave zarazem jako zjawiska kulturowego. Przyjmuje się[180], że miejscem narodzin techno było Detroit. Nurt ten wyrósł ze zrodzonej na przełomie lat siedemdziesiątych i osiemdziesiątych w Chicago muzyki *house*. W późniejszym czasie powstało wiele jej odmian, m.in. *garage house, acid house, tribal, trance, ambient* i *techno*. Odtąd intensywnie rozwijała się tam moda na weekendowe wyjazdy młodzieży za miasto oraz organizowanie w nieużywanych fabrycznych halach czy opuszczonych magazynach, a także na wolnej przestrzeni[181], techno imprez, zwanych *rave parties*, gdzie słowo *rave* oznaczało w języku młodzieżowym „tłumne szaleństwo"[182]. Taneczne imprezy, często zakłócane przez policję pod zarzutem zażywania na nich narkotyków, zmieniały swoje miejsca. „W wyniku akcji policji i specjalnego programu do walki ze zjawiskiem ruch ten przeniósł się do klubów"[183]. Techno szybko powstawało także w innych amerykańskich miastach, krajach Europy oraz w Australii.

Centralnym ośrodkiem rozwoju nowego zjawiska stała się w Europie Wielka Brytania, jednak nie od razu kultura rave ogarnęła szerokie rzesze tamtejszej młodzieży, dając pierwszeństwo gwiazdom angielskiego show biznesu. Dopiero wyjazdy młodych Brytyjczyków na Ibizę i uczestnictwo w organizowanych tam klubowych imprezach przyczyniły się do rozpropagowania zarówno kultury rave, jak i towarzyszących jej subsubstancji psychoaktywnych.

W 1988 roku techno i *acid house* posłużyły za tło muzyczne brytyjskiego festiwalu „Lato miłości", nawiązującego programowo do hipisowskiej imprezy o takiej samej nazwie. Podczas festiwalu w pustych budynkach i na otwartej przestrzeni ustawiano potężne systemy nagłaśniające i świetlne, a w całonocnych *raves* brały udział tłumy liczące do pięciu tysięcy osób[184].

Pod koniec ubiegłego wieku w Wielkiej Brytanii około czterech milionów ludzi bawiło się w klubach w trakcie weekendów[185], a istotną częścią szaleństwa były narkotyki.

---

180 Por. S. Turner, *Głód niebios...*, op. cit., s. 210.
181 Więcej na ten temat: B. Sanders, *Young People, Clubs and Drugs* [in:] B. Sanders (ed.), *Drugs, Clubs and Young People: Sociological and Public Health Perspectives*, Ashgate, London 2006, s. 1–13.
182 S. Turner, *Głód niebios...*, op. cit., s. 209.
183 E. Wojciechowska, *Techno jako zjawisko społeczne*, praca magisterska napisana pod kier. dr hab. J. Rogali-Obłękowskiej, ISNS UW, 2000.
184 S. Turner, *Głód niebios...*, op. cit., s. 210.
185 Więcej: B. Malbon, *Clubbing: Dancing, Ecstasy and Vitality*, Routledge, London 1999.

Do Polski kultura rave dotarła na początku lat dziewięćdziesiątych. Z jej wymiarem tanecznym młodzi ludzie zetknęli się po raz pierwszy w legendarnym już warszawskim klubie Filtry. „Była to pomalowana w psychodeliczne kolory piwnica, gdzie elementy wystroju stanowiły części starych maszyn..."[186]. Dość szybko nowa moda zaczęła dominować także w innych klubach tanecznych, tworząc „nowe i egzotyczne zjawisko, które do dziś budzi wiele kontrowersji i wielu osobom wydaje się bardzo tajemnicze"[187].

Polskie techno imprezy, podobnie jak światowe, odbywały się z pewną regularnością w każdy weekend lub nawet kilka razy w tygodniu. Na rodzimej scenie tanecznej ważną rolę, poza warszawskimi, odegrały kluby Trójmiasta i Łodzi. „Technicznej" kulturze nie oparł się nawet konserwatywny Kraków, gdzie powstał pierwszy polski magazyn techno – „Future Guide".

„Zaczyna się weekend. Jedyne, co się teraz liczy, to kluby, dragi, puby i imprezy" – słowa głównego bohatera filmu *Human traffic* mogłyby paść z ust tysięcy młodych ludzi na całym świecie. W tym właśnie tkwi istota kultury klubowej. Zjawisko clubbingu z ciekawostki urosło do rangi pokoleniowego przeżycia, zdefiniowało nową generację[188]. Taniec, charakterystyczny rytm, techno sceneria i chemicznie wspomagane przeżycia mają dać wrażenie ucieczki od szarej rzeczywistości, od zewnętrznego świata. Na ten aspekt zwrócił uwagę Tomasz Szlendak w swych pionierskich pracach poświęconych kulturze techno[189].

Imprezy techno od samego początku stawały się miejscem „mistycznego oczyszczenia i ekstazy"[190] z wykorzystaniem środków psychoaktywnych. Według niektórych autorów narkotyki w dużej mierze współtworzyły kulturę techno[191].

Nicholas Saunders w swojej książce *E for Ecstasy*[192] przekonuje, że słuchanie muzyki i tańczenie pod wpływem tego narkotyku wprowadza w stan radosnego transu, podobnego do stanów przeżywanych podczas rytuałów i obrzędów

---

186 J. Podgórska, *Technoobrzęd*, „Polityka", styczeń 1997, nr 1 (2070).
187 E. Wojciechowska, *Techno...*, op. cit.
188 B. Winczewski, *Human traffic*, „Machina", maj 2000, nr 5 (50).
189 T. Szlendak, *Technomania. Cyberplemię w zwierciadle socjologii*, Graffiti BC, Toruń 1998; T. Szlendak, *Technomania w Polsce. Subkulturowa moda czy zjawisko polityczne?* [w:] J. Garlicki (red.), *Młodzież a zmiany polityczne we współczesnym świecie*, Elipsa, Warszawa 1998.
190 J. Podgórska, *Technoobrzęd*, op. cit.
191 M. Collin, *Odmienny stan świadomości. Historia kultury ecstasy i acid house* [Altered State: The Story of Ecstasy Culture and Acid House, 1998], tłum. M. Bugajska, Muza, Warszawa 2006; J. Fritz, *Rave Culture: An Insider's Overview*, Small Fry Press, Canada 1999; N. Saunders, *Ecstasy Reconsidered*, Nicholas Saunders Publ., London 1997; N. Saunders, R. Doblin, *Ecstasy: Dance, Trance and Transformation*, Quick American a Division of Quick Trading, Piedmont (U.S.) 1996.
192 N. Saunders, *E for Ecstasy*, London 1993. Kolejne wydania: *Ecstasy and the Dance Culture* (1995) i *Ecstasy Reconsidered* (1997).

religijnych[193]. Również inni autorzy, m.in. Jimi Fritz[194] i Simon Reynolds[195], porównują doświadczenie rave do doznania religijnego. Jak zauważa Fritz,

> [...] każda religia ma swoje religijne rytuały i duchowych przywódców, którzy są doradcami. Pomimo że w kulturze rave nie ma formalnych księży, to didżeje mogą stanowić ich ekwiwalent. Przewodzą obrzędowi, stojąc za ołtarzem gramofonów, i podają sakrament muzyki. Są szanowanym i czczonym elementem każdego rave party, przewodnikami prowadzącymi swoich wiernych w ich wewnętrznej podróży tanecznej[196].

Russell Newcombe w referacie wygłoszonym na sympozjum poświęconym ecstasy, które odbyło się w listopadzie 1992 roku w Leeds, wyraził pogląd, że rave może być traktowane jako obrzęd religijny, ze stołem mikserskim jako ołtarzem i didżejami jako kapłanami.

> Uczestników rave „można postrzegać jako oddających cześć bogu przekształconej świadomości". Idealny rave to taki, podczas którego ecstasy i muzyka wspólnie dają każdemu uczestnikowi poczucie, że jest częścią jednego pulsującego organizmu. Narkotyk powinien stopniowo zamazać różnice między rzeczywistym i nierzeczywistym, między ja i oni, a ogłuszająca muzyka, o hipnotycznym rytmie 140–160 uderzeń na minutę, ma za zadanie przeprogramować świadomość[197].

Warto tu przytoczyć jeszcze słowa jednego z największych amerykańskich guru techno, etnofarmakologa i autora książki *The Archaic Revival*[198] – Terence'a K. McKenna, który poświęcił się nietypowym badaniom wpływu środków halucynogennych na ewolucję ludzkiej świadomości.

> [...] nacisk w muzyce house i kulturze rave na fizjologiczne rytmy i tym podobne sprawy w istocie stanowi ponowne odkrycie naturalnej magii z użyciem dźwięku. Właściwie rozumiany magiczny dźwięk, szczególnie perkusyjny, może zmieniać stany neurologiczne, a duże grupy osób poddanych działaniu tego rodzaju muzyki tworzą telepatyczną wspólnotę połączoną więzią, która, miejmy nadzieję, okaże się na tyle silna, aby zarazić tą wizją całe społeczeństwo[199].

---

193 N. Saunders, *Ecstazy...*, op. cit.
194 J. Fritz, *Rave Culture...*, op. cit.
195 S. Reynolds, *Energy Flash: A Journey Through Rave Music and Dance Culture*, Soft Skull Press, Berkeley 1998.
196 J. Fritz, *Rave Culture...*, op. cit., s. 179.
197 S. Turner, *Głód niebios...*, op. cit., s. 211.
198 T.K. McKenna, *The Archaic Revival: Speculations on Psychedelic Mushrooms, the Amazon, Virtual Reality, UFOs, Evolution, Shamanism, the Rebirth of the Goddess, and the End of History*, Harper San Francisco, San Francisco 1991.
199 S. Turner, *Głód niebios...*, op. cit., s. 217.

Inny współtwórca, miłośnik i popularyzator techno, Angus Wilson, zwraca uwagę na znaczenie środków psychodelicznych, które

> [...] pomagają zredukować jaźń. Jaźń trzeba będzie w jakiś sposób usunąć ze struktury psychicznej człowieka, zanim będziemy mogli przejść do następnego tysiąclecia. [...] Jaźń to z pewnością jedna z granic, które musimy zlikwidować, zanim postawimy dalszy krok naprzód[200].

Phil Harnoll z brytyjskiej grupy Orbital w wywiadzie dla „Mondo 2000" powiedział, że ecstasy umożliwia „poznanie swego ducha", powrót do transowej muzyki plemion pierwotnych i znalezienie takich częstotliwości dźwięku, które wywoływałyby doświadczenie przebywania poza ciałem[201].

Uczestnicy tanecznych rytuałów wielokrotnie deklarują, że podnosząc kondycję fizyczną i wprowadzając w trans, odgrywają one kluczową rolę we właściwym przeżywaniu techno party. Nie mniej ważne wydają się dekoracyjne elementy wizualne, które doskonale komponują się z samą muzyką i pobudzają uczestników „techno spektaklu". Wiele imprez rave nabiera więc cech rytuału świeckiego, w rozumieniu Durkheimowskim:

> [...] każde święto, nawet mimo zupełnie świeckich źródeł, ma pewne cechy ceremonii religijnej, albowiem zawsze jego celem jest zbliżenie ludzi, poruszenie mas i w ten sposób wywołanie stanu ekscytacji, niekiedy może uniesienia, nie tak znów odległego od uniesień religijnych. Człowiek oderwany od spraw i zajęć codzienności przestaje być sobą. I zawsze też przejawia się to tak samo: krzyki, śpiew, muzyka, gwałtowne gesty, tańce, poszukiwanie bodźców zwiększających witalność itd.[202]

W przypadku imprez techno oraz innego rodzaju obrzędów młodych ludzi łączy z pewnością niecodzienna atmosfera, pozostaje jednak pytanie o jakość i trwałość owej więzi społecznej powstałej w trakcie „rytuałów".

Sposób postępowania kształtuje muzyka, której są fanami. Jej rodzaj, jak również interpretacja są odbiciem wewnętrznego stanu i potrzeb ludzi. Można zadać sobie pytanie: czego szukają słuchające jej osoby. W przedstawionej przez Ewę Wojciechowską[203] analizie mowa jest przede wszystkim o ekstatycznych doznaniach odczuwanych dzięki zażywanym narkotykom. Ponadto dla uczestników techno imprez ważne są możliwość wyłączenia się, podróży w głąb siebie i przeżywania tanecznego transu, przyjemność uczestniczenia w ciągłej zabawie, a także grupowe przeżywanie identycznych emocji. Wśród innych

---

200 Ibidem.
201 Ibidem, s. 218.
202 É. Durkheim, Elementarne formy życia religijnego, tłum. A. Zadrożyńska, PWN, Warszawa 1990, s. 367.
203 E. Wojciechowska, Techno..., op. cit.

istotnych czynników autorka wymienia pragnienie zapomnienia o codziennych problemach, ucieczki od nich, możliwość odreagowania, a także chęć „zwyczajnego" brania narkotyków.

„Filozofię" rave tworzą podstawowe wartości: tolerancja, zabawa, wolność, spontaniczność i otwartość na innych. Wartości te realizowane są w różnych obszarach życia: poglądach, postawach i osobistych wyborach. Ich aprobata przejawia się zarówno w swobodnym wyrażaniu swoich opinii, zachowaniach seksualnych, jak i w decyzjach dotyczących zażywania substancji psychoaktywnych.

Co ciekawe, wiele elementów zachowań, a właściwie stylu życia, wpływa na siebie bądź związanych jest ze sobą w szczególny sposób. Jak zauważa Angela McRobbie, poczucie jedności oraz doświadczany w pokojowej i harmonijnej mgiełce narkotyku ecstasy brak podziałów powodują, że chłopcy z klasy robotniczej stają się „nowymi ludźmi". Dzięki ecstasy zmieniają się w łagodnych i prospołecznych, taniec zaś sprawia, że inaczej postrzegają własne ciała, nie tylko jako obiekt spełnienia seksualnego[204]. Zdaniem McRobbie rave w większym stopniu oferuje grupy znajomych i przyjaciół niż pary i ludzi poszukujących partnera[205].

Mimo że historia MDMA (znanego jako ecstasy) sięga 1912 roku, dopiero kultura rave ze swoją „narkotykową filozofią" spowodowała wielką popularyzację tego środka.

Pod względem znaczenia używek (pełna akceptacja), wyglądu uczestników („wesołe", jaskrawe kolory, spodnie biodrówki, buty na wysokich koturnach), jak również stosunku do świata (tolerancja wobec wszelkiej odmienności, idee radykalnego pacyfizmu) i fascynacji wolnym seksem subkultura techno jawiła się niekiedy jako pewna kontynuacja epoki *flower power* z drugiej połowy lat sześćdziesiątych. Jednak techno nie było wyłącznie „odnowioną" wersją pokolenia dzieci kwiatów. Muzyka ta zapoczątkowała zmianę postaw wobec nowoczesnych technologii, fascynację najnowszymi osiągnięciami w dziedzinach wirtualnych mediów, cyberprzestrzeni i infostrady. Techno przyczyniło się do połączenia estetyki gier komputerowych z psychodelią lat wcześniejszych. Stworzyło subkulturę pokolenia, „dla którego pierwszą zabawką był komputer, mówiącego językiem reklamy, pokolenia zafascynowanego technologią i cywilizacją"[206], subkulturę przeżywającą inne fascynacje muzyczne, rezygnującą z buntowniczego, stojącego w opozycji do zastanego porządku rocka. Jak pisze Joanna Podgórska, „dotychczasowe subkultury wyrastały ze sprzeciwu

---

204 A. McRobbie, *Shut Up and Dance: Youth Culture and Changing Modes of Femininity*, "Cultural Studies" 1993, 7 (3), s. 419, http://www.tandfonline.com/doi/abs/10.1080/09502389300490 281?journalCode=rcus20#.UtvC8LDxLcs, dostęp: 22.09.2010.
205 Więcej: *ibidem*, s. 406–426.
206 J. Podgórska, *Technoobrzęd*, op. cit.

wobec świata dorosłych. Techno jest pierwszą, która się nie buntuje"[207]. Wolność i przyjemność były kluczami do techno kultury.

Największy zlot zwolenników techno to berlińska Love Parade, która przebiega pod hasłami przeżywania radości, przyjemności i beztroski. Radość ta niewątpliwie związana jest z chęcią akceptacji siebie i świata, tak często deklarowaną przez uczestników techno kultury. Odejście od buntu stało się istotnym elementem tego zjawiska. Warto podkreślić, że odrzucenie kontestacji nie dotknęło wyłącznie młodzieży zaangażowanej w „techniczną kulturę". Już pod koniec lat osiemdziesiątych osłabieniu uległy tak silne wcześniej tendencje identyfikacji młodzieży z własną subkulturą. Opanowujące muzykę młodzieżową przenikanie stylistyczne i zacieranie się granic typologicznych, będące rezultatem większych procesów kulturowych, nie pozostało bez wpływu na zachowania członków subkultur[208]. Zaangażowani w nie młodzi ludzie nie zrezygnowali ze stawiania się w opozycji do norm zastanej kultury, ale reakcje na nie stały się mniej radykalne.

Techno bywało określane mianem „hedonistycznej zabawy" pogrążonych w narkotycznym transie dzieci z dobrych domów[209]. I właśnie problem „subkulturowej" samotności pojawił się jako całkiem nowe zjawisko. Autorzy tekstów poświęconych techno oraz badacze tej kultury zwracali uwagę na samotność jednostek spędzających przecież czas w grupie osób o podobnym, o ile nie identycznym stosunku do otaczającej rzeczywistości.

> Wielbiciele techno nie dostrzegają w zasadzie żadnej wspólnej dla siebie płaszczyzny, poza uczestniczeniem w imprezach i słuchaniem muzyki. [...] parkiet w klubie to miejsce, gdzie każdy bawi się sam, w swoim świecie, więc nie ma znaczenia, kim jest ten, kto tańczy obok. W zasadzie nie występuje poczucie wspólnoty ani potrzeba utożsamiania się z innymi technomanami[210].

Nic dziwnego więc, że członkowie techno nazywani są subkulturowymi samotnikami. Stwierdzenie to rodzi pytanie: czy uczestnictwo w techno jest w ogóle uczestnictwem grupowym? Tu jednak okazuje się, że nawet wyczerpująca analiza nie daje na to pytanie odpowiedzi, gdyż – jak twierdzą badani przez Wojciechowską uczestnicy kultury techno –

> [...] ta płaszczyzna razem – to jest to, że wszyscy są nawaleni i słuchają tego samego kawałka. A że każdy jest osobno w swojej wirtualnej wyobraźni, to już jest jego problem. Ale wspólnotą to się nazywa. Dziwne, no nie?[211]

---

207 Ibidem.
208 Więcej: B. Hoffmann, *Rock a przemiany kulturowe...*, op. cit.
209 Por. J. Podgórska, *Technoobrzęd*, op. cit.
210 E. Wojciechowska, *Techno...*, op. cit.
211 Ibidem.

Miłośnicy techno często mówią o swej otwartości na świat i ludzi, o swojej ogromnej tolerancji dla wszelkiej odmienności. Przedstawiają zarówno siebie, jak i innych uczestników subkultury jako „ludzi trochę bardziej szalonych, zwariowanych i wesołych"[212]. Z drugiej zaś strony, obok indywidualnych predyspozycji do przeżywania owej wszechobecnej radości, otwarcie wymieniają narkotyki – środki, bez których żadna radosna zabawa nie byłaby możliwa. Jak zastanawia się Turner,

> [...] ci, którzy biorą narkotyki lub poddają się wprawiającej w trans muzyce, z pewnością mają chwilowe poczucie wewnętrznej przemiany, lecz skąd mogą być pewni, że jest to przemiana duchowa? A może to tylko działanie neuroprzekaźników na synapsy?[213]

Tym samym trudno zgodzić się z często powielaną opinią o dużych podobieństwach uczestników ruchu hipisowskiego do „technomanów". O ile wspólnotowe idee wyraźnie dominowały zarówno w światopoglądach, jak i stylu życia hipisów, o tyle w przypadku technomanów wydają się one nieprzekonujące. Silna empatyczna postawa, jaka cechuje wielu uczestników tej (sub)kultury, jest najczęściej „chemicznie wywoływana i wspomagana", a otwartość na innych występuje w ograniczonym czasie i miejscu (techno imprezy). Zmieniła się również, jak sądzę, funkcja przyjmowanych narkotyków. O ile według hipisowskich „kapłanów"[214] jedynym „świętym lekiem" jest LSD, narkotyk przyjmowany w celu uzyskania stanu umysłu odpowiadającego satori, tj. „dającemu oświecenie" w znaczeniu buddyzmu zen, o tyle w przypadku zwolenników techno wydają się służyć przede wszystkim dobrej zabawie, której poczucie wspólnoty, ułatwione wyrażanie emocji i uwolnienie od zahamowań, w tym seksualnych, są stałym elementem. Zdaniem Saundersa głównymi skutkami działania MDMA są zniesienie strachu i napięcia mięśniowego oraz wyjątkowy efekt empatii[215]. Natomiast Fritz uważa, że ecstasy było dla kultury rave tym, czym LSD dla psychodelicznego ruchu lat sześćdziesiątych[216], z czym trudno się zgodzić.

Niełatwo też znaleźć podobne postawy społeczne: o ile hipisi zanegowali wartości konsumpcyjne i „podpisali się" pod ogłoszonym przez Leary'ego „zmierzchem starych amerykańskich bogów: pieniądza i pracy"[217], o tyle uczestnicy kultury techno są zorientowani na szeroko rozumianą konsumpcję, która nie koliduje z „normami" społeczeństwa ponowoczesnego.

---

212 E. Wojciechowska, *Techno...*, op. cit.
213 S. Turner, *Głód niebios...*, op. cit., s. 220.
214 Por. K. Jankowski, *Hipisi...*, op. cit.
215 Więcej: N. Saunders, *Ecstazy...*, op. cit.
216 Więcej: J. Fritz, *Rave Culture...*, op. cit.
217 K. Jankowski, *Hipisi...*, op. cit., s. 60.

W wyniku popularyzacji ecstasy jakość narkotyku z biegiem czasu znacznie się pogorszyła. Przeważnie tabletki często nie zawierały już MDMA (3,4-Metylenodioxy-N-Metyloamfetaminy), ale różne środki o analogicznym lub zbliżonym działaniu. Coraz częstsze doniesienia o ofiarach tego narkotyku spowodowały reakcję mediów i radykalnych przeciwników substancji odurzających. W efekcie MDMA zaklasyfikowano do grupy najbardziej niebezpiecznych i uzależniających środków, nieposiadających zastosowania medycznego[218]. W Europie, jak również w Stanach Zjednoczonych substancję tę zdelegalizowano[219]. Zabieg ten jednak nie przyczynił się do spadku zainteresowania narkotykiem.

Innym chętnie stosowanym narkotykiem jest amfetamina. Mimo że pod wpływem jego działania pojawiają się zazwyczaj optymizm, energia i pewność siebie, środek ten nie wpływa w takim stopniu na emocje, jak ecstasy. Cieszy się więc mniejszą popularnością wśród uczestników kultury klubowej, choć bywa łączona z ecstasy w celu przedłużenia działania MDMA. Zabieg ten bywa jednak dla zdrowia bardzo niebezpieczny.

Wśród innych środków zażywanych przez członków kultury rave/techno były też marihuana, ketamina, kokaina, grzyby halucynogenne i LSD[220]. Nie odegrały one jednak istotnej roli we wspomnianej kulturze, choć niektórzy uczestnicy tanecznych imprez mieszają je z LSD, łącząc w ten sposób „halucynogenne" i euforyczne doznania[221]; zażywają też marihuanę głównie dla jej rozluźniających, relaksacyjnych właściwości. Narkotyki te nie stały się jednak ważną częścią kultury klubowej.

W 1998 roku odnotowano przypadki nadużywania MDMA. Środek ten, przy długim stosowaniu, tracił też swoje empatyczne właściwości, przypominając rezultaty działania amfetaminy[222].

> Każde kolejne doświadczenie będzie mniej ekstatyczne, a jego efekty będą w coraz większym stopniu przypominały działanie amfetaminy. Wówczas należy przestać zażywać MDMA, aby po jakimś czasie móc ponownie doświadczyć właściwych efektów[223].

Saunders ostrzega jednak, że nawet po wyznaczonym sobie „odpoczynku" od narkotyku przeżycia nie będą już tak wspaniałe jak przy pierwszym zażyciu[224].

---

218 N. Saunders, *Ecstazy...*, op. cit., s. 10–11.
219 Więcej na ten temat: R. Davenport-Hines, *Odurzeni...*, op. cit.
220 S. Lankenau et al., *Crack Cocaine Injection Practices and HIV risk: Findings from New York and Bridgeport*, "Journal of Drug Issues" 2004, 34 (2), s. 319–332.
221 Więcej: N. Saunders, *Ecstazy...*, op. cit.
222 Więcej: M. Collin, *Odmienny stan świadomości...*, op. cit.
223 N. Saunders, *Ecstazy...*, op. cit., s. 213.
224 Ibidem.

W wyniku działań policji coraz więcej nielegalnych imprez i klubów jest zamykanych[225]. Z czasem jednak postawa niektórych władz lokalnych uległa liberalizacji; zaczęto wydawać pozwolenia na organizowanie komercyjnych imprez tanecznych. Tym samym kultura rave stała się „wysoce zorganizowanym systemem rozrywki i dochodową infrastrukturą"[226].

Warto tu wspomnieć o odbywających się w sezonie letnim festiwalach nazywanych „tekniwaliami"[227], które zostały zapoczątkowane w 1990 roku w Wielkiej Brytanii przez *free party sound system* Spiral Tribe[228]. Imprezy te odbywają się na różnych kontynentach, a ich uczestnikami są też często „travelersi"[229]. Tak jak na każdej imprezie techno, uczestnicy „tekniwaliów" sięgają po substancje odurzające, najczęściej grzyby halucynogenne i LSD. Może to mieć związek ze szczególną oprawą sceniczną wydarzenia, ze stosowaniem specjalnych efektów wizualnych, które „współgrają" z zażywaną substancją.

Wiele narkotyków jest zażywanych w sposób kombinowany (*polydrug use*)[230] w celu osiągnięcia nieznanych dotąd stanów. Ecstasy jest łączone z LSD pod nazwą *candy flipping*, grzyby halucynogenne z ecstasy, co określa się mianem *hippy flipping*, a przyjmowane razem metodą „donosową" kokaina i ketamina nazywa się skrótem CK1. Tworzy się również wziewną (donosową) mieszankę *trail mix*, w której skład wchodzą w różnych proporcjach: kokaina, ketamina i krystaliczna methamphetamina[231]. Mieszanie, „żonglowanie" narkotykami było nowym modelem zażywania substancji psychoaktywnych, doskonale wpisującym się w cechy kultury postmodernistycznej.

Narkotyki są zazwyczaj połykane, wąchane, ale też palone i przyjmowane, w zależności od środka, drogą dożylnej[232] i domięśniowej[233] iniekcji[234].

---

225 Więcej: M. Collin, *Odmienny stan świadomości...*, op. cit.
226 S. Reynolds, *Energy Flash...*, op. cit., s. 67–69.
227 S. Reynolds, *Generation Ecstasy: Into the World of Techno and Rave Culture*, Routledge, New York 1999, 163–173.
228 *Ibidem*.
229 Więcej: B. Saunders et al., *Multiple Drug Use and polydrug use Amongst Homeless Traveling Youths*, "Journal of Ethnicity in Substance Abuse" 2008, 17, 23–40.
230 P. Dillon, L. Degenhardt, *Ketamine and GHB: New Trends in Club Drug Use?*, "Journal of Substance Use" 2001, 6, s. 11–15; L. Degenhardt, J. Copeland, P. Dillon, *Recent Trends in the Use of 'Club Drugs': An Australian Review*, "Substance Use & Misuse" 2005, 40 (9–10), s. 1241–1256.
231 R. Narvaez, *MDMA in Combination: 'Trail Mix' and Other Powdered Drug Combinations*. Presented at MDMA/Ecstasy Research Conference, Bethesda, MD. July 19, 2001, za: R.S. Gable, *Acute Toxic Effects of Club Drugs*, "Journal of Psychoactive Drugs" 2004, 36 (1), s. 303–313.
232 Na przykład opiaty w celu relaksacji i „wyciszenia".
233 Na przykład ketamina.
234 Więcej: S. Lankenau, M. Clatts, *Patterns of Polydrug Use Among Ketamine Injectors in New York City*, "Substance Use and Misuse" 2005, 40, s. 1381–1397, http://www.ncbi.nlm.nih.gov/pmc/articles/PMC1899171, dostęp: 17.12.2013.

Podstawowa funkcja substancji psychoaktywnych jest realizowana przede wszystkim w trakcie tanecznych imprez, co jednak szczególnie ważne, doznania związane z zażywaniem ecstasy przenoszą się na życie codzienne uczestników kultury rave[235]. Wiele wypowiedzi potwierdza, że środek ten zmienił ich życie: stali się bardziej otwarci i pozytywnie nastawieni do otoczenia. Ich relacje z innymi poprawiły się, wzrosła też ich samoocena[236]. Wypowiedzi te sugerują, że doszło do swoistego transferu prospołecznych zachowań będących wynikiem działania narkotyku do stanu, kiedy nie jest się pod jego wpływem.

Jak podkreślają badacze zjawiska, o ile w innych (sub)kulturach narkotyki były dodatkiem, tu, analogicznie jak u hipisów, wraz z preferowaną muzyką, ją tworzyły. Podobnie jak w czasach kontrkultury, narkotyki przekroczyły granice geograficzne, językowe czy środowiskowe. Kultura rave ze swoimi narkotykami połączyła ogromną ilość młodych ludzi zróżnicowanych zarówno pod względem pochodzenia społecznego, koloru skóry czy orientacji seksualnej.

Kultura rave jako pierwsza kultura młodzieżowa zakwestionowała wartość i znaczenie buntu. Nie stanowiła już opozycji, a stała się elementem kultury dominującej, kultury w ogóle. Wraz z jej rozwojem można było obserwować zmianę obyczajowości związanej z zażywaniem substancji psychoaktywnych. Były one już nie tylko łatwo dostępne, ale przede wszystkim nie utożsamiano ich jednoznacznie z patologią. Kultura rave pokazała, że ludzie zażywający „weekendowo" narkotyki, w tygodniu uczą się, pracują, pełnią wiele ról społecznych, nieosiągalnych dla tzw. ćpunów.

O ile dla umiarkowanie ustosunkowanych do używek hip-hopowców narkotyki twarde stanowiły istotne zagrożenie, o tyle dla uczestników subkultury rave nie były one problemem. Wydają się czynnikiem ogniskującym kulturę klubową, co nie znaczy, że jedynym.

Kultura klubowa stała się jednym z najbardziej kosmopolitycznych zjawisk kulturowych w XX wieku. Wywarła wpływ nie tylko na sposób zabawy czy słuchaną muzykę, ale i na stosowane narkotyki. Co ważne, to właśnie kultura klubowa przeniknęła do kultury dominującej, wpływając często na kierunki przemian jej różnych obszarów.

Rave wskazuje na występowanie związku między preferencjami muzycznymi a zażywaniem substancji psychoaktywnych. Zależność tę potwierdzają również wyniki badań. Muzyce jazzowej towarzyszyło przekonanie, że marihuana uwalnia od twórczych zahamowań, umożliwiając pełniejszą twórczość[237]. Na podobną zależność zwrócił uwagę Jörg Fachner, podkreślając, że najpo-

---

235 Więcej: J. Fritz, *Rave Culture...*, op. cit.
236 Na przykładzie badań własnych.
237 H. Shapiro, *Waiting for the Man: The Story of Drugs and Popular Music*, Quartet Books, London – New York 1988.

pularniejszym narkotykiem wśród amerykańskich muzyków jazzowych lat pięćdziesiątych XX wieku była przede wszystkim marihuana[238]. Słuchający zaś „czarnego" jazzu bitnicy również stosowali marihuanę. „Otwierające umysły" LSD doskonale wkomponowało się w filozofię towarzyszącą ruchom kontrkulturowym, podobnie jak relaksująca hipisów marihuana. Wśród polskich sympatyków ruchu hipisowskiego występowały tendencje zgoła odmienne, gdyż uwarunkowane były całkowicie inną dostępnością narkotyków.

Badania przeprowadzone na próbie 1523 młodzieży szkół w Glasgow potwierdziły hipotezę o zależności między upodobaniami muzycznymi a zażywaniem narkotyków, szczególnie w przypadku techno[239]. Na bezpośredni związek między stylem życia młodzieży a przyjmowaniem substancji psychoaktywnych zwracają też uwagę badania British Crime Survey. Szczególna zależność dotyczy uczestników kultury klubowej, w przypadku których zachodzi wyraźna korelacja pomiędzy częstotliwością bywania w klubach a zażywaniem takich narkotyków, jak ecstasy i kokaina[240].

Z kolei kanadyjskie badania[241] ankietowe, wykonane na grupie 1853 uczestników kultury rave, wskazują na analogię pomiędzy klubami a dawnymi koncertami przyciągającymi młodych ludzi zażywających narkotyki.

Oczywiście spostrzeżenia te nie dotyczą jedynie kultury rave. W 1998 roku Międzynarodowy Organ Kontroli Środków Odurzających w Wiedniu wydał raport, w którym zwrócono uwagę, że zażywanie narkotyków przez muzyków rockowych oraz poruszanie w utworach tematów z tym związanych zwiększa tolerancję wśród młodzieży. Wyrobiło to u niej postawę, w myśl której narkotyki są integralną częścią kultury muzycznej[242]. Harry Shapiro w swej książce *Narkotyki i rock'n roll* podkreśla, że każdy popularny styl muzyczny jest w młodym wieku również wyrazem pewnego stylu życia[243], w którym ważną pozycję zajmują często narkotyki.

---

238 J. Fachner, *Jazz, Improvisation and a Social Pharmacology of Music*, "Music Therapy Today" (online) 2003, IV (3): http://musictherapyworld.net, dostęp: 10.12.2013.
239 Por. A.J.M. Forsyth, M. Barnard, N.P. McKeganey, *Musical Preference as an Indicator of Adolescent Drug Use*, "Addiction" 1997, 92 (10), s. 1317–1325.
240 United Kingdom Focal Point Report (2005), http://www.nwph.net/ukfocalpoint/writedir/8cee2005%20Developments%20in%20drug%20use%20within%20recreational%20settings%E2%80%A6.pdf, dostęp: 27.10.2013.
241 E.M. Adlaf, R.G. Smart, *Party Subculture or Dens of Doom? An Epidemiological Study of Rave Attendance and Drug Use Patterns Among Adolescent Students*, "Journal of Psychoactive Drugs" 1997, 29 (2), s. 193–198.
242 INCB (1998). Report of the International Narcotics Control Board for 1997 (No. Sales No. E.98.XI.1; ISBN 92-1-148103-1; ISSN 0257-3717). Wien: International Narcotics Control Board.
243 Więcej: H. Shapiro, *Waiting for the Man...*, op. cit.

Przełom wieków i polaryzacja postaw

Czy stwierdzenie to dotyczy jednak tylko muzyki? Analiza miejsca narkotyków w kulturze i obyczajowości przełomu wieków pokazała że substancje psychoaktywne stały się jej trwałym elementem. Tendencje te można zaobserwować zarówno w zagranicznych, jak i polskich przekazach kultury popularnej.

O ile w filmach z wcześniejszych okresów jednoznaczne treści ukazywały przede wszystkim negatywne konsekwencje nałogu narkotykowego, to w ostatnich latach sytuacja wygląda już odmiennie. Zażywanie narkotyków jest często traktowane jako naturalny element życia młodych (a czasami i nieco starszych) ludzi.

Lata dziewięćdziesiąte przynoszą ogromne zmiany, zaskakujące dla odbiorcy filmowych przekazów. Twórcy wyraźnie odchodzą od propagowania wzorca „staczającego się" narkomana, przedstawiając ogromną rolę, jaką odgrywają środki psychoaktywne w show-biznesie, świecie artystycznym czy tworzonych przez nastolatków różnego rodzaju grupach rówieśniczych (np. *Acid House, Human Traffic, Las Vegas Parano*). Treść i montaż wielu filmów przywołuje na myśl sceny towarzyszące przeżyciom narkotycznym (np. *Drugstore Cowboy, Natural Born Killers*). Charakterystyczna, „szarpana" ścieżka dźwiękowa, gra świateł i cieni, ale także często oderwana od prezentowanych obrazów narracja zdaje się wpisywać we współczesny nurt psychodeliczny.

Amerykańskie seriale obyczajowe również stały się obszarem częstych nawiązań do „narkokultury". Można w nich odnaleźć metody uprawy konopi, zaznajomić się z technikami skręcania i palenia marihuany, a nawet poznać potrawy wykorzystujące „boskie ziele". Daje się zauważyć pewną tendencję, jakże podobną do występujących wśród młodzieży postaw wobec narkotyków. Pochodne konopi przedstawiane są jako środek niegroźny, element stylu życia, gwarantujący relaks, dobre kontakty z otoczeniem i komfort psychiczny. Część filmów kwestionuje sens nielegalności marihuany, a nawet kpi sobie z przepisów i ewentualnych sankcji: Miranda Hobbes grająca jedną z głównych ról w serialu *Sex and the City* (*Sex w wielkim mieście*) paliła skręta niemal w obecności policji. Marihuana pojawia się w licznych najpopularniejszych serialach w różnych kontekstach, np. w: *Californication, Brotherhood* (*Braterstwo*), *Desperate Housewives* (*Gotowe na wszystko*), *Weeds* (*Trawka*), *Gilmore Girls* (*Kochane kłopoty*), *Swingtown* (*Imprezowo*), *My name is Earl* (*Na imię mi Earl*), jak również wielu innych, w których niezwykle rzadko prezentowana jest w charakterze zagrażającej zdrowiu substancji. W jednej ze scen serialu *Entourage* (*Ekipa*) lekarz mówi bohaterowi:

> Z przyjemnością wypiszę panu receptę, ale musi mi pan podać uzasadnioną przyczynę. Anoreksja? AIDS? Nie? Ale widzę, że jest pan dość spięty, czy miewa pan nieuzasadnione ataki agresji? Fantastycznie![244]

---

244 A. Zuchowa, *Mowa trawa*, „Film", lipiec 2010.

Świat narkotyków stworzył specyficzny język, w którym pojawiły się słowa związane bądź z samym narkotykiem, bądź z jego zażywaniem. Wokół (zwłaszcza niektórych) narkotyków wykształcił się bogaty folklor i powstały idiomatyczne określenia, często przejmowane przez młodzież, a czasami także dorosłych.

Narkotyki stały się obecne w reklamie; ich język sloganów często nawiązuje do stanów ponarkotycznych: różnego rodzaju „odloty" i „odjazdy" były powszechne. Samo spożycie płatków śniadaniowych miało powodować odlot, czemu trudno się dziwić, gdyż jedząc te płatki możemy, zgodnie z reklamą, przeżywać pełny „odjazd". „Odlotu" możemy się spodziewać także, choć w nieco subtelniejszej formie, po wypiciu napoju Frugo. Poza tym „odlatywaliśmy", oglądając (często razem z dziećmi) rysunkowy *Odlotowy wyścig* w programie TV Cartoon czy *Odjazdowe kreskówki*, emitowane do niedawna na RTL7, nie wspominając już o teledyskach podsycających apetyt na kokainę lub choćby marihuanę. Po środki zmieniające świadomość[245] sięgają też bohaterowie komiksów (np. *Osiedle Swoboda*).

Aluzjami do środków odurzających nasycona była prasa dotycząca gier platformowych i komputerowych (zarówno w obszarze języka gier, jak i specyficznej – „pokwasowej" i „pospeedowej" atmosfery promieniującej z treści artykułów).

Wzmianki o substancjach zmieniających świadomość pojawiają się również w Internecie, gdzie można do dziś znaleźć informacje o historii używania narkotyków, ich działaniu, a także sposobie produkcji. Kryptoreklamie środków psychoaktywnych w sieci można by poświęcić osobną publikację. Internet stał się nie tylko miejscem wymiany informacji na tematy związane z narkotykami, ale i narzędziem kształtującym pozytywny względem nich stosunek. Jak zaznacza Tomasz Zakrzewski, nowe medium, jakim jest Internet, w łatwiejszy i bardziej wysublimowany sposób może trafić do potencjalnego klienta z przesłaniem „kup" czy „spróbuj", trendy kulturowe zaś, liberalizujące postawy wobec miękkich narkotyków, stanowią dla niektórych ewentualnych nabywców marihuany swoiste potwierdzenie i wsparcie ich pronarkotykowych poglądów. Szybkość sieci i interaktywność komunikacji ułatwiają zarówno intencjonalne, jak i nieświadome przekazywanie komunikatów pronarkotykowych[246].

Przełom XX i XXI wieku obfituje w literaturę piękną związaną z narkotykami. Powieść *Narkomani i Chrystus* Wojciecha Żmudzińskiego (1998) ukazuje

---

245 Wprawdzie na razie tylko marihuanę.
246 T. Zakrzewski, *Mechanizmy perswazji i reklamy środków psychoaktywnych w Internecie*, cz. IV, „Serwis Informacyjny – Narkomania" 2009, 4 (48), http://www.narkomania.org.pl/czytelnia/mechanizmy-perswazji-reklamy-srodkow-psychoaktywnych-internecie-cz-iv, dostęp: 22.10.2013.

różne aspekty życia narkomana, a *Heroina* Tomasza Piątka (2002) – standardy dzisiejszej narkomanii. Pojawiły się książki utrzymane w innej konwencji, ale także wprowadzające czytelnika w brutalny świat nałogu, m.in.: skierowana do rodzin narkomanów i im dedykowana *My, rodzice dzieci z Dworca Centralnego* (2004) Krystyny Karwickiej i Andrzeja Ochremiaka, *Moja heroina. Świadectwo psychiatry* (2004) Macieja Kozłowskiego, *Pamiętnik narkomanki* (2005) Barbary Rosiek czy *Kokaina* tej samej autorki. Nie mniejszym uznaniem cieszy się *Rok w Monarze* (2006) Wojciecha Wanata, będący relacją z walki autora ze swym uzależnieniem. W 2007 roku, niedługo po opublikowaniu, pozycję bestsellera uzyskuje *Hera, moja miłość* Anny Onichimowskiej.

Również literatura zagraniczna nie jest pozbawiona problematyki narkomanii. W 2005 roku ukazuje się *Diler* Camerona White'a, będący prawdziwą historią życia autora. Książka poruszyła opinię publiczną, gdyż pokazuje, że nawet diler może być szanowanym człowiekiem dzięki podwójnemu życiu, jakie prowadzi. Czytelnicy dowiedzieli się, że ceniony specjalista marketingu, doskonały informatyk i menedżer jest również dilerem narkotyków, które przynoszą mu niewiarygodne dochody. Z kolei *Trainspotting* (2010) Irvine'a Welsha okazała się niestandardową, pełną groteskowego humoru powieścią o życiu młodych ludzi sięgających po narkotyki. Zainteresowanie nią było tak duże, że doczekała się ekranizacji. Powodzeniem cieszą się powieści autobiograficzne poruszające problem uzależnienia, np. *Milion małych kawałków* Jamesa Freya jest relacją z pobytu w oddziale odwykowym. Znane wielu czytelnikom słowa:

> Chcę drinka. Chcę pięćdziesiąt drinków. Chcę butelkę najczystszego, najmocniejszego, najbardziej niszczycielskiego, najbardziej trującego alkoholu na Ziemi. Chcę pięćdziesiąt butelek. Chce cracku, brudnego i żółtego i wypełnionego formaldehydem. Chcę kopę metamfy w proszku, pięćset kwasów, worek grzybków, tubę kleju większą od ciężarówki, basen benzyn tak duży, żeby się w nim utopić. Chcę czegoś, wszystkiego, czegokolwiek, jakkolwiek, ile tylko się da, by zapomnieć[247]

stały się znakiem czasów.

Substancje psychoaktywne są nadal obecne w muzyce, tyle że poza warstwą tekstową utworów, np. zdobią okładki płyt (charakterystyczny listek – symbol marihuany). Powstają utwory muzyczne poświęcone narkotykom, które nie mają raczej charakteru ostrzegawczego. Raper Rick Ross w kompozycji *Hustlin*, utrzymanej w dosadnej, charakterystycznej dla rapu obyczajowości językowej, opowiada o narkobiznesie. Jeden z najwybitniejszych twórców amerykańskiej sceny alternatywnej lat dziewięćdziesiątych – Elliott Smith, silnie uzależniony od alkoholu, nagrywa utwór *The White Lady Loves You More*, którego tytułową bohaterką może być zarówno kokaina, jak i heroina.

---

247 J. Frey, *Milion małych kawałków* [*A Million Little Pieces*, 2004], tłum. P. Gołębiowski, G+J Gruner+Jahr Polska, cop., Warszawa 2006.

Za sprawą amerykańskiego zespołu Buckcherry kokaina „przedostaje się" do hard rocka (co nie jest zjawiskiem częstym), a wykrzykiwany refren utworu *Lit up* przekonuje słuchacza, że jest to specyfik, który warto kochać.

> [...] Tak, znów się naćpałem.
> Na kanapie, w moim łóżku.
> Tak, znów się naćpałem.
> Fruwam!
> Kocham kokainę, Kocham kokainę [...]
> *Lit up*, album: *Buckcherry* (1999)[248]

W 2006 roku brytyjski duet Goldfrapp, tworzący muzykę elektroniczną, nagrywa piosenkę *Ride a White Horse*, który wyraża tęsknotę za kokainą. Z kolei nowojorska grupa alternatywno-revivalowa Interpol w refrenie utworu *Rest My Chemistry* (2010) oznajmia: „[...] Dziś wieczorem oprę się na swojej chemiczności [...]"[249].

Wątki dotyczące narkotyków występują również w modzie, a nawet w nazwach niektórych produktów perfumeryjnych, np. *Opium* (YSL) opakowane we flakon. Inspiracją dla twórcy butelki było tradycyjne japońskie pudełeczko inro, wykonane z drewna krytego laką, koralem, organiczną masą rogową żółwia morskiego i kawałkami muszli, służące do przechowywania tytoniu, suszonego opium i mielonych niedojrzałych makówek maku lekarskiego.

Podobne symbole, zaczerpnięte ze świata narkotyków, pojawiają się także w „marketingowym" obszarze popkultury: wspomniany już listek marihuany zdobi koszulki chętnie kupowane przez młodzież. Powszechne są też w sprzedaży wyroby jubilerskie – kolczyki czy wisiorki w kształcie „boskiego ziela", a także różnego rodzaju gadżety umilające palenie i przynoszące dochody: fifki, bibułki o wyszukanych wzorach i zapachach oraz fajki wodne.

Powstanie i działalność Muzeum Haszyszu, Marihuany i Konopi w Amsterdamie dowodzi zmiany statusu narkotyków w odbiorze społecznym. Można powiedzieć, że nadano im nowy wymiar: stały się atrakcją turystyczną. Organizowany w Holandii od 1988 roku Festiwal Dożynkowy również ukazuje substancje odurzające w innym świetle, przenosząc je niejako ze świata patologii do świata kultury. Festiwal ten, zapoczątkowany przez Stevena Hagera, redaktora „High Times", odbył się po raz pierwszy w Amsterdamie jako konkurs producentów nasion: Cultivators'Choice, S.S.S.C., Sensi Seed Club i The Seed Bank. Rozrastająca się stopniowo impreza przyczyniła się do tego, że w kolejnych Cannabis Cup, oprócz dostawców nasion, brały udział także coffee shopy. Od 1993 roku stała się międzynarodowym festiwalem otwartym dla publiczności.

---

[248] http://www.tekstowo.pl, dostęp: 27.12.2013.
[249] *Ibidem*.

Pojawienie się mody na żywność z dodatkiem marihuany, czyli takich produktów spożywczych („ciastka z haszyszem" – *hash cakes*, „kosmiczne ciasteczka" – *space cookies*), których składnikiem jest marihuana bądź w postaci zioła, bądź żywicy z konopi indyjskich, dowodzi wyjątkowej popularyzacji tej używki, jak również zmiany jej znaczenia: z narkotyku do przyprawy kulinarnej.

Warto też wspomnieć o ciekawym z punktu widzenia problematyki zjawisku turystyki narkotykowej[250]. Podejmowanie badań naukowych nad tym zagadnieniem należy do rzadkości. Z tego względu pozwolę sobie na obszerniejsze potraktowanie tego fenomenu. Mimo że w swojej pracy Avelardo Valdez i Stephen J. Sifaneck[251] naświetlili problem konsumpcji substancji psychoaktywnych wśród turystów, ich badanie nie pozwoliło na uogólnienia dotyczące wzajemnych powiązań turystyki i konsumpcji narkotyków. O ile innymi odmianami turystyki kontrowersyjnej zainteresowali się badacze reprezentujący różne dyscypliny naukowe, o tyle turystyka narkotykowa wciąż jawi się jako zjawisko marginalne i trudne do przedstawienia pomimo zwiększającej się liczby jej uczestników.

Ten rodzaj podróżowania generuje wiele problemów formalnych, związanych zarówno ze zdefiniowaniem samego narkotyku, regulacją prawną w danym kraju, jak i motywacją podróżujących, jednak pojęcie turystyki narkotykowej dotyczy najczęściej wyjazdów ukierunkowanych na legalne nabywanie, spożywanie, a w niektórych przypadkach uprawę substancji psychoaktywnych. Pojawiają się też propozycje, aby termin „turystyka narkotykowa" odnosił się do tych form podróży, w których zażywanie narkotyków jest głównym celem.

Narkoturystyka, zapoczątkowana w latach sześćdziesiątych XX wieku przez północnoamerykańskich i zachodnioeuropejskich uczestników ruchów kontrkulturowych, a szczególnie hipisów, w ostatnim czasie rozwinęła się do niepokojących rozmiarów. Ta forma podróżowania ulegała pewnym przekształceniom, choć jej cel pozostał ten sam. Zmiany wyrażały się przede wszystkim w poszerzaniu narkotykowej oferty, dostosowaniu turystycznego zaplecza do potrzeb narkoturystów i otwarciu nowych kierunków geograficznych. Warto podkreślić, że istotna część przemian związana też była ze zmieniającym się typem turystów zainteresowanych substancjami psychoaktywnymi. Do podstawowych kierunków turystyki narkotykowej należą: kraje Azji Południowo--Wschodniej, Ameryki Południowej i niektóre państwa Europy. Nie oznacza to oczywiście, że wymienione obszary są jedynymi, w których rozwija się narkoturystyka, jednak to one właśnie zajmują czołowe miejsca w rankingach i rejestrach.

---

250 Więcej: B. Hoffmann, *Narkoturystyka, op. cit.*
251 A. Valdez, S. Sifaneck, *Drug Tourists and Drug Policy on the US-Mexican Border: An Ethnographic Investigation*, "Journal of Drug Issues" 1997, 27, s. 879–898.

Europa

Pomimo zmieniających się przepisów prawnych, Holandia nadal kojarzona jest z krajem o liberalnej polityce narkotykowej[252]. Amsterdam i Maastricht uważane są za miejsca legalnego testowania niektórych narkotyków. Sytuacja ta powoduje, że każdego roku do stolicy przyjeżdża około półtora miliona narkoturystów (stanowiących jedną trzecią wszystkich turystów odwiedzających miasto), głównie z Niemiec, Belgii i Francji[253].

Wim van den Brink[254] zwraca uwagę, że Holandia odwiedzana jest nie tylko przez zwolenników konopi indyjskich, ale też ludzi uzależnionych od heroiny. Według niego przyczynia się do tego wysoka jakość samego narkotyku i jego cena, relatywnie niższa niż w innych krajach Europy Zachodniej. Nie bez znaczenia pozostaje też możliwość korzystania z opieki zdrowotnej świadczonej uzależnionym od narkotyków.

Innym europejskim krajem, chętnie odwiedzanym przez zwolenników psychoaktywnych wrażeń, jest Hiszpania, a w zasadzie Ibiza, okrzyknięta wakacyjną stolicą światowego clubbingu. Zanim jednak doszło do rozwoju kultury klubowej, jeszcze na początku lat siedemdziesiątych XX wieku Ibiza cieszyła się ogromną popularnością wśród hipisów i niezależnych młodych artystów. Hipisi organizowali wystawy artystyczne, tworzyli zespoły muzyczne, ale i eksperymentowali z narkotykami. Wyspa z wolna zyskiwała opinię „narkotykowego raju", co przyciągało kolejnych miłośników używek. Część z nich, by mieć z czego żyć, zakładała bary czy dyskoteki. Wiele spośród największych klubów, np. Amnesia czy Privilege, korzeniami sięga właśnie tamtego okresu[255].

Kolejnym atrakcyjnym dla narkopodróżników europejskim miastem staje się Praga. Od 1 stycznia 2010 roku w Czechach można posiadać na własny użytek do półtora grama heroiny, gram kokainy, do piętnastu gramów marihuany, maksimum cztery tabletki ekstazy, do pięciu tabletek LSD i do czterdziestu grzybków halucynogennych. Używki dostępne są w czeskich lokalach typu *coffee shop*. Brakuje jednak rzetelnych informacji na temat dostępności wybranych substancji psychoaktywnych.

---

252 D.J. Korf, *Dutch Treat: Formal Control and Illicit Drug Use in the Netherlands*, Thela Thesis, Amsterdam 1995; D.J. Korf, *Dutch Coffee Shops and Trends in Cannabis Use*, "Addictive Behaviors" 2002, 27 (6), s. 851–866; W. van den Brink, *Heroin in Amsterdam*, "Jellinek Quarterly" 1996, 3 (4), s. 6–7.
253 *Amsterdam Tourist Cannabis Ban Rejected by Mayor*, "BBC News Europe", 1 November 2012.
254. W. van den Brink, *Heroin in Amsterdam*, op. cit.
255 http://swiat.newsweek.pl/ibiza--raj-w-pigulce,9849,1,1.html, dostęp: 3.06.2013.

Ameryka Północna

W listopadzie 2012 roku w amerykańskim stanie Kolorado zalegalizowano rekreacyjne używanie marihuany przez dorosłych (od 21. roku życia). Przegłosowana w wyniku referendum inicjatywa reguluje zarówno system sprzedaży, jak i zasady uprawy konopi. Marihuanę można hodować na własne potrzeby i palić ją w domu lub w specjalnych – od niedawna otwartych – klubach. W związku ze zmianą przepisów prawnych w kwietniu 2013 roku zorganizowano pierwszy Światowy Tydzień Marihuany (World Cannabis Week). Imprezę, w czasie której zarówno mieszkańcy stanu, jak i turyści mogą legalnie palić marihuanę, połączono z koncertami, wydarzeniami artystycznymi i specjalnie opracowanymi wycieczkami. Organizatorzy World Cannabis Week chcą stworzyć z Kolorado główny ośrodek turystyki narkotykowej w Stanach Zjednoczonych. Mają nadzieję, że organizacja licznych festiwali i imprez opartych na kulturze palenia marihuany przyciągnie rzesze zwolenników tej używki[256].

Ameryka Południowa i Środkowa

Jak zauważają Marlene Dobkin de Rios i Roger Rumrrill[257] oraz Roland Fischer[258], amerykańscy i europejscy turyści w regionie Amazonii, oprócz standardowych atrakcji turystycznych, poszukują też doznań halucynogennych. Wyjątkową popularnością cieszy się degustacja lokalnego płynu zwanego *ayahuasca*, który jest mieszaniną psychodelicznych roślin używanych w tradycyjnych ceremoniach. Co ciekawe, produkt ten spożywany jest nie tyle w miastach, co przede wszystkim w nadamazońskich wioskach[259], które są coraz częściej odwiedzane.

Wśród krajów Ameryki Środkowej i Południowej szczególnym powodzeniem u narkoturystów cieszy się Boliwia. W La Paz powstał pierwszy na świecie bar kokainowy Route 36. Ponadto popierane przez władze tradycyjne stosowanie substancji psychoaktywnych, choćby żucie liści koki wśród rdzennych mieszkańców Boliwii, powoduje powstanie cichego przyzwolenia na poszerzanie narkotykowej oferty również o środki niezwiązane wyłącznie z miejscową kulturą. Produkcja kokainy w Boliwii plasuje ten kraj na pierwszym miejscu

---

256 http://www.nbcnews.com/id/51683334/ns/business/t/marijuana-tax-debate-stalls-colorado, dostęp: 3.06.2013; więcej: www.WorldCannabisWeek.com.
257 Więcej: M. Dobkin de Rios, R. Rumrrill, *A Hallucinogenic Tea, Laced with Controversy: Ayahuasca in the Amazon and the United States*, Praeger Publisher, Westport 2008.
258 R. Fischer, *Why and How did Mystical Rapture Become Extinct?: The Story of its Glory and Postmodern Demise*, "Social Neuroscience Bulletin" 1993, 6 (3), s. 38–39.
259 M. de Rios Dobkin, R. Rumrrill, *A Hallucinogenic Tea...*, op. cit.; R. Fischer, *Why and How did Mystical Rapture...*, op. cit.

wśród południowoamerykańskich producentów tego narkotyku, cały czas wykazując tendencję wzrostową, relatywnie do lat poprzednich[260].

Również Meksyk należy do chętnie odwiedzanych krajów. Jak zauważają Valdez i Sifaneck, większość narkoturystów stanowią tam młodzi Amerykanie, którzy oprócz substancji halucynogennych kupują legalnie sprzedawane środki: Valium, Rohypnol, Xanax i kodeinę[261]. Można ich spotkać w takich miastach, jak Cabo San Lucas, Cancun, a także Tijuan, gdzie bawią się w ramach weekendowego odpoczynku w klubach.

Do Peru narkotykowi turyści jadą po halucynogenny kaktus San Pedro, bogaty w psychoaktywne alkaloidy fenetylaminowe. Roślina ta, stosowana przez rdzenną ludność od wieków w obrządkach religijnych i ceremoniach uzdrawiających, stanowi dużą atrakcję ze względu na otaczającą ją niemal mistyczną aurę.

Afryka

Wśród krajów kontynentu afrykańskiego najbogatszą tradycją narkoturystyczną cieszy się Maroko. Sięga ona lat sześćdziesiątych XX wieku, kiedy to po Maroku podróżowali Hendrix, Burroughs czy Leary – amerykańscy pionierzy ruchów psychodelicznych albo tzw. psychodelii.

Dziś również można tam bez problemu nabyć kif, czyli marihuanę. Można też, podążając „haszyszowym szlakiem", zwiedzać plantacje marihuany i zobaczyć produkcję kifu. Najczęściej zwiedzanym miasteczkiem jest Keatama – marokańska stolica upraw marihuany. Popularne są ponadto wioski usytuowane wzdłuż dolin Rifu – łańcucha górskiego w północno-zachodnim Maroku. Rosnący popyt na narkotyki w Europie i problemy z prawną regulacją powodują ciągłą intensyfikację upraw tej rośliny.

Azja

Mimo że zdaniem policji w najsłynniejszym turystycznym regionie Indii – Goa, problem narkotyków właściwie nie istnieje[262], w opinii narkopodróżników nadal jest to teren bardzo łatwego dostępu do większości środków psychoaktywnych. O ile do niedawna narkotyki można było zdobyć przede wszystkim w rejonach goańskich plaż i kurortów, szczególnie w Anjunie, gdzie rozkwitała kultura klubowa, o tyle w ostatnich kilkunastu latach pojawiły się na całym obszarze stanu. Sięganie po narkotyki przez przyjezdnych zaczęło się w drugiej połowie lat sześćdziesiątych. Sprzedający na pchlim targu w Anjunie swoje to-

---

260 J. Franklin, *The World's First Cocaine Bar*, "The Guardian" 2009, August 19.
261 A. Valdez, S. Sifaneck, *Drug Tourists and Drug Policy...*, op. cit.
262 Na podstawie relacji K. Renika z New Delhi (IAR) dla „Polskiego Radia", 24 marca 2011.

wary młodzi uczestnicy ruchów kontestacyjnych tego okresu: artyści, muzycy, myśliciele i poeci, doskonale odnajdywali się w multikulturowej rzeczywistości Goa, nasyconej również środkami psychoaktywnymi. Oczywiście popularność pewnych substancji i wzorce ich konsumpcji ulegają zmianom[263], podobnie jak „kultura narkotykowa". Jednak są one nadal tym, co w znacznym stopniu stanowi o atrakcyjności tego zakątka świata.

Wśród innych ciekawych narkoturystycznie krajów Azji należy wymienić Tajlandię, ze szczególnie interesującym ośrodkiem – Koh Phangan, oferującym większość używek (grzybki, marihuanę, metamfetaminę i opium)[264], jak również Laos, Kambodżę, niektóre wyspy Indonezji (szczególnie Gili, Lombok i Bali), Malezję oraz Filipiny[265].

Tożsamość współczesnego narkoturysty

Kim jest dzisiejszy narkoturysta? Erik Cohen, dokonując typologii turystów, wyróżnia cztery role społeczne i odpowiadające im cztery typy doświadczenia turystycznego[266]. Dwie pierwsze zalicza do ról zinstytucjonalizowanych, dwie następne do niezinstytucjonalizowanych. Role zinstytucjonalizowane określają takie zachowania turystów, które są rutynowo ukształtowane przez: biura podróży, firmy transportowe czy sieci hotelowe. Ich przeciwieństwem są role niezinstytucjonalizowane – otwarte, niezdefiniowane ściśle przez instytucje turystyczne. Wśród ról niezinstytucjonalizowanych wspomniany autor wyodrębnia dwie. Jedną z nich jest odkrywca (*explorer*), czyli podróżnik, który sam organizuje sobie podróż, próbuje schodzić, na ile się da, z ubitej ścieżki turystycznych szlaków.

> Ośmiela się wyjść ze swojej „kapsuły", ale jest gotów do niej powrócić, gdyby posunął się za daleko. Odkrywca poszukuje nowości i „porzuca część swoich nawyków i wygód", ale nie jest skłonny do całkowitego „zatopienia się" w społeczeństwie gospodarzy[267].

Drugą zaś rolą jest tzw. dryfujący (*drifter*), czyli osoba kontynuująca podróżnicze tradycje hipisów:

---

263 Więcej na ten temat: K. Westerhausen, *Beyond the Beach: An Ethnography of Modern Travelers in Asia*, White Lotus Press, Bangkok 2002.
264 Więcej na ten temat: *ibidem*.
265 J. Franklin, *The World's First Cocaine Bar*, op. cit.
266 Na podstawie: K. Podemski, *Socjologia podróży*, Wyd. Nauk. UAM, Poznań 2005, s. 47.
267 E. Cohen, *Towards a Sociology of International Tourism*, "Social Research" 1972, 39, s. 164–182, cyt. za: *ibidem*, s. 48.

[...] podejmuje ryzyko, schodzi z „ubitych ścieżek". Rezygnuje zupełnie z turystycznej infrastruktury, z jakichkolwiek form organizacyjnych. Wszystko załatwia sobie sam. Podróżuje autostopem, motorem, rowerem. Śpi na plaży, parkowej ławce, dworcu. Podejmuje próby życia wśród tubylców. Dryfujący jest odwrotnością zorganizowanego masowego turysty. Fascynuje go obcość [...], próbuje niemal całkowicie zrezygnować ze swojego dotychczasowego „swojskiego" sposobu życia[268].

Niektórzy badacze zwracają uwagę, że największą liczbę narkoturystów stanowią osoby należące do drugiego typu podróżnych[269]. „Plecakowi", zwani też „trawelersami", dla których ryzyko jest wartością ogniskującą turystyczne wyprawy w nieznane, najczęściej eksperymentują z substancjami psychoaktywnymi. Ich chęć oderwania się od kultury konsumpcji oraz cenienie alternatywnych form życia i spędzania czasu wolnego komponuje się z sięganiem po używki w czasie podróżowania[270]. Nie oznacza to, że dryfujący mogą być jednoznacznie utożsamiani z narkoturystami, a nawet jeśli stanowią istotny odsetek, warto pamiętać, że wielu narkoturystów wywodzi się również z innych kręgów podróżniczych.

Intensywny rozwój kultury klubowej, a wraz z nim pojawienie się nowego sposobu spędzania czasu wolnego, polegającego na weekendowej wędrówce po techno klubach, wyzwolił też nowy rodzaj podróży – „technoturystyki"[271], silnie powiązanej z turystyką narkotykową. Od tego czasu nie można już było mówić jedynie o „egzystencjalnych" narkoturystach, poszukujących w używkach wolności i mistycyzmu, tak charakterystycznego dla dryfujących, ale również o narkoturystach „hedonistycznych", dla których nowo poznane kraje nie były już ani mitem, ani ziemią obiecaną, ale przede wszystkim rezerwuarem doznań[272]. Ten typ narkopodróżowania realizowany jest przez grupy, które – nawiązując do terminologii Cohena – można by określić mianem „odkrywców". W ich przypadku dominują właśnie wartości hedonistyczne: muzyka, wolny seks i narkotyki.

Wśród pytań dotyczących turystyki narkotykowej jedno wydaje się szczególnie nurtujące: czy konsumpcja używek jest podstawowym celem wyprawy czy też pojawia się jako jej element dodatkowy. Inne refleksje dotyczą motywacji i osobistych doświadczeń z narkotykami oraz ich wpływu na kolejne podróże.

---

268 E. Cohen, cyt. za: K. Podemski, *Socjologia podróży*, op. cit.
269 Na podstawie: K. Westerhausen, *Beyond the Beach...*, op. cit.
270 A. Reichel, G. Fuchs, N. Uriely, *Perceived Risk and the Non-Institutionalized Tourist Role: The Case of Israeli Student Ex-Backpackers*, "Journal of Travel Research" 2007, 46, s. 217.
271 A. D'Andrea, *Global Nomads: Techno and New Age as Transnational Countercultures in Ibiza and Goa*, Routledge, London 2007.
272 M. Pęczak, *Made In India*, „Polityka" 2007, nr 44.

Jak wskazują wyniki przytaczanych tu badań, u większości turystów narkotykowych istnieje wysoki poziom świadomości co do dostępności narkotyków w odwiedzanym miejscu. Badani najczęściej deklarują, że ich konsumpcja nie była najważniejszym celem podróży, jednak ten element był brany przez nich pod uwagę.

Doznania związane z narkotykami nie są jednorodne: mogą sprowadzać się zarówno do zachowań hedonistyczno-rozrywkowych, jak i potrzeby głębszych przeżyć. W pierwszym przypadku sięganie po substancje odurzające staje się elementem standardowej „turystycznej rozrywki", w drugim zaś elementem doświadczania kulturowej inności czy osobistej wewnętrznej transformacji. Do pierwszej grupy zalicza się choćby amerykańskich studentów udających się w czasie przerw świątecznych i wakacyjnych do Meksyku i Ameryki Południowej[273], brytyjskich urlopowiczów spędzających czas na Goa i Ibizie[274], Australijczyków bawiących się na Bali oraz młodych Europejczyków odwiedzających weekendowo angielskie kluby taneczne[275]. W opozycji do nich stawiani są narkopodróżnicy, poszukujący innego typu doświadczeń, opartych przede wszystkim na czynniku duchowo-poznawczym[276], pochodzący z różnych kontynentów.

Zmiany postaw społecznych wobec narkotyków miękkich widoczne są także w Polsce: marihuana staje się ponadpokoleniową używką, po którą sięgają niekiedy zarówno gimnazjaliści, jak i ich rodzice. W wielu krajach Europy oraz w Stanach Zjednoczonych działają organizacje, które starają się o legalizację marihuany (np. amerykańska National Organization for the Reform of Marijuana Laws).

Artykuły prasowe poświęcone używkom, nawet jeśli nie są nastawione na ich wyraźną popularyzację, to z pewnością nie zniechęcają potencjalnych lub aktualnych klientów. Kontrowersje dotyczące legalizacji marihuany coraz rzadziej wyrażane były za pomocą merytorycznych argumentów. Teksty zawierały potężny ładunek emocjonalny, były skierowane do tych, którzy są przeciwni legalizacji. Na przykład w 2012 roku okładkę „Przekroju" (nr 7) zdobiły liście

---

273 B. Josiam et al., *An Analysis of the Sexual, Alcohol and Drug Related Behavioral Patterns of Students on Spring Break*, "Tourism Management" 1998, 19, s. 501–513, za: N. Uriely, Y. Belhassen, *Drugs and Risk-taking in Tourism*, "Annals of Tourism Research" 2006, 33 (2), s. 339–359.

274 M.A. Bellis et al., *Ibiza Uncovered: Changes in Substance Use and Sexual Behaviour Amongst Young People Visiting an International Night-Life Resort*, "International Journal of Drug Policy" 2000, 11, s. 235–244; A. Saldanha, *Music Tourism and Factions of Bodies in Goa*, "Tourist Studies" 2002, 2, s. 43–61.

275 Więcej: A. Sellars, *The Influence of Dance Music on the UK Youth Tourism Market*, "Tourism Management" 1998, 19, s. 611–615.

276 W nawiązaniu do danych pochodzących z wywiadów pogłębionych z narkoturystami i terenowych badań etnograficznych, prowadzonych na różnych obszarach turystyki narkotykowej. Wyniki badań przedstawiono w: N. Uriely, Y. Belhassen, *Drugs and Tourists' Experiences*, "Journal of Travel Research" 2005, 43, s. 238–246.

marihuany, a w konstrukcji mającej przypominać gmach Sejmu miejsce polskiej flagi zajął liść marihuany. Zrozumiałe, że prowokacyjna okładka z rzucającym się napisem „Palimy trawę pod Sejmem" miała intrygować i zachęcać do sięgnięcia po pismo. Podobny zabieg stosowały redakcje tygodników „Polityka" czy „Wprost".

Należy też wspomnieć o magazynach otwarcie promujących uprawę i palenie marihuany. W ostatnich latach (poza pierwszym pismem) powstały: „Soft Secrets" – uznana za najważniejszą „konopną gazetę", „Spliff" czy „ideaLISTKA". Warto dodać, że przyznanie się do palenia marihuany przez znane osobistości ze świata mediów zwiększa szansę na popularyzację tych tytułów. Sytuacja taka zmusza do postawienia pytań: czy nie nastąpiła swoista „kulturowa legalizacja" środków odurzających? Czy narkotyki stały się częścią obowiązującego kanonu? Czy i w jakim kierunku zmienił się społeczny odbiór zjawiska narkomanii? Czy wraz z przełomem wieków nastąpi dalsza legalizacja używek w świadomości społecznej?

W tym miejscu warto przywołać badania Hanny Świdy-Ziemby[277] i wyłaniający się z nich obraz licealistów końca XX wieku. Otóż wyniki ukazały młodzież jako grupę, której nie łączą wspólne przeżycia, system wartości ani autorytety. Większość wypowiedzi nastolatków wskazywała na ich problemy z samookreśleniem i identyfikacją pokoleniową. Jedną z podstawowych kategorii kształtowania własnej tożsamości była wysoko ceniona niezależność, wyrażająca się m.in. w poczuciu odrębności i możliwości samodzielnego decydowania o swoim życiu. Ogromną rolę w procesie kształtowania tożsamości młodzieży odegrała kultura masowa, umożliwiająca czy wręcz zmuszająca młodego człowieka do przyjmowania niemal identycznych treści i konsumowania takich samych produktów. Niemałe znaczenie miały używki, służące przede wszystkim poprawieniu samopoczucia czy zwiększeniu wydajności funkcjonowania[278]. Środki te, eliminując nudę, stały się doskonałym „organizatorem" czasu wolnego. Dając nawet tylko pozorne poczucie zjednoczenia, stają się istotnym elementem wspólnej zabawy.

Jak zaznacza Świda-Ziemba, dawniej przejście od „okresowego zażywania" do uzależnienia odbywało się niemal niepostrzeżenie, obecnie dużą grupę stanowią zażywający rekreacyjnie, doraźnie, niekiedy przypadkowo i jako element codzienności[279]. Stan ten w dużej mierze wynika zarówno z zachodzących na

---

277 H. Świda-Ziemba, *Obraz świata i bycia w świecie*, ISNS UW, Warszawa 2000.
278 W tym miejscu odwołuję się do wyników prowadzonych od kilku lat przeze mnie badań dotyczących społeczno-kulturowej roli narkotyków, a także rezultatów badań realizowanych pod kierunkiem Świdy-Ziemby, opublikowanych w książce jej autorstwa: *Młodzi w nowym świecie*, WL, Kraków 2005.
279 *Ibidem*, s. 111.

rynku narkotykowym zmian, jak i olbrzymiego przeobrażenia stosunku do substancji psychoaktywnych. Jak pisze badaczka,

[...] pojawienie się na rynku miękkich narkotyków likwiduje barierę psychiczną, która przedtem mogła chronić przed narkotycznymi próbami, pierwsza próba może już nie jawić się – jak dawniej – jako przekroczenie zakazanej granicy. Wejście w „świat narkotyczny" może odbyć się bez wstrząsów[280].

We wspomnianych badaniach Świdy-Ziemby jednoznacznie zarysował się obraz polaryzacji postawy wobec miękkich i twardych narkotyków. O ile miękkie[281], ze względu na znikome właściwości uzależniające, traktowane są z wyrozumiałością i stawiane niemal na równi z piwem, o tyle brakuje tolerancji dla twardych. Poglądy takie dominują wśród osób zarówno sięgających po różne używki, jak i tych, którzy wybrali życie bez narkotyków. Co ciekawe, podobny punkt widzenia prezentują członkowie młodzieżowych zbiorowości jawnie niestroniących od substancji psychoaktywnych, np. uczestnicy kultury hip-hopowej. W tym przypadku pozytywny stosunek czy wręcz aprobata marihuany nie oznacza postawy tolerancji wobec innych narkotyków[282].

Wydawać by się mogło, że problem upowszechnienia pewnych substancji psychoaktywnych związany jest w dużym stopniu z ukształtowaniem wśród młodzieży nowego stylu życia, w którym jest miejsce dla narkotyków miękkich, natomiast nie ma przyzwolenia na stosowanie środków twardych. Jak zauważa Świda-Ziemba, granica przebiega nie, jak kiedyś, między tymi, co „biorą" i „nie biorą", lecz między tymi, co sięgają po narkotyki miękkie (nieuzależnionymi) i twarde (uzależnionymi)[283].

---

280 Ibidem, s. 125.
281 Za miękkie narkotyki uważa się głównie marihuanę i haszysz. Termin „marihuana" jest pochodzenia meksykańskiego. Pierwotnie oznaczał tani gatunek tytoniu (mieszany czasami z kanabis), obecnie w wielu krajach stał się ogólną nazwą liści i rośliny kanabis (na podstawie: Leksykon terminów: alkohol i narkotyki, tłum. A. Bidziński, Światowa Organizacja Zdrowia, Instytut Psychiatrii i Neurologii, Warszawa 1997).
282 Na podstawie badań własnych. Więcej na ten temat w: B. Hoffmann, „Gra w zielone"..., op. cit.
283 H. Świda-Ziemba, Młodzi w nowym świecie, op. cit., s. 126.

Rozdział V
(Pop)kultura, młodzież i narkotyki w początkach XXI wieku

Jak wynika z badań Janusza Sierosławskiego[1], blisko 40% studentów miało kontakt z narkotykami, ale to nie studenci są grupą przodującą – rozpowszechnienie narkotyków jest wyższe wśród uczniów szkół ponadgimnazjalnych. Pierwsze miejsce wśród używanych narkotyków niezmiennie od lat zajmuje marihuana, kolejne – substancje wziewne i amfetamina[2].

Z przeprowadzonych przeze mnie w latach 2005–2007 wywiadów wśród studentów i osób, które ukończyły studia nie później niż w ciągu trzech lat od chwili badania, wyłaniają się ciekawe spostrzeżenia. Na uwagę zasługują z pewnością dwie wyraźne tendencje: jedna, w świetle trendów opisanych przez Świdę-Ziembę, ma charakter przyzwalający czy wręcz aprobujący stosowanie pochodnych konopi, natomiast druga świadczy o tym, że nastąpiła wyraźna zmiana postaw wobec twardych psychostymulantów. I właśnie temu zjawisku chciałabym poświęcić więcej miejsca.

Zmiana postaw wobec narkotyków – uwzględnienie badań własnych

Ogromne znaczenie kultury rave, ilość jej uczestników i kosmopolityczny charakter wskazują, że nie tylko marihuana, będąca miękkim narkotykiem, przeniosła środek ciężkości i wyznaczyła nową granicę między biorącymi

---

[1] J. Sierosławski, *Substancje psychoaktywne. Postawy i zachowania. Raport z ogólnopolskich badań ankietowych zrealizowanych w 2006 roku*, Krajowe Biuro ds. Przeciwdziałania Narkomanii, http://www.narkomania.gov.pl, dostęp: 12.06.2013.

[2] J. Sierosławski, *Używanie alkoholu i narkotyków przez młodzież szkolną. Raport z ogólnopolskich badań ankietowych zrealizowanych w 2007 roku. Europejski program badań ankietowych w szkołach ESPAD*, Instytut Psychiatrii i Neurologii, Warszawa 2007, http://www.narkomania.gov.pl, dostęp: 12.06.2013

i niebiorącymi. Kultura klubowa pokazała, że również twarde narkotyki (amfetamina, MDMA, a czasem i kokaina) oraz substancje halucynogenne (LSD) wpisują się we współczesną rzeczywistość, a ich zażywanie nie wyklucza z tzw. normalnej społeczności. Sytuację taką potwierdziły też wypowiedzi wielu moich respondentów, którzy otwarcie mówili o nowym miejscu psychostymulantów i empatogenów[3] na narkotykowej „mapie".

Liczne wypowiedzi dowodzą, że brakuje jednoznacznego zdefiniowania takich pojęć jak „narkotyk miękki" czy „twardy", sytuując twarde psychostymulanty czy empatogeny wśród narkotyków miękkich:

> [...] jeżeli chodzi o młodych ludzi, powiedzmy z tzw. podwórka, najczęściej jeszcze niepracujących, a już się nieuczących, to narkotyki w takim środowisku są całkowicie powszechne, najczęściej nie silne, oczywiście chodzi tu o marihuanę czy amfetaminę. To jest bardzo powszechne, ale ciężkie narkotyki, to już jednak inni ludzie (Rafał).

> Ja po ostre nie sięgam. Po prostu nie mam takiej potrzeby. [...] Zdarza mi się, rzadko, ale naprawdę rzadko wziąć jakiś wybudzacz, amfetaminę tak, też, ale nic z naprawdę twardych. Po prostu nie uważam, aby to było coś bardzo złego. Jedni sięgają po alkohol, inni piją alkohol z lekami, a ja i znajomi od czasu do czasu przypalamy, no łyknę coś nieraz, ale bardzo rzadko i nie uważam się za narkomankę. Ale jasne, że są dostępne i inne narkotyki, znacznie mocniejsze i z nimi nie ma żartów. I wiem, że po nie też ludzie sięgają. Ja też próbowałam, ale dwa razy mi wystarczyły, bardzo źle się czułam nie tego się spodziewałam, zresztą boję się tak, bałabym się brać coś innego. Jednak amfetamina, nawet jeśli to nie to samo, co konopie, to jest znana; ja wiem, jakie jest jej działanie i to, że nie można się tak łatwo uzależnić jak od heroiny. To też ważne [Krowa (pseudonim)].

> Kiedyś to chyba miało jakieś znaczenie, po prostu narkoman to był degenerat. Może jeszcze inaczej: ktoś kto sięgnął po narkotyk raz czy drugi to był narkoman, odwyki, szpitale, rynsztok, śmierć. Nawet na filmie o Dżemie to widać. Teraz jednak jest inaczej. No nie wiem, narkoman, to jednak ktoś, kto nie daje rady bez narkotyku i to w sumie nie ma znaczenia: miękki, twardy czy jak by go nie nazwać. No i każdy, kto gdzieś tam się stacza, jeden szybciej, drugi wolniej, może i od organizmu zależy. Ja mam dużo znajomych którzy brali różne rzeczy, ale ci ludzie żyją normalnie, żadne rzygania, boleści i to wszystko, co się kojarzy z narkomanami. No po prostu od czasu do czasu coś biorą, głównie towarzysko, czy na wakacjach. No to jednak nie to samo. Nawet jak słyszę o dziennikarzach czy lekarzach, którzy pracują długo na amfetaminie na przykład, to przecież nie narkomani. Ja myślę, że wszystko zależy bardziej od tego, jak kto żyje. Chodzi mi o to, znaczy się nie, że to jest nieszkodliwe, tylko że jednemu byle co może

---

[3] Termin „empatogeny" stworzył i wprowadził Ralph Metzner w 1983 roku dla określenia grupy substancji psychoaktywnych indukujących uczucie empatii.

zaszkodzić i będzie tym narkomanem, bo się uzależni, a drugi będzie brał od czasu do czasu i nic (Danek).

Ciężko zaliczać marihuanę czy środki pobudzające do narkotyków, przecież one naprawdę nie wpływają na to, jak funkcjonujesz na co dzień. Masz dom, rodzinę, pracujesz, żyjesz. Fakt, nie można palić dużo, nie można za dużo innych tam wynalazków, ale trochę... (Criso).

Inni respondenci świadomie wręcz podkreślają, że psychostymulanty i empatogeny nie są narkotykami twardymi:

[...] wzięcie amfetaminy i branie kompotu to nie to samo. Amfetamina, zgoda, nie jest może miękkim narkotykiem, nie jest jak marihuana, ale nie jest i twardym. To jak lek, to jakbym wypił pięć espresso (Jasiek).

Kompletnie nie rozumiem, jak można łączyć ecstasy czy amfetaminę z takim śmieciem jak kompot, nawet heroiną. Bierzesz herę, jesteś ćpunem, ćpasz kompot, jesteś degeneratem. O czym tu mowa, przecież amfetamina nie wciąga tak jak narkotyki twarde. Jak to jest twardym narkotykiem? Jakim twardym? Nie uzależnia. Ja biorę czasami, jak mam dużo pracy albo dla podniesienia kondycji, nie biorę stale. To nie jest jak z twardymi narkotykami (Michał).

Ecstasy jest środkiem, który bierze się w pewnych sytuacjach, bierze się, kiedy się chce, jak często się chce. Narkotyki bierze się jak się musi, jak się jest uzależnionym. Znam dziesiątki osób [którzy] od lat biorą ecstasy, czasami, w klubie, tak w klubie, bo przed pójściem do klubu to nie, bo mogą nie wpuścić, no więc biorą ci ludzie i co uzależnieni są? Absolutnie nie, normalnie uczą się, pracują. Widziałam masę ludzi po heroinie, tzn. po kompocie, ale to na jedno wychodzi i co, ktoś taki nie nadaje się do niczego, on musi brać regularnie. Ja nie (Milena).

Czy ja wiem? Czytałam trochę o ecstasy i ja nie wiem, czy to można nazwać narkotykiem do końca, ale od razu powiem, że ja tego nie biorę. W sumie to ja nic nie biorę (Magda).

Są i tacy, którzy wyraźnie negują sens wszelkich podziałów:

Jak to wszystko teraz widzę, to wydaje mi się, że amfetamina czy inne takie tam podobne, stały się „chlebem powszednim". Mam na myśli ecstasy. Myślę, że to wszystko bardzo wyszło poza kulturę klubową. Albo inaczej: po prostu kultura klubowa przez jakiś czas była elitarna, w jakiś sposób oczywiście, po prostu skupiała podobnych ludzi i oni tam sobie brali to i owo, ale przed klubem, może w klubie... Po latach to się zmieniło. Kiedyś MDMA, amfa to były narkotyki, ale konkretne, klubowe, powiedzmy twarde, ale konkretne, właśnie klubowe. Teraz, w zasadzie od paru lat jest inaczej. W sumie to nie wiem, ale myślę, że to upowszechnienie kultury klubowej zniosło wszystkie granice, wiesz, chamówa kompletna, dresiarstwo, jacyś blokersi, nie wiem, kto jeszcze, w każdym razie to moim zdaniem spowodowało cholerną powszechność. No i chyba to, że taniej wychodzi przyćpać niż się napić. W zasadzie to jaki sens ma to dzielenie na twarde, miękkie. W sumie to co gorsze: regularne palenie czy wzięcie raz na dwa miesiące czegoś mocniejszego?... (Tomek).

Bez przesady, nie wszyscy biorą, ale to prawda, że są tacy. Tylko, że ja znam ludzi przypalających, a nie biorących ostro. Owszem, bywało na wakacjach, ja na przykład w Portugalii doświadczyłem odmiennych stanów, ale to było jednorazowe przeżycie. Nie w sumie jednorazowe tam w Portugalii, bo potem jeszcze w Polsce też, kilka razy przed pójściem do klubu. Ale tak raczej dla towarzystwa, ja sam nie chodzę, w zasadzie w ogóle do klubów nie chadzam z własnej inicjatywy, no chyba że ktoś mnie wyciągnie. W sumie to nie lubię tej atmosfery. Ale cóż, lepiej czas mija. Nikt się nie wciąga. Ludzie normalnie studiują, wyjeżdżają, pracują, nikt się nie wciąga, to właściwie tak jakby nie brać w ogóle (Jano).

Mnie te podziały to śmieszą. Twarde, miękkie... Dziś coś może być narkotykiem twardym, jutro miękkim, czy to ma jakiś sens? (Asia).

Z wypowiedzi wynika, że przekształca się model zażywania substancji psychoaktywnych:

Myślę, że cholernie dużo się zmieniło, może ja nie znam wszystkiego z własnych doświadczeń, znaczy obserwacji, ale wydaje mi się, że teraz jest ogromna ilość typów pośrednich, czyli np. bardzo głęboko uzależnionych, będących na dnie kompociarzy, wiesz, klimaty Centralnego, bardzo głęboko uzależnionych biznesmenów, maklerów, całej tej śmietanki, ale nie artystycznej, tylko biznesmeńskie, poza tym ludzi biorących okazjonalnie, ale dla rozrywki, innych, biorących okazjonalnie, ale w jakimś celu, np. zdawanie egzaminów przy mniejszym wysiłku, ludzi biorących w weekendy, związanych z klubami, poza tym ludzi poszerzających percepcję, eksperymentujących, czasami artystów, ale nie zawsze. Nawiasem mówiąc, czasy Witkacego minęły bezpowrotnie, a no i ludzi biorących rytualnie, razem przeżywających jakieś praktyki magiczne, pogańskie czy jakieś inne. Strasznie dużo się tego porobiło i to egzystuje, poza tym ludzie eksperymentują, bo mają z czym. Ogromną zmianą jest to, że można kupić właściwie każdy środek, jest ich dużo, to też różnicuje ludzi. Jest duże zróżnicowanie (Danek).

Fakt, o którym mówi większość moich respondentów, dotyczy powszechności występowania substancji psychoaktywnych. Warto dodać, że powszechność ta obejmuje nie tylko ułatwiony dostęp, ale i jawność narkotyków:

No, nie da się ukryć, że narkotyki są praktycznie wszędzie. Wszędzie to znaczy na ulicy, na podwórkach; w każdej chwili, jeśli ma się ochotę, to można po nie sięgnąć. Są na imprezach, wśród znajomych (Krowa).

Narkotyki można zdobyć zawsze, kiedy się chce. To po prostu się wie, kto ma, do kogo się zwrócić. Jak jest gdzieś jakieś wyjście, to ja się nie martwię, bo mój chłopak zawsze ma, a jak nie on, to kolega albo kolega kolegi, a jak i oni nie, to zawsze gdzieś pod klubem. No naprawdę nie ma z tym żadnego problemu [...]. O narkotykach można rozmawiać i to nie tylko między sobą, nie żebyśmy w kółko o tym, ale po prostu nie wzbudzasz zainteresowania, nie szokujesz, jak coś wiesz o narkotykach. Sama wiem od mojej cioci, że kiedyś wyglądało to inaczej. Ona miała w bloku narkomana, czasami coś o nim mówiła w jakimś towarzystwie, od razu wzbudzała niezdrowe emocje. Albo ją brali za narkomankę albo prosili, żeby coś powiedziała na ten temat. Co widzi, jak to jest. Teraz nie ma czegoś takiego (Monia).

To nie jest temat tabu, jakiś zakazany, niezdrowy. Absolutnie nie, ale i podjarki znów jakiejś nie ma. Normalnie się podchodzi (Darek).

Narkotyki stają się częścią dyskursu politycznego, obecne są w świadomości społecznej, ale nie wywołują już tak silnej dezaprobaty jak w przeszłości:

[...] jasne, dotyczy to marihuany, ale w sumie tak formalnie to przecież też narkotyk. No więc, dobra, kiedy narkotyki były elementem gry politycznej...? Skoro Palikot legalizację wziął sobie za środek do osiągnięcia sukcesu politycznego, do zdobycia poparcia, to przecież świadczy o tym, że chciał się przypodobać, zyskać głosy ludzi młodych. Nawet jeśli nie wszystkich, to sporej większości. Inaczej by tego nie wykorzystywał. To znaczy, że dla ludzi ta marihuana jest jakoś tam ważna. Jakoś zależy im na niej. Jakoś nie widzę, żeby politycy Peerelu, chcąc zyskać wyborców, dążyli do legalizacji kompotu... Nie wiem, nie żyłem w tych czasach, ale to jakieś by było kompletnie absurdalne. I to znaczy, że tak naprawdę marihuana, ale z nią razem narkotyki, no bo to przecież narkotyk, znalazły się teraz w innym miejscu (Adrian).

O narkotykach się mówi, pisze i to nie wcale tylko jako o czymś groźnym, z boku, patrząc na to wygląda to tak, jakby na tym można było zbić interes ekonomiczny, polityczny. No nie wiem. Politycy mówią, że palili, to jakby miało ich zbliżyć do ludzi. Może im się tak wydaje. Jak Tusk mówi, że buchał, to jakoś nie przekonuje mnie do siebie. Po co o tym w ogóle mówić... Może to wzbudza sympatie niektórych ludzi, ale mnie akurat jakoś nie przekonuje. Ale nie w tym rzecz, co ja sobie o skręcaniu i buchaniu itp., po prostu politycy o tym mówią, jakby to było jakąś nobilitacją, ale i czymś swojskim. Jednak myślę, że ten luzik to jest w odniesieniu do konopnych, bo jakoś sobie nie wyobrażam, żeby stanął ktoś na mównicy i zasunął, że w młodości kompot brał. A może i do tego dojdzie [śmiech] (Michał B.).

Co ciekawe, nie wszystkich owe przeobrażenia satysfakcjonują. Pojawiają się w tym kontekście pytania: jakie są oczekiwania młodych ludzi względem narkotyków i czy zachodząca swoista ich „demitologizacja" wpłynie na zmianę stosunku do używek.

Hip-hop wjechał z taką ideologizacją tematu marihuany, że generalnie, jak jarasz, to jest fajnie, że jak gdyby nic więcej nie trzeba, tylko włączyć sobie gejmboja i się ujarać do utraty tchu. To się stało takie szerokie i powszechne, mnie się to w jakiś sposób nie podoba. Pamiętam, że kiedyś, jak powiedzmy zaczynał się temat tych narkotyków, jeżeli chodzi o mnie, to raczej się kojarzyło z jakimiś tam koleżkowcami, którzy coś tam sobie kombinują, albo jak sobie coś grają, albo wymyślają, i od czasu do czasu właśnie sobie zapala, i to im pozwala złapać jakiś taki dystans do czegoś. A w tym momencie narkotyki się stały się taką szarością dnia, takim dniem codziennym w sumie. Tak z moich obserwacji wynika, jak tak sobie patrzę na młodych ludzi, którzy „nadużywają". Jedno jest ciekawe, widzę dosyć mocne rozwarstwienie, jeśli chodzi o młodzież. Jak pamiętam, kiedyś to było dużo mniej zauważalne, że ludzie, którzy np. sobie coś tam popalali, to mogli być ludzie, którzy robili coś ciekawego... W sumie teraz może też tak jest, tylko jak gdyby ta powszechność tych narkotyków spowodowała, że są one teraz bardziej kojarzone raczej może nie z nizinami społecznymi, ale z tymi niższymi warstwami. Z tego, co pamiętam, to mnie się to zawsze kojarzyło z ludźmi, którzy mieli jakieś większe ambicje. Nie mówię o heroinie i staniu na dworcu, mówię o takich narkotykach typu trawka, jakieś lżejsze rzeczy, od czasu do czasu jakiś grzybek. Raczej mi się to kojarzyło z jakimiś ciekawszymi ludźmi, ciekawsza sytuacja, z czymś, co może zostawić jakiś pozytywny ślad w psychice, jakiś tam rozwój, nowe doznania, poznawanie nowych sfer świadomości, górnolotnie mówiąc. No a teraz raczej mi się kojarzy z jakąś chamówką, jakimś takim jaraniem na klatce, regularnie dzień w dzień, takimi nieprzytomnymi oczyma, a nie bieganiem po łączce i wykrzykiwaniem z siebie jakichś ciekawych rzeczy, malowaniem czy robieniem czegokolwiek. Teraz raczej z taką właśnie szarą hip-hopową rzeczywistością. Też przez to chyba narkotyki nabrały takiego bardzo pejoratywnego obrazu, wcześniej był on konstruowany przez kompoclarzy, a później to zostało tak ściągnięte w dół przez panów hip-hopowców i całą jakąś tam bandę blokersów.

Tez jest ta młodzież taka dużo bardziej spolaryzowana. Dużo większy jest podział na, powiedzmy, takich gogusi i karierowiczów, a z drugiej strony właśnie już takich kolesi, którzy już jadą na maksa. Mało środka w tym wszystkim, ludzi, którzy są jacyś tacy ciekawi, że z jednej strony potrafią cos przeczytać i coś mądrego powiedzieć, a z drugiej strony sobie zapalą i spróbują coś sobie zaeksperymentować (Mikołaj).

Fatalnie to wszystko się zmieniło. Weźmy MDMA. To był środek zarezerwowany dla określonych ludzi, takich, co rozumieli, ale naprawdę rozumieli, o co chodzi w kulturze klubowej. Zobacz, kto to teraz bierze: kibole, dresy, coś co było może i dość powszechne, ale jednak dla konkretnych ludzi, stało się udziałem masówki i prostaków. I nie chodzi mi tu wcale o jakieś pochodzenie ludzi czy kaskę, ale o mentalność. Zobacz, kto to teraz bierze: zbierze się trzy, cztery karki, podłapią jakieś przypadkowe laski, robią w domu imprezę i dawaj na całego, a wszystko z chamsko-seksualnym podtekstem. Nic nie zostało z początków MDMA (Bongo).

Wyraźnie zarysowała się zmiana środowisk zainteresowanych narkotykami. Przyjmowanie środków odurzających nie ogranicza się, jak dawniej, do wąskich kręgów młodzieży, uznanych za grupy patologiczne, lecz obejmuje uczących się bądź już wykształconych i pracujących młodych ludzi, dla których pewne substancje stają się równie powszechne, co alkohol:

> [...] marihuana czy ecstasy to nie narkotyk, to używki, może to i to samo, ale jak się pali można pracować, uczyć się, można żyć tak jak abstynenci. Można żyć normalnie (Michał G.).

> Ja bym wyłączyła z narkotyków przede wszystkim grzybki i ecstasy. Nawet LSD. Te środki, które jednak nie uzależniają albo jeśli, to bardzo powoli. Dobrze, są szkodliwe, wiem o tym, chociaż to jeszcze zależy, ile kto tego bierze, no i czy nie ma problemów zdrowotnych, ze sobą, ze swoim organizmem. Jednak narkotyki kojarzą mi się z czymś, w co się wpada po uszy, co trzeba brać, musowo, nie można nie brać. Jednak nawet jeśli te, o których mówimy, są jakoś szkodliwe, to jednak nie ma takiego uzależnienia (Monia).

Przeobrażenia nastąpiły również w modelu funkcjonowania społecznego osób biorących narkotyki. O ile dawniej ich zażywanie nie miało charakteru okazjonalnego i wiązało się z trwałą przynależnością do zamkniętej społeczności, o tyle w drugiej połowie lat dziewięćdziesiątych liczne przykłady wskazywały na spontaniczną, doraźną i niemal przypadkową konsumpcję środków odurzających przez młodzież, bez powiązania z konkretnym (bardziej lub mniej) marginalnym środowiskiem. Z licznych wypowiedzi moich respondentów z lat 2005–2007 wynika, że tendencje takie utrzymywały się również w okresie późniejszym.

> Tak. Pełno jest osób biorących, dziewczyn, chłopaków, z bardzo różnych środowisk. Mam wśród najbliższego grona znajomych, sąsiadów, w ogóle na moim osiedlu (Nowe Bemowo) mieszka dość dużo młodych osób i widzę, jak często sięgają oni po narkotyki. I to nie tylko na spotkaniach, powiedzmy w towarzystwie, sięgają, ucząc się, sięgają z nudów, ale też w czasie wakacji na różnych wyjazdach. I to są normalni ludzie... Sięgają po różne narkotyki, generalnie te mniej szkodliwe, głównie marihuanę (Karola).

> Dla mnie w ogóle nie ma teraz czegoś takiego jak ćpun, nawet nie wiem, kogo by tak można nazwać... Znaczy są oni, ale to takie elementy przeszłości, gdzieś na wymarciu. Po prostu nie widzę tego, żeby ktoś z moich znajomych mógł tak skończyć (Monia).

Jak stwierdzają badani, narkotyki są dla nich elementem rozrywki, ubarwieniem życia. Spełniają w pewnym stopniu funkcję ludyczną: często służą zabawie, integracji czy kreowaniu wspólnoty.

To nie jest tak, że bez środków nie da się dobrze bawić, na pewno da się, ale człowiek ma potrzebę wyluzowania, a z nimi łatwiej (Karola).

Jest inaczej niż biorąc samemu, ale ja tego tak nie odbieram. Bo to nie jest tak, że my się spotykamy w tym celu, my się spotykamy dla spotkania, a te różne środki są dodatkiem, są w tle. [...] Dużo słyszałem o narkotykach, o tych wcześniejszych w latach hipisowskich, jakoś to był początek lat siedemdziesiątych czy nawet połowa, w sumie dawno temu. Myślę, że czasy się zmieniły. Mam na myśli, że kiedyś też ludzie brali narkotyki w grupie, tak jak czytałem czy na filmach nawet to widać, brali na koncertach, na festiwalach, no właśnie na Woodstock brali, pewnie nie tylko... ale wtedy to miało chyba inne znaczenie. Dużo się mówiło o jakichś ideologiach czy czymś takim, znaczy chodzi mi o to, że jak ci ludzie brali narkotyki, to chcieli osiągnąć coś tam, jakiś stopień wtajemniczenia, a teraz, my... no znaczy mogę mówić za siebie, no ja nie szukam żadnego wtajemniczenia, nie rozmyślam jakoś specjalnie. Bucham sobie i tyle. Jest fajnie, wesoło, ale ja przynajmniej niczego nie szukam, jakiejś tam głębi czy czegoś. Ludzie wokół mnie tak samo (Rafał).

Badani nadal uważają przede wszystkim marihuanę za istotny i przy tym stale obecny w ich życiu środek poprawy samopoczucia, przyjmowany zależnie od własnych chęci, także w sytuacjach codziennych. Ich zdaniem substancja ta nie stoi w konflikcie ani z wykonywaną pracą, ani też z nauką. Podobne miejsce zaczynają zajmować też niektóre psychostymulanty.

To nie jest tak, że bez używek nie ma spotkania. Są, a poza tym nie wszyscy od razu muszą sięgać po te „specjalitety". Jednak jeśli ktoś ma ochotę bawić się przy nich, to czemu nie? A jak ktoś woli w innej sytuacji coś wziąć, to też jego sprawa. Dziwne to, bo jak gość siada w domu z piwem przed telewizorem albo ze szklaneczką whisky, to jest to normalne dla otoczenia, nikt go nie pyta, czemu pije piwo (Adam).

Różne środki można brać wtedy, kiedy się uzna, że się chce i nie musi to być żaden klub, żadne spotkanie czy jakieś takie rzeczy (Bongo).

Narkotyki mogą być przyjmowane nie tylko w okresie „karnawału", lecz także „postu". Stały się one „elementem «naturalnego» krajobrazu, jedną z ofert, którą świat współczesny oferuje człowiekowi"[4]. Nadal istnieje więc duże przyzwolenie na stosowanie niektórych substancji psychoaktywnych:

Sama palę co jakiś czas, ale nie biorę nic ostrego. W moim życiu są obecne też poprzez znajomych, czasami obcuję z kimś, kto jest na haju, a ja sama nie jestem. Narkotyki nie są mi obce. Ale mam też znajomych, którzy niczego nie biorą, nawet nie palą. W sumie to nikt nie ma do nich pretensji. No tak już jest

---

4 H. Świda-Ziemba, *Młodzi w nowym świecie*, op. cit., s. 103.

i dlatego wkurza mnie zwyczajnie jak ludzie mówią, że to się sięga po narkotyki, bo inni zmuszają. Naprawdę, ja się nie spotykam. Z alkoholem to co innego, Napić się z kimś to inna sprawa, ale nawet przypalać to ktoś może, chce czy nie – jego sprawa (Lidia).

Narkotyki są głównie na imprezkach, ale nie wszystkich. Na imprezach, zewnętrznych, głównie w klubach, do których zresztą rzadko chodzę. To nie znaczy, że na spotkaniach w chatach nie ma dragów, zdarzają się, ale to nie jest tak, że ludzie przychodzą i częstują czy wciskają każdemu. Jeżeli ludzie się trafiają, to z reguły są już lekko napaleni albo przypalają gdzieś na boku, w kuchni najczęściej i tyle. Znów nikt się aż tak nie afiszuje. Nie dlatego, że jest to nieakceptowane, tylko dlatego, że nie odbywa się to rytualnie. Ktoś ma ochotę, to przypala, ktoś nie, to nie, nie robi się wokół tego problemu. Nie wiem, jak jest z innymi narkotykami w chatach, pewnie ludzie biorą, palą brauna albo jeszcze jakieś świństwo, ale w moim towarzystwie ludzie nie są ćpunami, przypalają towarzysko i to bez namawiania nikogo. A są i tacy, których to kompletnie nie interesuje. W klubach to inna sprawa, ludzie są nakręceni dragami, nie wiem, czy wszyscy, myślę, że nie choć na pewno jest sporo. Większość chyba po to głównie chodzi. W domach czy w ogóle weźmy np. w akademikach, to też dom, nie, no dobra, pije się, ale ja się nie spotkałem, żeby ktoś mnie namawiał czy jakoś szczególnie zachęcał do czegoś innego (Jano).

Z większości narkotyków zdjęte zostało „brzemię" czegoś złego, wrogiego człowiekowi:

Przez lata uznawano narkotyki za coś złego, ale i to się zmienia. Nie mówię, że w odniesieniu do wszystkich środków, ale np. do marihuany, no i do ecstasy. Najgorzej z ecstasy było na początku, słyszało się o tym, że ludzie umierają, no, że to szkodzi, ale jakby to przycichło. Nie wiem, może ludzie zaczęli bardziej uważać albo po prostu przestano to nagłaśniać. I myślę, że jeszcze parę rzeczy na to się złożyło. Kiedyś jak myślano o narkomanie czy w ogóle na ulicy się widziało narkomanów, to było coś okropnego, brudni, bezzębni, ludzie mówili o starych strzykawkach, o AIDS, no ludzie w ogóle tak to widzieli, ale w mediach też tak wyglądało. Teraz jakoś inaczej ta narkomania wygląda. Ja tamtych czasów nie pamiętam, nie widziałam narkomanów biegających ze strzykawkami, ale jednak tak ludzie to widzieli. Teraz nawet jak się kogoś zna, to nie wiadomo: narkoman czy nie. Znaczy wiadomo, po czasie jak się uzależni, to jasne, że widać. Nawet u mnie w grupie jest człowiek, wysiedzieć nie może 45 minut na ćwiczeniach, nakręcony albo w ogóle na ranne godziny nie przychodzi; poza tym mam znajomych, którzy chodzą tylko na takie spotkania i w takie miejsca, gdzie są narkotyki, no i wiadomo, że to są narkomani. Ale i po nich normalny człowiek, nie wiem, wykładowca czy rodzice, albo w ogóle ludzie na ulicy, nigdy o nich by nie powiedzieli, że mają coś z narkotykami. Nie widać tego całego brudu, smrodu i ubóstwa... (Magda J.).

Coraz częściej w mediach mówi się, że marihuana nie jest szkodliwa, w Faktach czy Wiadomościach... No chyba jak już tam mówią, to trudno im nie wierzyć... (Bongo).

Narkotyki są inaczej oceniane. One kojarzą się z czymś złym, bo też tak było przez lata. Na ogół ludziom narkoman kojarzy się z jakiś degeneratem, złodziejem, brudnym, śmierdzącym, z AIDS, no i tak właśnie są widziane narkotyki i narkomani. Z drugiej strony, to trudno się dziwić (Nastek).

[...] mimo wszystko te narkotyki dzisiejsze są inne. Może nie, że coś z nimi się zmieniło, ale teraz się bierze inne środki. Dawniej narkoman to był kompociarz z dworca: brud, smród, istne piekło. Teraz nadal tak się myśli, ale właśnie o tych kompociarzach, a ich jest chyba niewielu. W każdym razie ich nie widać. Oni mieli jakieś swoje środki, chyba nie kontaktowali się za bardzo z innymi ludźmi. W ogóle, jakby od śmierci Kotańskiego mniej się o tym mówi. On jakoś to przedstawiał w innych kolorach. Narkotyk to była śmierć. Oglądałem film, nie pamiętam tytułu, polski, o Monarze, że ktoś się wypisał, wyszedł z Monaru i chyba wziął kompot i zdaje się chciał wrócić, nie pamiętam dokładnie, ale tam właśnie te narkotyki, ta narkomania w ogóle jest pokazana w straszny sposób. Właśnie Kotański o tym mówił. Po jego śmierci i czasy się zmieniły i chyba nie ma nikogo, kto mówi tak naprawdę o szkodliwości. Albo ci starzy z dworca i melin poumierali, nie wiem, ale jakby skończyła się jakaś epoka. No i są teraz inne narkotyki. Takie, co kojarzą się nie z syfem, a z blichtrem, z celebrytami, modelkami, dziennikarzami i one są inaczej chyba pokazywane. One są jako taki dodatek do życia. Coś jakby: „to cię zwolni", „to cię zrelaksuje", „to cię przyspieszy", „przy tym się pobawisz" (Piotrek).

Narkotykiem budzącym zagrożenie jest heroina:

Nie, nie, to nie jest też tak, że zawsze wszędzie i wszystko. Nie porównujmy heroiny z innymi środkami. To jest zupełnie inna sprawa. Chodzi o to, że no dobra, kokaina tez jest silna, też uzależnia, ale nie ciągnie za sobą tego całego gówna. Poza tym, dobra, ilu ludzi bierze kokainę? Kogo na nią stać? A na kompot – dużo więcej (Bongo).

I rzeczywiście nie ma się przed oczami tej śmierci, którą rysował Kotański. Wtedy mi się wydaje, to wszystko było takie poważne, ta narkomania była poważna, a teraz w sumie nikt nie bierze pod uwagę, że może się przekręcić, nawet że uzależnić się może. Jakoś o tym się nie mówi. Jeszcze z kokainą to może i jakoś tak jest się, w sensie odczuwa się jakiś lęk, ale mało kto bierze kokainę, przynajmniej ja nie znam. Amfetamina – traktowana prawie jak lek, no bo i w sumie to ma jakieś lecznicze działanie, na astmę czy na coś... no, a kto poważnie traktuje marihuanę, jak sam pan premier mówi, że palił...? Tak naprawdę, to heroinę się traktuje serio, heroiny się człowiek boi, bo ma złą prasę. Bo już kiedyś była, bo właśnie heroina jest kojarzona z tą śmiercią. I właśnie ja przynajmniej tak myślę, że w dużym stopniu dzięki Kotańskiemu, dzięki Monarowi, że o tym mówiono (Piotrek).

Zdaniem respondentów istnieje jednak pewna granica, za którą rozpoczyna się uzależnienie:

> Dopóki nic złego się nie dzieje, w zasadzie to jest taką granicą, jak człowiek się nie stacza, no i jak nie cierpi. Umówmy się, człowiek uzależniony cierpi, cierpi bez narkotyku. To jest już uzależnienie, jak nie można bez tego narkotyku funkcjonować. Jasne, że uzależnić się można od wszystkiego, ale jednak najwięcej ludzi wykończyło się od heroiny (Piotrek).

> [...] trzeba się jakoś pilnować, nie wiem, nie mam sposobu, na pewno nie sięgać po nic mocnego. Po nic mocnego znaczy po kokainę, heroinę, nie palić brauna, cracku, czyli to samo, nie wąchać jakiejś chemii, bo to naprawdę szkodliwe. Bardziej traktować to jak piwko, jak papierosa. Trzeba jakoś nad sobą panować, żeby się nie wyłożyć na tym wszystkim. I nie zadawać się z dilerami, nie mieć z tym nic wspólnego. Po prostu okazjonalnie albo w ogóle. Mam na myśli, że jak ktoś nie może okazjonalnie, to lepiej w ogóle. Bez tego można naprawdę żyć. Ja w sumie zgadzam się z Piotrkiem. Naprawdę z jednej strony dobrze, że nie ma całej tej atmosfery demonicznej, że narkotyki zabijają itp., że są zakazane, bo w sumie to, co zakazane, też ludzi pociągało, czasami jeszcze bardziej, ale z drugiej rzeczywiście może jakby był Kotański albo ktoś taki, to by też pokazywał, że nie zawsze dobrze się to kończy (Nastek).

> Kotański był jakiś autentyczny, po prostu jemu pewnie ludzie wierzyli, a jak się słyszało w liceum od straży miejskiej, że narkotyki szkodzą, albo na godzinie wychowawczej... Pamiętam spotkanie ze strażą miejską, żenada. Ta kobieta pojęcia nie miała, opowiadała jakieś historie. W ogóle już samo postawienie sprawy to była żenada. Na sali gimnastycznej dyrektorka po rozpoczęciu roku mówi, że jak ktoś z nas ma problem z narkotykami, to zaprasza do stołówki na spotkanie ze strażą miejską. No uśmiać się można było. Szczególnie jeśli mowa o frekwencji po takim wstępie. Idziesz do stołówki, czyli jesteś ćpunem (Piotrek).

Pomimo liberalnego stosunku do używek uzależnienie budzi lęk:

> Ja mam krótki przepis, w sumie to moja sprawa, co i jak biorę. Biorę, bo chcę, ale jest właśnie jedno „ale": uważać, żeby się nie uzależnić, bo wtedy, to prze... (Dawid).

> Myślę, że granica od okazyjnego brania do uzależnienia się wydłużyła. Nie wiem, no jednak dawniej, jak większość sięgała po kompot czy jakieś mieszanki heroinowe, czy nawet braun, właśnie jak palili brauna, to jednak ludzie cholernie się uzależniali. Od cracku też, ale to nie było takie powszechne... Nie żebym bronił klubów czy ecstasy, bo nie wiadomo do końca, na ile to szkodzi, ale nie na taką skalę. Po prostu najgorsze jest uzależnienie. Wtedy się orientujesz, załapujesz, że

w zasadzie jesteś na równi pochyłej, a do tego czasu chyba nie aż tak. W każdym razie tak mi się wydaje. Ja mogę mówić za siebie, ale nie widzę, żebym był jakimś degeneratem (Bongo).

Ja [biorę narkotyki] rzadko. Rzadziej bywam w klubach, raz, że mnie to znudziło trochę (dobre to było na początku), a dwa, że boję się, żeby nie wpakować się w to tak drastycznie. Granicę przekroczyć też można. Dlatego nie przytaknę, jak ktoś mówi, że można nad tym całkowicie panować. No nie wiem i wolę się nie przekonywać. Miałem taki czas, że zaczęło mi brakować pieniędzy, pożyczałem, potem nie miałem skąd oddać, potraciłem trochę znajomych. To kiepska sytuacja. Nie chcę tkwić w tym po czubek głowy i dlatego dla mnie dobrze się złożyło, jakoś inne zajęcia mam, nawet celowo unikałem klubów, a potem to te kluby też się skiepściły. Teraz tam bywają ludzie, z którymi nie chce się nawet specjalnie przebywać. I ogólnie masz pracę, potem ktoś gdzieś wypali, że bierzesz to i owo, wiesz, szef nie musi lubić dragów, a ja pracę chcę mieć. Poza tym nie chciałbym, żeby ludzie, na których mi zależy, widzieli we mnie narkomana (Filip).

[...] ja myślę, znaczy dla mnie jest najgorsza perspektywa, że jak się uzależnisz, to jesteś na takim głodzie, że wszystko weźmiesz. W końcu bierzesz jakieś świństwo, wykończysz się, albo zostaniesz kaleką i to mnie przeraża. Jasne, że zawsze można wziąć coś niewłaściwego i się na tym przejechać czy w ogóle jakąś krzywdę sobie zrobić, ale do czasu może jakoś się panuje, a potem to już zostaje jakieś dno. Jak na wielu filmach i w ogóle, to co się słyszy, brudne strzykawki, HIV, bierzesz w żyłę coś, co może wykończyć, k..., ja wiem, może i trutkę na szczury, a potem nie wiesz, co się z tobą dzieje. Nawet pogotowie nie dojedzie. I tego się boję. Nie można osiągnąć takiego etapu (Jano).

Jednak dla większości respondentów zażywanie narkotyków nie jest jednoznaczne z uzależnieniem. Uwagę zwraca wręcz brak świadomości występowania związku pomiędzy przyjmowaniem narkotyku a możliwością uzależnienia się.

[...] wiele z tych narkotyków, które ludzie teraz biorą, nie uzależnia tak bardzo jak te dawne. No tak, „braun", crack uzależniają jak cholera, ale nie to mam na myśli. Chodzi mi o te lżejsze: marihuana, ecstasy, grzybki, LSD. One tak nie uzależniają. Jasne mają jakieś inne skutki uboczne, jak to się fachowo nazywa, ale uzależnienie się od nich nie jest jakieś strasznie szybkie. I ponieważ teraz dużo ludzi właśnie to bierze i w dodatku od czasu do czasu, imprezowo, sporadycznie, towarzysko, wakacyjnie, weekendowo itp., to nie traktuje się tego zagrożenia, że się uzależnisz, jakoś realnie. To jest w papierach, w książkach, w dokumentach, ale ludzie tego nie czytają, widzą innych, podobnych do siebie, że oni mimo wszystko funkcjonują normalnie i temu bardziej wierzą. Nie chodzi chyba o to, że ludzie nie wierzą zupełnie, że można się uzależnić, ale o to, że są przekonani, że nie zawsze i nie od wszystkiego (Filip).

O uzależnieniu można mówić dopiero wówczas, gdy konieczne staje się leczenie:

> Mi się wydaje, że z tym uzależnieniem bywa różnie. Dużo się mówi, że niektóre narkotyki nie uzależniają. Kiedyś to chyba jednak, jak ktoś był narkomanem, to wiadomo – był uzależniony, a teraz, to trudno powiedzieć. No mi jakoś narkoman to się kojarzy z kimś, kto żebrze gdzieś pod dworcem i za chwilę ma umrzeć. Nieraz tak sobie myślę, że to chyba tak jak w alkoholu, znaczy się z piciem. Tyle ludzi pije, a nie wszyscy zaraz się leczą. W sumie to nie wszyscy są alkoholikami. Mój ojciec pije sporo, matka mu wciąż mówi, że jest alkoholikiem, awantury w domu, w końcu poszła z nim do jakiejś kliniki czy lekarza, nie wiem gdzie, ale nie w szpitalu, tam mu robili jakieś badania, ale nie z krwi czy jakieś medyczne, musiał rozwiązywać jakieś łamigłówki i ten lekarz powiedział, że on nie ma parametrów alkoholika. I ja myślę, że tak samo i tu. Ja palę i to dużo, ale się nie leczę. I ja się za narkomana nie uważam, bo ja normalnie żyję. Ja nie leżę na peronie, nie biorę nic dożylnie, ja mieszkam w domu, studiuję (Jasiek).

Kolejnym dość zaskakującym wnioskiem wyłaniającym się z wypowiedzi jest przedmiot owego lęku. Otóż badani, mówiąc o negatywnych aspektach zażywania substancji psychoaktywnych, mają na myśli przede wszystkim zagrożenia prawne:

> [...] najbardziej to się boję, żeby nie nawywijać czegoś pod wpływem. Ja nieraz robię się agresywny. Boję się, że nawywijam i do tego wyjdzie, że jestem na prochach. Wiesz, to jest najgorsze, bo jesteś notowany, masz sprawę, czasami adwokat, koszty, no i jeszcze jakiś smród na uczelnię doleci (Dawid).

> Nie chcę mieć problemów z prawem. Wiesz, możesz całe życie nic nie brać, weźmiesz i akurat coś się wydarzy, potem tłumacz się, że to jeden raz. Jakieś grzywny i w ogóle, pieprzyć się z tym wszystkim, jeszcze tylko brakuje dziennikarzy w takim miejscu, jak coś się dzieje i afera na całego (Jasiek).

> Ja akurat nic nie biorę poza sporadycznym, naprawdę sporadycznym buchnięciem jakiegoś zielonego dymku, ale... No dosłownie raz na miesiąc, na dwa... Najbardziej się wkurzam, jak jestem gdzieś z kimś i jakiś kolo sobie zaaplikuje. Nie wiadomo czasami, jak to się skończy, nie dla mnie, dla niego... Potem masz policję, dochodzenie, bo np. kolo zdemolował pół pizzerii. Miałem raz taką sytuację, nawet chciałem uciec stamtąd, bo awantura była już i to jaka, ale jak człowieka zostawić. W końcu z byle czego zrobiła się awantura na pół miejscowości. Obciążyli nas kosztami. To jest najgorsze (Nastek).

> No znaczy boję się, nie, żeby jakoś bardzo, ale czasami tak mnie nachodzi, że jak będę miał naprawdę ochotę coś zapalić, ale nie zwykłą fifę, albo w ogóle, że zacznę brać coś mocnego i nie będę miał za co, to mogę zacząć kraść, że coś nawywijam, że mnie zamkną. Kryminału się boję (Dawid).

Nieco rzadziej respondenci boją się zdrowotnych konsekwencji zażywania narkotyków, choć i te wydają się istotne:

> Nie tyle się boję uzależnienia, bo to staram się kontrolować, ale że coś może mi się stać, że dostanę jakiegoś paraliżu na przykład. Wiadomo, ciśnienie wzrasta, można dostać czegoś. To mnie przeraża, ale z drugiej strony myślę, że jakbym miała coś dostać, to już bym dostała. Jak do tej pory nic się nie działo, to widocznie na mój organizm tak to nie działa (Monia).

> Boję się trochę, ze zacznie mi to szkodzić, tak naprawdę najbardziej boję się o zęby, że robią się jakieś z czarnymi rysami. Ostatnio ciągle sprawdzam w lustrze i boję się, że dentysta się zorientuje. Nie wie pani, na ile dentyści są szkoleni? No i czasami, jak mam znieczulenie u dentysty, przy plombowaniu normalnie i pyta przed znieczuleniem, czy palę i czy biorę jakieś używki, to nie wiem, co powiedzieć, bo jak skłamię i coś mi dadzą, myśląc, że ja nie biorę, a ja biorę, to może mi coś się stać. A jak mam powiedzieć: że biorę czasami narkotyki? Nie chodzi nawet o wstyd, bo to nie jest wstyd, ale pewnie zaraz pomyślą, że mam HIV-a, że AIDS i nawet nikt mnie nie przyjmie, wciągną na jakąś czarną listę... (Marla).

> Teraz jakiś czas nie palę, ale rano, jak wstaję, czuję się taki niespokojny i boję się, że znów zacznę i że jak to będzie trwało w nieskończoność, to ktoś kiedyś mnie namówi. To znaczy, że dam się namówić, skuszę się. I najgorsze jest to, że jak teraz nie biorę, to wcale nie jest OK., a myślałem, że tak będzie. I tego się boję. Nie tylko, że zacznę palić, ale najbardziej, że będę o tym wciąż myślał (Gregor).

Dezaprobata otoczenia społecznego jawi się jako najmniej ważny czynnik lękotwórczy:

> [...] teraz nie ma chyba jakiegoś takiego wstydu. Narkomani nie wyglądają tak jak kiedyś i chyba mniej się mówi, że roznoszą AIDS. Chociaż może narkoman ludziom kojarzy się nie za ciekawie, ale narkomana się widzi dopiero, jak brudny snuje się po ulicach i żebrze. A jak ktoś bierze jakieś środki i tak, że mało to widać, mało się rozpoznaje, to nie ma takiej reakcji. Chociaż myślę, że to może się zmienić. Dużo się mówi o ludziach, którzy powodują wypadki po amfetaminie. To są często ludzie nieprzystający ani do klubowiczów, w sumie do nikogo. Nie wiem, jak oni te środki traktują, ale na pewno takie historie dobrej reklamy nie robią... Zaczyna być głośno o tym, że po narkotykach dzieją się złe rzeczy. Mówi się o tym, że do wielu wypadków na drogach dochodzi nie tylko pod wpływem alkoholu, potem pokazuje się tych ludzi, którzy spowodowali taki wypadek i tu szok: nie facet, który ledwo stoi na nogach cały trzęsący się i obsikany (bo ten to niby skąd miałby samochód), a gość w garniturze albo kark jakiś. Ludzie widzą, że w sumie takim narkomanem może być każdy. Albo zaczynają widzieć, bo jednak dużo ludzi skojarzenia z narkomanem ma takie jak ze dwadzieścia, trzydzieści lat temu (Monia).

Zmieniają się i narkotyki, przychodzą różne mody, ale i sposób brania się zmienia, w ogóle ludzie inaczej na to patrzą. I dokąd stoisz na nogach, a nie leżysz na ulicy, to źle nie jest (David).

* * *

Przytoczone wyżej wypowiedzi stanowią jedynie część ciekawych wywiadów. Moim celem nie było zacytowanie wszystkich, ale jedynie zwrócenie uwagi na zachodzące przemiany, na fakt, że aktualna jeszcze do niedawna polaryzacja postaw względem substancji psychoaktywnych została wyraźnie uzupełniona o kolejne kategorie: psychostymulanty i empatogeny. Uznawane do niedawna za narkotyki twarde, ale w ostatnich latach niepoddające się jednoznacznej klasyfikacji przez młodych ludzi.

Często można spotkać się z opinią, że „narkotyki spowszedniały". Zdaniem Billa Sandersa, w wielu młodzieżowych grupach osoby, które nigdy nie zażyły narkotyku, stanowią zdecydowaną mniejszość. Trudno tym samym marginalizować występowanie narkotyków w kulturze młodzieżowej[5].

Zażywanie substancji odurzających przestało być wyróżnikiem ludzi wyalienowanych, a dla stosunkowo dużej części młodych ludzi stało się czynnością, jeśli nie niemal codzienną, to znacznie powszechniejszą, niż miało to miejsce choćby dwie dekady temu. Nie bez znaczenia jest zmiana wizerunku narkomana. Dziś trudno zgodzić się z wyrażanym pod koniec lat osiemdziesiątych stwierdzeniem Stevana P. Petrovića, że „narkomani obu płci ubierają się raczej niechlujnie i nie dbają o higienę"[6] oraz że ich styl życia od kilkudziesięciu lat nie ulega większym zmianom[7]. Nie ma też podstaw, aby mówić o czymś takim jak „środowisko narkomańskie". Większość użytkowników substancji psychoaktywnych mieści się dziś w granicach tzw. zdrowego społeczeństwa, a narkoman bardziej przypomina współczesnego konsumenta niż „degenerata".

Jedynym narkotykiem źle kojarzącym się młodym ludziom jest heroina. Trudno się nie zgodzić z niektórymi wypowiedziami – w dużej mierze takie właśnie jej postrzeganie ukształtowane zostało dzięki zakorzenionemu w świadomości społecznej wizerunkowi narkomana – „kompociarza". Groźba uzależnienia się jest bardzo odległa i w zasadzie obejmuje właśnie heroinę.

Mimo że kokaina jest środkiem równie szkodliwym, nigdy nie miała podobnego odbioru społecznego z powodu znikomego, zwłaszcza w porównaniu z polską heroiną (w ogóle heroiną), obrazu narkomana degenerata i narkotyku jako przyczyny śmierci, a także ze względu na kojarzenie jej – jak to ujął jeden z respondentów – z „blichtrem".

---

5 B. Sanders, *Young People...*, op. cit., s. 7.
6 S.P. Petrović, *Narkotyki i człowiek*, tłum. M. Fibur, Iskry, Warszawa 1988, s. 53–54.
7 *Ibidem*.

Branie narkotyków wcale nie jest jednoznaczne z uzależnieniem. Pogląd ten dotyczy przede wszystkim konopi i ecstasy, choć niekiedy i amfetaminy.

Warto podkreślić, że obraz kliniczny towarzyszący dominującym obecnie wzorom używania substancji psychoaktywnych zdecydowanie różni się od tego, który charakteryzował przez lata narkomanię opiatową w Polsce oraz innych krajach. W efekcie coraz trudniej jest definiować uzależnienie od substancji psychoaktywnych, a wśród kryteriów diagnostycznych pojawiają się niejasne wciąż kategorie zażywania: eksperymentalnego, ryzykownego, problemowego i szkodliwego, czy nadużywania.

W przypadku wielu substancji nie ma początkowo fizycznych symptomów zespołu abstynencyjnego. Osoby sięgające po narkotyki przez długi czas pełnią role społeczne, nie naruszają prawa, nie zrywają ze swym dotychczasowym środowiskiem czy miejscem zamieszkania, a ich stan nie nasuwa przypuszczeń o zachodzących niszczących procesach fizycznych, psychicznych czy społecznych.

Dominuje myślenie przyzwalające na stosowanie używek, zwłaszcza miękkich, ale nie tylko. Coraz częściej podejmowane dyskusje na temat ich legalizacji i sam fakt zalegalizowania w różnych częściach świata ukazują, że nie ma jaskrawo rysującego się zagrożenia. Ani kryteria szkodliwości, ani perspektywa czasu, w której negatywne następstwa mogłyby się pojawić, nie zawsze jest określona, nie ma więc obaw przed sięganiem po narkotyki. O ile dawniej większość z nich zażywano w celu ucieczki od otaczającej rzeczywistości, o tyle obecnie są w nią wkomponowane. Obecnie otwarcie mówi się o narkotykach, coraz rzadziej jednak o ich negatywnych skutkach. Większość rozpowszechnionych substancji utożsamiana jest z rozrywką, zabawą, relaksem, życiem codziennym, a nie, jak dawniej, z chorobą czy śmiercią. Można o nich mówić bez obaw o negatywną reakcję społeczną, bez wstydu czy poczucia winy. Zażywaniu narkotyków nie towarzyszy już marginalizacja społeczna – wręcz przeciwnie, jak twierdzą niektórzy. To dzięki pewnym środkom, np. amfetaminie, możliwe staje się osiąganie społecznie pożądanych celów: zdawanie egzaminów i robienie kariery. Młodzi ludzie nabierają przekonania, że pewne narkotyki (nie tylko pochodne konopi) stały się elementem życia codziennego, jedną z ofert, którą świat współczesny proponuje człowiekowi. Jak zauważa Świda-Ziemba, „życie bez narkotyków staje się już aktem świadomego wyboru, nie zaś zachowaniem naturalnym"[8].

Zacytowani w tym rozdziale respondenci znajdują się najczęściej „na początku" swojej „drogi narkotykowej". Część z nich być może nie wykazuje jeszcze wszystkich symptomów uzależnienia, inni są już w sidłach nałogu, lecz zazwyczaj nie zdają sobie z tego sprawy. Nie ulega wątpliwości, że zmiana społecznego postrzegania narkotyków, czy wręcz oswojenie się z nimi, nie ułatwi identyfikacji problemu.

---

8 H. Świda-Ziemba, *Młodzi w nowym świecie*, op. cit., s. 126.

Zakończenie

Wielowiekowa historia używek ukazuje, że ludzie od stuleci dążyli do osiągania odmiennych stanów świadomości, same zaś substancje spełniały różne funkcje; wpisane były zarówno w religijne, jak i świeckie elementy życia człowieka. W miarę upływu lat następowała desakralizacja substancji psychoaktywnych. O ile w kulturach tradycyjnych były one przede wszystkim częścią kultu, a ich stosowanie wiązało się ze sferą rytualną, o tyle współcześnie stały się niemal powszechnym składnikiem rzeczywistości społecznej.

Od lat powojennych narkotyki bywały czynnikiem generującym grupy młodych ludzi i stawiającym ich w opozycji nie tylko do władzy i starszego pokolenia, ale i do tych wszystkich, którym substancje odurzające były obce. Rozprzestrzenianiu się używek w kulturze masowej towarzyszyły ich stopniowa egalitaryzacja oraz oswojenie się z ich istnieniem. Nie znaczy to jednak, że rodzaj środków i model ich przyjmowania również nie podlegały istotnym przemianom. Najważniejsze zmiany dotyczą trzech obszarów: kontekstu zażywania substancji psychoaktywnych, modelu ich przyjmowania i dystrybucji.

Jak dowodzą liczne prace[1], rytualne zastosowanie substancji psychoaktywnych w społecznościach tradycyjnych było elementem kontynuowania tradycji, środkiem umożliwiającym wpisanie się w to, co pewne i trwałe, wyrazem akceptacji zastanego porządku społecznego[2]. W rozwiniętych społeczeństwach Zachodu sytuacja wyglądała odwrotnie: przez dziesięciolecia substancje psychoaktywne służyły zanegowaniu owego porządku, stały się formą ucieczki od tego, co społecznie akceptowane i utrwalane: wartości, norm i obyczajów. Bywały drogą egzystencjalnych poszukiwań, stymulatorem twórczej weny, środkiem wzmacniającym artystyczny odbiór i częścią rozrywki.

Badania nad używaniem narkotyków ukazywały je najczęściej w kontekście subkultur dewiacyjnych. Fakt ten nie dziwi, gdyż to właśnie w społeczeństwach Zachodu uległ zmianie model zażywania środków psychoaktywnych oraz poja-

---

1 R.H.Blum (ed.), *Society and Drugs: Social and Cultural Observations*, Jossey-Bass, San Francisco 1970 oraz przywołane wcześniej w mojej książce.
2 P.T. Furst (ed.), *Flesh of the Gods: The Ritual Use of Hallucinogens*, Waveland Pr Inc., Prospect Heights 1990.

wił się problem ich nadużywania; zaczęto mówić o narkomanii, a używki stały się składnikiem „czarnego" rynku.

Obserwowana dziś większa tolerancja w stosunku do zażywania narkotyków jest oznaką zachodzących zmian kulturowych. Jedną z podstawowych cech współczesnej rzeczywistości jest jej pluralizm. Tolerancja i otwartość na różne odmienności wydają się konsekwencjami kultury postmodernistycznej, która nawet jeśli stopniowo zatraca swe priorytetowe znaczenie, to z pewnością na długo ukształtowała wartości i preferowane postawy, szczególnie wśród młodych ludzi. Za zmianami stylów życia i preferencji życiowych stoją przekształcające się wartości.

Orientacja na przyjemność[3] staje się ważnym „drogowskazem". Jak stwierdza Felicjan Bylok, „konieczność doznawania przyjemności staje się społeczną normą, którą należy przestrzegać"[4]. Współczesny świat, zapewniając różne przyjemności, nie proponuje jednoznacznych kryteriów ich doboru. Marian Golka zwraca uwagę, że

> [...] dzisiaj przyjemność kojarzymy z takimi stanami i odczuciami, jak: beztroska, zadowolenie, uciecha, radość, podniecenie, odprężenie, oszołomienie, upojenie, ekstaza czy po prostu poczucie komfortu psychicznego, czyli swoistego „dobrostanu". [...] Wszystko to może być osiągane różnymi środkami, tak w zabawie, jak i – coraz częściej – poza nią[5].

Jednym z tych środków są używki. Współcześnie nie mają być, jak choćby w okresie kontrkultury, narzędziem poznania czy służyć „głębokiemu przeżywaniu rzeczywistości"; nie mają, zdaniem Clowarda i Ohlina, charakteru eskapistycznego, charakterystycznego dla narkomańskiej subkultury wycofania, ale przede wszystkim sprzyjać rozrywce, być elementem zabawy, rozumianej jako czynność swobodnie i samorzutnie wykonywaną tylko dla pozytywnego zadowolenia[6]. Narkotyki, i to nie tylko miękkie, spełniają w codziennym życiu funkcję ludyczną, jednak nie w znaczeniu rozumianym przez Huizinga. Ludyczność pojmowana jest tu nie jako gra z elementami rywalizacji pomiędzy jednostkami, która współtworzy społeczne relacje i związki[7], lecz jedynie jako chęć rozrywki, zabawy, miłego spędzenia czasu.

---

3 F. Bylok, *Orientacja na przyjemność w zachowaniach konsumentów*, „Konsumpcja i Rozwój" 2012, nr 1 (2).
4 *Ibidem*, s. 50.
5 M. Golka, *Przyjemność i zblazowanie* [w:] J. Grad, H. Mamzer, *Kultura przyjemności. Rozważania kulturoznawcze*, Wyd. Nauk. UAM, Poznań 2005, s. 41.
6 F. Znaniecki, *Ludzie teraźniejsi a cywilizacja przyszłości*, PWN, Warszawa 1974, s. 259–260.
7 Por. J. Huizinga, *Homo ludens. Zabawa jako źródło kultury*, tłum. M. Kurecka, W. Wirpsza, Czytelnik, Warszawa 1998.

Można więc zauważyć, że współczesny model zażywania substancji psychoaktywnych wyraźnie koliduje z rozpowszechnianymi przez lata poglądami, że „każde pokolenie potrzebowało jakichś środków chemicznych, by radzić sobie z życiowymi problemami"[8]. Młodzi ludzie zażywający narkotyki dla rozrywki, a taki właśnie model dziś przeważa, traktują je zazwyczaj jako przejściową i wyraźnie eksperymentalną fazę w życiu. Owa chęć eksperymentowania podyktowana jest zarówno ich wiekiem i wynikającymi z niego „przywilejami": brakiem obaw o własne zdrowie i życie, związanym z silnym mechanizmem izolowania od siebie zagrożeń, uleganiem najbliższemu środowisku czy chęcią przeżywania ekstremalnych doznań. Obecnie narkotyki wydają się zaspokajać w znacznie większym stopniu potrzeby konsumpcyjne niż egzystencjalne. Co ciekawe, są środkami uniwersalnymi: sprawdzają się też na innej płaszczyźnie – płaszczyźnie codzienności. Ich zażywanie nie koliduje, zdaniem respondentów, z którymi rozmawiałam w latach 2005–2006, z normami życia społecznego ani z czynnościami powszednimi. Podobny obraz używek stworzyli niektórzy ponowocześni twórcy filmowi, dziennikarze czy autorzy książek.

Niestety większość wypowiedzi i medialnych obrazów odnosi się do pierwszej fazy uzależnienia od narkotyków i powoduje powstanie złudzenia ich nieszkodliwości.

Presja czasu charakteryzująca nasze życie doskonale koresponduje z szybkością efektów dostarczanych przez używki. Środki zmieniające świadomość wpisują się w panującą kulturę natychmiastowości. Jak pisze Melosik,

[...] w konsekwencji życie wielu ludzi zamienia się w nieustanną pogoń za ekstremalnymi doznaniami – maksymalizacja wrażeń zdaje się być w tym kontekście „codziennym obowiązkiem[9].

Szczególna rola przypada tu psychostymulantom, których popularność w ostatnim czasie wydaje się „kulturowo usprawiedliwiona".

Dezaktualizacji uległy też koncepcje osadzające narkotyki głównie w grupach subkulturowych[10], i to nie tylko dlatego, iż subkultur już nie ma, ale przede wszystkim z uwagi na to, że zażywanie substancji odurzających coraz częściej postrzegane jest jako standardowa forma zachowania się ogółu ludzi młodych.

---

8 R. Davenport-Hines, *Odurzeni...*, op. cit., s. 368.
9 Z. Melosik,*Mass media, tożsamość i rekonstrukcje kultury współczesnej*, s. 36, http://edunet. amu.edu.pl/mae2012/04_Melosik_2012.pdf, dostęp: 30.01.2014.
10 H. Parker, L. Williams, J. Aldridge, *The Normalization of 'Sensible' Recreational Drug Use: Further Evidence from the North West England Longitudinal Study*, "Sociology" 2002, 36 (4), s. 941–964.

Wszystko to wskazuje, że zmieniło się miejsce narkotyków na kulturowo-społecznej mapie, a w konsekwencji wykształciło całkowicie błędne przekonanie, iż biorąc narkotyki, można należeć do społeczności ludzi niebiorących[11].

Rozpowszechniony obecnie model zażywania doskonale wpisał się w trendy kultury popularnej, która niektóre substancje psychoaktywne ukazuje jako powszechny i uzasadniony element kultury, a wkrótce być może nawet suplement codziennej diety. Nie wszyscy młodzi sięgający po środki odurzające zdają sobie jednak sprawę z tego, że tak często przekazywany w mediach pozytywny wizerunek narkotyków nie zmniejsza ich szkodliwości, ale jedynie ją maskuje.

---

11 Por. H. Świda-Ziemba, *Młodzi w nowym świecie*, op. cit.

Informacje na temat najczęściej zażywanych narkotyków[1]

Środki o działaniu przeciwbólowym i uspokajającym – pochodne opium

Opium jest substancją otrzymywaną przez wysuszenie soku mlecznego pozyskiwanego z niedojrzałych makówek maku lekarskiego (*Papaver somniferum*). Zawiera około 40 alkaloidów, do głównych zaś należą: morfina 3–23%, narkotyna 5%, kodeina 0,2–6%, papaweryna 1% i tebaina.

Morfina jest organicznym związkiem chemicznym z grupy alkaloidów. Wchodzi w skład opium i jest jego najistotniejszym składnikiem psychoaktywnym. W stanie czystym jest białą substancją stałą, o gorzkim smaku, słabo rozpuszczalną w wodzie. Ma działanie narkotyczne (odurzające), przeciwbólowe, przeciwkaszlowe, przeciwbiegunkowe, działa depresyjnie na ośrodkowy układ nerwowy. Hamuje perystaltykę jelit; prowadząc do zaparć, wzmaga napięcie pęcherza i innych narządów z mięśni gładkich. Nadmierne dawki mogą prowadzić do śpiączki i niewydolności oddechowej. Kilkunastokrotne użycie morfiny prowadzi do uzależnienia fizycznego, a uzależnienie psychiczne może wystąpić nawet po kilkukrotnym zastosowaniu. W wyniku zażywania morfiny powstaje tolerancja i rozwija się zespół abstynencyjny. Morfina zaburza większość procesów zachodzących w organizmie, a w przypadku niepodjęcia leczenia odwykowego prowadzi do śmierci.

Heroina (diacetylomorfina, diamorfina) – organiczny związek chemiczny, półsyntetyczny opioid, otrzymywany w wyniku acetylacji wyodrębnionej z opium morfiny. W postaci czystej jest białą, sypką, bezwonną substancją o gorzkim smaku. Dzięki grupom acetylowym heroina szybciej niż morfina przechodzi przez barierę krew – mózg. Jest bardzo silnym środkiem narkotycznym, który powoduje euforię i błogostan. U stosujących ją osób prowadzi do rozwinięcia się uzależnienia psychicznego i fizycznego. Może być stosowana dożylnie, donosowo w postaci tabaki lub palona: odurzanie polega na wdychaniu

---

[1] Na podstawie: I. Niewiadomska, P. Stanisławczyk, *Narkotyki. Uzależnienia. Fakty i mity*, Wyd. KUL, Lublin 2004; P. Robson, *Narkotyki*, op. cit.; A. Hofmann, *LSD...*, op. cit.; J. Zientkowski, *Narkomania i przestępczość z nią związana*, Szkoła Policji w Pile, Piła 2008.

oparów podgrzewanej heroiny. Najczęściej stosowane są: *brown (sugar)* – tania, lecz zanieczyszczona odmiana heroiny, tzw. kompot, czyli „polska heroina" otrzymywana ze słomy makowej, i „czysta" heroina – wysoko przetworzona substancja o kolorze białym, niekiedy beżowym, o dużej zawartości heroiny i wysokiej cenie. Siła i czas działania heroiny zależą od drogi jej podania do organizmu. Działając na organizm człowieka, znosi odczuwanie bólu, wywołuje euforię, senność i poczucie „błogiej obojętności". Heroina wpływa depresyjnie na ośrodkowy układ nerwowy, w szczególności oddechowy, znosi napięcie mięśniowe, spowalnia perystaltykę żołądka i jelit, powoduje utratę apetytu, kurczy zwieracze, działa antydiuretycznie. Wiele skutków negatywnych zażywania heroiny związanych jest nie tylko ze szkodliwością samego środka, ale i możliwością wstrzyknięcia zagrażających zdrowiu i życiu zanieczyszczeń, brakiem zachowania wymogów sterylności, interakcji w przypadku zażywania innych leków czy używek. Przedawkowanie często prowadzi do śmierci.

Środki pobudzające (i euforyzujące) – psychostymulanty

Amfetamina jest organicznym związkiem chemicznym. Pochodzi z grupy syntetycznych środków chemicznych, do których należą też metyloamfetamina, metamfetamina oraz deksamfetamina. Dziś jej najczęściej spotykaną formą jest wodorek d-metyloamfetaminy. Amfetamina może mieć postać proszku, który w zależności od stopnia zanieczyszczenia ma kolor biały, lekko różowy, jasnożółty. Poza odmianą jasnożółtą amfetamina jest bezzapachowa, jej smak zaś określany jest jako gorzko-cierpki. Amfetamina może też przyjmować postać białawo-bezbarwnych kryształków i ta jej odmiana przeznaczona jest do palenia. Jej działanie polega na wzmaganiu przekaźnictwa noradrenergicznego i dopaminergicznego. Amfetamina jest środkiem silnie uzależniającym. Krótkotrwały, lecz bardzo natężony przypływ euforii wywoływany jest przez przyjęcie narkotyku drogą dożylną – wstrzyknięcie lub palenie i wdychanie oparów. Słabszy efekt powstaje przez przyjęcie doustne oraz wciągnięcie przez nos. Osoba będąca pod wpływem amfetaminy zazwyczaj odczuwa nagły przypływ energii, euforię, ogromną poprawę nastroju. Narkotyk ten wyzwala bezsenność, chęć aktywnego działania przy jednoczesnym braku realizmu i krytycyzmu. Przedawkowanie amfetaminy zwykle doprowadza do tachykardii, uszkodzenia naczyń mózgowych i udarów mózgu. Najczęstszą przyczyną śmierci po przedawkowaniu jest paraliż mięśni oddechowych. W wyniku tego następuje uduszenie się lub zatrzymanie akcji serca wskutek arytmii lub zawału. Najczęstszymi powikłaniami są mikrowylewy. Niewielka część osób popełnia samobójstwo w następstwie psychozy amfetaminowej. Poza oryginalną amfetaminą

(benzedryną) pojawiła się także deksamfetamina (deksedryna), dwa razy od niej mocniejsza. Japoński chemik Akira Ogata w 1919 roku uzyskał metylamfetaminę (metedrynę lub desoxyn) o podwójnej mocy deksedryny (375).
Kokaina, czyli wodorotlenek kokainy, wytwarzana jest z liści rośliny koka. Kokaina w postaci soli jest białym lub żółtawym proszkiem. Podana ogólnie charakteryzuje się silnym działaniem pobudzającym, natomiast podana miejscowo – wykazuje właściwości znieczulające. Najpowszechniejszą metodą przyjmowania kokainy jest wciąganie jej przez nos (w Ameryce Południowej rozpowszechnione jest również wciąganie przez usta), gdzie szybko jest wchłaniana przez śluzówkę, co z kolei wpływa na ośrodki przyjemności w mózgu. Nie mniej rozpowszechnioną metodą (głównie za sprawą niskiej ceny) jest palenie narkotyku. W ten sposób przyjmowana jest zazwyczaj najtańsza i uznana za najbardziej uzależniającą postać kokainy, zwana crackiem (ze względu na dźwięki powstające podczas palenia). Crack, występujący pod postacią małych białych kryształków, najczęściej jest produkowany z pasty kokainowej z domieszką węglanu wapnia i amoniaku. Siła działania tego środka jest około 20 razy większa od czystej kokainy, a efekt narkotyczny następuje już w ciągu kilkunastu sekund od zażycia. Rezultat działania cracku jest bardzo krótki (maksymalnie ok. 30 min): silnie euforyczny nastrój przechodzi w dysforię, a to z kolei wymaga zażycia kolejnej dawki. W związku z tym używanie cracku łączy się z dużym niebezpieczeństwem ciężkiego zatrucia. Najmniej popularna forma tego narkotyku to pasta kokainowa, która jest pierwotnym produktem w procesie otrzymywania kokainy z liści koki. Na siłę efektów wpływa ilość przyjętej dawki. Kokaina jest niekiedy wstrzykiwana lub przyjmowana doustnie, lecz jej działanie jest wtedy słabsze. Narkotyk ten wpływa dodatnio na poziom dopaminy – odpowiedzialnej za ośrodki przyjemności w mózgu. Powoduje stan euforii, zwiększa poczucie pewności siebie, pobudzenie psychomotoryczne, likwiduje objawy zmęczenia, zmniejsza potrzebę snu i odczuwanie lęku. Mogą jednak wystąpić niepokój, urojenia, a nawet symptomy psychozy. Kokaina zaburza pracę serca, powoduje wzrost ciśnienia krwi, niekiedy temperatury ciała, wywołuje tachykardię. Istnieje też niebezpieczeństwo wystąpienia psychozy pokokainowej, depresji wraz z próbami samobójczymi, dolegliwości ze strony górnych i dolnych dróg oddechowych, układu krążenia. U kobiet zażywających kokainę występują trudności z donoszeniem ciąży. Znaczący jest też odsetek umieralności noworodków matek zażywających kokainę. Kokaina jest substancją bardzo silnie uzależniającą.

Empatogeny

Ecstasy (3,4-Metylenodioksymetamfetamina, MDMA) – organiczny związek chemiczny, półsyntetyczna substancja psychoaktywna otrzymywana z safloru, ekstrahowanego z owoców, kory i korzenia sassafrasu. MDMA ma postać białoszarego krystalicznego proszku. Substancja ta sprzedawana jest najczęściej w postaci kapsułek, tabletek, pastylek. MDMA wykazuje działanie empatogenne, euforyczne i psychodeliczne. Prowadzi do rozluźnienia napięcia mięśniowego i zniesienia uczucia strachu. Wywołuje też niespotykane wśród innych narkotyków uczucie empatii, ułatwia nawiązywanie kontaktów z innymi ludźmi, wyrażanie emocji, powoduje otwartość na innych, serdeczność i pozytywne nastawienie. Intensyfikuje odbiór bodźców zewnętrznych, szczególnie słuchowych i dotykowych, dzięki czemu fizyczny kontakt z drugim człowiekiem oceniany jest jako przyjemniejszy. Skutki uboczne obejmują: podniesienie ciśnienia, przyspieszenie pulsu, suchość w ustach, omamy. Szczególnie niebezpieczne jest przyjmowanie MDMA przez osoby cierpiące na choroby układu krążenia. MDMA może wywołać kończące się śmiercią migotanie komór serca także u osób zdrowych. Przyjmowanie tej substancji zwiększa prawdopodobieństwo wystąpienia choroby Parkinsona. Szybko występuje tolerancja na efekty psychoaktywne, uniemożliwiając osiągnięcie oczekiwanego działania MDMA przy normalnej dawce substancji. Następnego dnia po zażyciu MDMA najczęściej pojawiają się zawroty głowy, mdłości, obniżony nastrój, senność, a niekiedy rozdrażnienie.

Środki psychodeliczne i halucynogenne

LSD (Dietyloamid kwasu D-lizergowego, LSD-25) – organiczny związek chemiczny, pochodna ergoliny, jedna z najaktywniejszych substancji psychodelicznych. Środek jest białym proszkiem pozbawionym smaku, występuje też jako bezbarwny płyn. Najczęściej sprzedawany jest w postaci papierków nasączonych owym płynem. Środek jest wchłaniany w całości z przewodu pokarmowego, w związku z czym przyjmowany jest doustnie. Choć do mózgu dociera niewielka część przyjętej dawki, psychiczne efekty działania środka utrzymują się przez kilkanaście godzin. LSD wywołuje procesy neurochemiczne zachodzące pomimo dezaktywacji substancji w organizmie. Narkotyk ten powoduje głębokie zmiany w percepcji zmysłowej, w nastroju, sprawności intelektualnej oraz w sposobie myślenia i przeżywania emocji. Pod wpływem LSD dochodzi do wyostrzenia zmysłów: wzroku, smaku, słuchu i dotyku. Dominuje poczucie oderwania od rzeczywistości, niekiedy depersonalizacji. Szczególny wpływ na charakter doznań ma stan emocjonalny, w jakim człowiek się znajduje. Stąd niebezpieczeństwo przeżywania przez użytkowników negatywnych doświadczeń, włącznie z atakami psychozy. Fizyczne reakcje na LSD są bardzo różne, jednak najczęściej występują: gorączka, podniesiony poziom cukru we krwi, mdłości, dreszcze, tachykardia, nadprodukcja śliny, pocenie się, rozszerzenie źrenic, bezsenność, parestezje, drgawki i synestezja. LSD jest środkiem, który nie powoduje uzależnienia fizycznego.

Meskalina – organiczny związek chemiczny, występuje naturalnie przede wszystkim w niektórych kaktusach: Peyotlu (*Lophophora williamsii*), San Pedro (*Echinopsis pachanoi*) oraz *Echinopsis macrogona* i *Trichocereus bridgesii*, jak również w roślinach z rodziny bobowatych. Peyotl może być spożywany na surowo lub w postaci brązowych krążków – suszonych owoców. Syntetyczna meskalina występuje w postaci białego krystalicznego proszku, tabletek lub kapsułek. Środek ten może być połykany, palony łącznie z marihuaną lub tytoniem, wąchany oraz przyjmowany w wyniku iniekcji. Objawy są podobne jak po zażyciu innych środków halucynogennych, możliwe psychozy.

Grzyby halucynogenne (grzyby psylocybinowe) zawierają związki, głównie psylocybinę i psylocynę, wywołujące zaburzenia percepcji: zmiany dotyczą przede wszystkim odbioru czasu, koloru, dźwięku i przestrzeni. Osoby sięgające po grzyby doświadczają omamów wzrokowych i słuchowych. Zmieniają postrzeganie siebie. Ogół wrażeń określany jest mianem doświadczenia psychodelicznego. Mogą być spożywane zarówno w postaci świeżej, jak i po wysuszeniu (znacznie mocniejsze). Najczęściej spożywane są w postaci herbatki, dodawane do różnych potraw, głównie w celu zneutralizowania smaku i ciężkostrawności. Po spożyciu grzybów halucynogennych i pojawieniu się efektów nie ma możliwości przerwania ich dalszego działania. Ilość związków aktywnych jest zróżnicowana w poszczególnych okazach. Efekty wywoływane przez grzyby psylocybinowe zależą od wielu czynników, np. gatunku grzyba, skonsumowanej dawki, masy ciała i spożytych wcześniej pokarmów, dawki, indywidualnej wrażliwości na psylocybinę, a także wcześniejszych doświadczeń z innymi narkotykami. Wśród rezultatów zażycia grzybów wymieniane są: poczucie zrelaksowania, niekontrolowanej wesołości, euforii, depersonalizacji, poczucia „jedności ze światem", ale także nieprzyjemne doznania: omamy o przerażającej treści, uczucie paniki, przerażenia, chęć ucieczki. Może pojawiać się też uczucie zmęczenia i brak koordynacji ruchowej. Bardzo często występują wymioty, bóle mięśni, drgawki, bóle brzucha, rozszerzenie źrenic, wzrost ciśnienia krwi, tachykardia. Grzybki stosowane są przede wszystkim eksperymentalnie, a ich długotrwałe używanie występuje bardzo rzadko. Nie powodują wystąpienia uzależnienia fizycznego, a psychiczne – niezwykle rzadko. Zażywanie grzybów wiąże się głównie z ryzykiem pogorszenia zdrowia psychicznego. Mogą wywoływać one napady lęku, przerażenia, paniki, uczucia depersonalizacji; stan może trwać nawet do kilku miesięcy. Zażywanie grzybów może prowadzić do uaktywnienia ukrytych zaburzeń osobowości. Są szczególnie niebezpieczne w przypadku łączenia z innymi środkami psychoaktywnymi lub z alkoholem. Niebezpieczeństwo związane jest też z faktem, że grzyby halucynogenne bywają przez zbieraczy mylone z innymi, podobnie wyglądającymi – trującymi. Termin „grzyby halucynogenne" odnosi się zwykle do grzybów psylocybinowych (zawierających psylocybinę i psylocynę), ale obejmuje też muchomory zawierające inne składniki, choć prowadzące do stanów delirycznych i halucynacji

Pochodne konopi

Marihuana pochodzi z suszu młodych liści i kwitnących żeńskich kwiatów – szczytów konopi indyjskich (*Cannabis indica*) i konopi siewnych (*Cannabis sativa*). W marihuanie znajduje się kilkadziesiąt aktywnych biologicznie substancji, a do najbardziej powszechnych zalicza się THC, czyli tetrahydrokanabiole (kanabidoidy). Poszczególne rośliny i filtraty różnej jakości mają inną zawartość THC, a proces przygotowania narkotyku, jak również sposób jego przyjmowania wpływa na jego ilość występującą w dawce. Marihuana w postaci sproszkowanej lub zrolowanej jest przeznaczona do palenia w skrętach, fajkach lub fifkach. Bywa spożywana doustnie: zjadana, podawana w formie naparu. Do najczęstszych efektów użycia należą: relaksacja, rozluźnienie, wesołość, niekiedy wyostrzona intensywność doznań zmysłowych, szczególnie słuchowych i wzrokowych. U wszystkich palaczy występuje wzmożony apetyt, szczególnie na słodycze, rozszerzone źrenice i przekrwione spojówki. Według niektórych użytkowników wpływa na podniesienie samooceny. Przy zwiększonych dawkach, osobniczej reakcji organizmu i długotrwałym używaniu mogą pojawić się: niezborność ruchów, silna sedacja, zaburzenie koordynacji, suchość w ustach, wzrost apetytu, jak również „syndrom amotywacyjny", polegający na osiągnięciu stanu ciągłej bierności.

Haszysz to substancja otrzymywana ze zlepionej i sprasowanej żywicy konopi indyjskich (*Cannabis sativa indica*) bądź siewnych (*Cannabis sativa sativa*), bogatych w substancję psychoaktywną THC. Haszysz formuje się w postać chlebków, bloków lub walców. Najczęściej jest palony z tytoniem w formie skrętów (jointów) lub specjalnych fajek wodnych. Bywa też używany do wyrabiania słodyczy (ciasteczek), powideł i masełka. Objawy zażywania krótkotrwałego są podobne do występujących w przypadku marihuany. Długotrwałe zaś przyjmowanie skutkuje drażliwością, wyczerpaniem, osłabieniem pamięci, nieżytem nosa. Mogą też wystąpić psychozy. Haszysz powoduje przede wszystkim uzależnienie psychiczne, a zespół abstynencyjny objawia się wzmożoną aktywnością, bezsennością, brakiem apetytu, drażliwością.

Skuny

Są to narkotyki na bazie marihuany, zawierające jednak inne substancje psychoaktywne: amfetaminę i jej pochodne, środki halucynogenne, np. rodzimy bieluń, ponadto śladowe ilości opiatów. Skuny stały się odpowiedzią na zapotrzebowanie rynku, dostarczając towar szybko i skutecznie uzależniający, dający ogromne zyski dilerom, stwarzający pozory nieszkodliwości.

Substancje wziewne

To substancje, w przypadku których wdychanie oparów jest jedyną drogą dostarczania środka do organizmu. Wdychanie odbywa się przez usta, a nie przez nos. Najczęściej wdychane są produkty codziennego użytku, zawierające takie substancje, jak: benzen, ksylen, aceton, toluen, benzyna. Substancje te szybko docierają do mózgu, część z nich jest wydychana, większość rozkłada się w wątrobie. Zaburzają pracę wszystkich układów, niszcząc komórki bez możliwości ich regeneracji. Konsekwencją przedawkowania bywa nagła śmierć.

Leki

Niektóre leki stosowane są jako narkotyki, zwłaszcza że działanie narkotyczne wykazują czasami w dawkach medycznych. Leki te bywają najczęściej nadużywane. W latach sześćdziesiątych XX wieku wielu narkomanów uzależnionych od opiatów wstrzykiwało sobie barbiturany dożylnie, co nierzadko prowadziło do śmierci. Dekadę później spadła liczba osób zażywających barbiturany, ponieważ doszło do popularyzacji innej grupy leków, nazywanych benzodiazepinami. W ostatnich latach szczególnym powodzeniem wśród osób uzależnionych (bądź eksperymentujących z narkotykami) cieszą się dwa preparaty:
– Oxycontin (Oxycodonum) – organiczny związek chemiczny, pochodna kodeiny, silny opioidowy lek przeciwbólowy zsyntetyzowany z tebainy. Oksykodon, jak prawie każdy lek opioidowy, stosowany jest jako narkotyk (głównie w USA, Kanadzie i Australii). Jego działanie podobne jest do działania morfiny i heroiny. Odnotowuje się wiele przypadków śmiertelnych po zażyciu

oksykodonu, często po podaniu równocześnie leków uspokajających, np. benzodiazepiny i alkoholu;
- Ritalin – czyli Metylofenidat (MPH) jest organicznym związkiem chemicznym, lekiem o działaniu stymulującym z grupy fenetylamin. Metylofenidat działa stymulująco na ośrodkowy układ nerwowy, jednak paradoksalnie wykazuje działanie uspokajające u osób chorych na ADHD. Z powodu swoich odurzających właściwości Metylofenidat bywa nadużywany. Palony i wciągany do nosa w dużych dawkach, ma działanie euforyczne, zbliżone do amfetaminy, co może przyczyniać się do uzależnienia psychicznego.

Bibliografia

Abbott P., Chale D.M., *Culture and Substance Abuse: Impact of Culture Affects Approach to Treatment*, http://www.psychiatrictimes.com/articles/culture-and-substance-abuse-impact-culture-affects-approach-treatment#sthash.99xdEiX8.dpuf, dostęp: 20.12.2013.

Adlaf E.M., Smart R.G., *Party Subculture or Dens of Doom? An Epidemiological Study of Rave Attendance and Drug Use Patterns Among Adolescent Students*, "Journal of Psychoactive Drugs" 1997, 29 (2), 193–198.

Allen J.W., *María Sabina: Saint Mother of the Sacred Mushrooms*, "Ethnomycological Journals Sacred Mushroom Studies" 1997, 1, 1–28.

Allen J.W., *Teonanácatl: Ancient and Contemporary Mushroom Names of Mesoamerica and Other Regions of the Word*, "Ethnomycological Journals Sacred Mushroom Studies" 1997, 3, 1–47.

Allen J.W., *Wasson's First Voyage: The Rediscovery of Entheogenic Mushrooms*, "Ethnomycological Journals Sacred Mushroom Studies II" 1997, 2, 1–30.

Allen J.W., *The Aztecs and the Sacred Mushrooms*, Part I, "Shroomtalk Magazine", 1 (1), 10, http://www.mushroomjohn.org/aztec1.htm, dostęp: 21.12.2013.

Amsterdam Tourist Cannabis Ban Rejected by Mayor, BBC News Europe, 1 November 2012, http://swiat.newsweek.pl/ibiza--raj-w-pigulce,9849,1,1.html, dostęp: 3.06.2013.

Anthony G., *Summer of Love: Haight-Ashbury at Its Highest*, Last Gasp, San Francisco 1995.

Barrow S., Dalton P., *The Rough Guide to Reggae*, Rough Guides/Penguin, London 2001.

Baudelaire C., *Wino i haszysz: (sztuczne raje): analekta z pism poety*, tłum. B. Wydżga, E. Wende i S-ka, Warszawa 1926.

Bellis M.A., Hale G., Bennett A., Chaudry M., Kiłtoyle M., *Ibiza Uncovered: Changes in Substance Use and Sexual Behaviour Amongst Young People Visiting an International Night-Life Resort*, "International Journal of Drug Policy" 2000, 11, 235–244.

Benetowa S., *Konopie w wierzeniach i zwyczajach ludowych*, Towarzystwo Naukowe Warszawskie, Warszawa 1936.

Bernat S. (red.), *Dźwięk w krajobrazie jako przedmiot badań interdyscyplinarnych*, Instytut Nauk o Ziemi UMCS, Komisja Krajobrazu Kulturowego PTG, Lublin 2008.

Blom J.D., *A Dictionary of Hallucinations*, Springer; 2010 edition, http://link.springer.com/book/10.1007%2F978-1-4419-1223-7, dostęp: 10.01.2014.

Blum R.H. (ed.), *Society and Drugs. Social and Cultural Observations*, Jossey-Bass, San Francisco 1970.

Brecher E.M. and the Editors of Consumer Reports Magazine, Freud (1884–1888), „The Disasterous "Cocaine Episode", fragment pochodzi z: The Consumers Union Report on Licit and Illicit Drugs (rozdział 35), http://www.psychology.sunysb.edu/ewaters/345/1_2009_freud/cocaine_episode.pdf, dostęp: 10.08.2013.

Brink van den W., *Heroin in Amsterdam*, "Jellinek Quarterly" 1996, 3 (4), 6–7.

Burroughs W.S., *Naked Lunch*, Olympia Press (Europe), Grave Press (U.S.), 1959.

Bylok F., *Orientacja na przyjemność w zachowaniach konsumentów*, „Konsumpcja i Rozwój" 2012, nr 1 (2), s. 48–60.

Castaldo G., *Ziemia obiecana. Kultura rocka 1954–1994*, tłum. J. Uszyński, Znak, Kraków 1997.

Cocteau J., *Opium – dziennik z kuracji odwykowej [Opium. Journal d'une desinotoxication*, 1930], tłum. R. i A. Nowakowie, WL, Kraków 1990.

Cohen E., *Towards a Sociology of International Tourism*, "Social Research" 1972, 39, 164–182.

Collin M., *Odmienny stan świadomości. Historia kultury ecstasy i acid house [Altered State: The Story of Ecstasy Culture and Acid House*, 1998], tłum. M. Bugajska, Muza, Warszawa 2006.

Collins W., *Kamień księżycowy [The Moonstone*, 1868], tłum. W. Komarnicka, Iskry, Warszawa 1960.

Crowley A. (translat.), *The Poem of Hashish*. Part III: *The Herb Dangerous*, "The Equinox" 1910, vol. I, no. III, March [Privately published, London].

Dangerous Drugs Act 1920, http://www.ncbi.nlm.nih.gov/pmc/articles/PMC2315807/, dostęp: 23.10.2013.

D'Andrea A., *Global Nomads: Techno and New Age as Transnational Countercultures in Ibiza and Goa*, Routledge, London 2007.

Davenport-Hines R., *Odurzeni. Historia narkotyków 1500–2000*, tłum. A. Cioch, W.A.B., Warszawa 2006.

Degenhardt L., Copeland J., Dillon P., *Recent Trends in the Use Of 'Club Drugs': An Australian Review*, "Substance Use & Misuse" 2005, 40 (9–10), 1241–1256.

Dick P.K., *The Three Stigmata of Palmer Eldritch*, Doubleday, New York 1965.

Dillon P., Degenhardt L., *Ketamine and GHB: New Trends in Club Drug Use?*, "Journal of Substance Use" 2001, 6, 11–15.

Dobkin de Rios M., Rumrrill R., *A Hallucinogenic Tea, Laced with Controversy: Ayahuasca in the Amazon and the United States*, Praeger Publisher, Westport 2008.

Dobrzycki W., *System międzyamerykański*, Scholar, Lublin 2002.

„Dossier Pédagogique", Du 7 au 16 Septembre 2013, http://www.foire-de-clermont.com/pdf/enseignants/2013/dossier%20pedago%202013.pdf, dostęp: 7.01.2014.

Dunlap J., *Exploring Inner Space: Personal Experiences under LSD 25*, Ilium Books, Somerville 1961.

Durkheim É., *Elementarne formy życia religijnego*, tłum. A. Zadrożyńska, PWN, Warszawa 1990.

Dybeł K., Marczuk B., Prokop J., *Historia literatury francuskiej*, PWN, Warszawa 2005.

Eisenstadt S.N., *Von Generation zu Generation. Altersgruppen und Sozialstruktur* [w:] H.M. Kriese, *Socjologiczne teorie młodzieży. Wprowadzenie*, Impuls, Kraków 1996.

Eisner B. (Author), Stafford P. (Introduction), Krippner S. (Foreword), *Ecstasy: The MDMA Story*, Ronin Publishing, Richmond 1993.
Erdmann M., *The Spiritualization of Science, Technology, and Education in a One-World Society*, "Forcing Change" 2011, 5 (1).
Erspamer V. et al., *The Opioid Peptides of the Amphibian Skin*, "International Journal of Developmental Neuroscience" 1992, 10, 3–30.
Erspamer V. et al., *Pharmacological Studies of "Sapo" from the Frog Phyllomedusa Bicolor Skin: A Drug Used by the Peruvian Matses Indians in Shamanic Hunting Practices*, "Toxicon" 1993, 31, 1099–1111.
F.Ch. [Felscherinow Christiane V.], *My, dzieci z dworca ZOO* [*Wir Kinder vom Banhof ZOO*, 1979], z zapisu magnetofonowego podali do dr. K. Hermann i H. Rieck, tłum. R. Turczyn, Iskry, Warszawa 1987.
Fachner J., *Jazz, Improvisation and a Social Pharmacology of Music*, "Music Therapy Today" 2003, IV (3), http://musictherapyworld.net, dostęp: 10.12.2013.
Fatyga B., *Dzicy z naszej ulicy. Antropologia kultury młodzieżowej*, Wyd. ISNS UW, Warszawa 1999.
Fatyga B., Sierosławski J., *Uczniowie i nauczyciele o stylach życia młodzieży i narkotykach*, ISP, Warszawa 1999.
Fatyga B., Rogala-Obłękowska J., *Style życia młodzieży gimnazjalnej a narkotyki*, ISP, Warszawa 2002.
Fernandez H., Libby T.A., *Heroin: Its History, Pharmacology, and Treatment. The Library of Addictive Drugs*, Hazelden Center City, Hazelden 2011.
Filan K., *The Power of the Poppy: Harnessing Nature's Most Dangerous Plant Ally*, Park Street Press, Toronto 2011.
Fischer R., *Why and How did Mystical Rapture Become Extinct? The Story of its Glory and Postmodern Demise*, "Social Neuroscience Bulletin" 1993, 6 (3), 38–39.
Forsyth A.J.M., Barnard M., McKeganey N.P., *Musical Preference as an Indicator of Adolescent Drug Use*, "Addiction" 1997, 92 (10), 1317–1325.
Franklin J., *The World's First Cocaine Bar*, "The Guardian" 2009, August 19.
Freud S., *Über Coca* [reprint oryginału z 1885 roku], EOD Network, 2012.
Frey J., *Milion małych kawałków* [*A Million Little Pieces*, 2004], tłum. P. Gołębiowski, G+J Gruner+Jahr Polska, cop., Warszawa 2006.
Fritz J., *Rave Culture: An Insider's Overview*, Small Fry Press, Canada 1999.
Furst P.T. (ed.), *Flesh of the Gods: The Ritual Use of Hallucinogens*, Waveland Pr Inc., Prospect Heights 1990.
Furst P.T., *Hallucinogens and Culture*, Chandler and Sharp, Novato 1990.
Gable R.S., *Acute Toxic Effects of Club Drugs*, "Journal of Psychoactive Drugs" 2004, 36 (1), 303–313.
Gartz J., *New Aspects of the Occurrence, Chemistry and Cultivation of European Hallucinogenic Mushrooms*, Supplemento agli Annali dei Musei Civici di Rovereto Sezione Archeologica, "Storia e Scienze Naturali" 1992, 8.
Garewicz J., *Pokolenie jako kategoria socjofilozoficzna*, „Studia Socjologiczne" 1983, nr 1, s. 75–87.

Gartz J., *Magic Mushrooms Around the World: A Scientific Journey Across Cultures and Time – The Case for Challenging Research and Value Systems*, Knockabout Comics, Lis Publications, Los Angeles 1997.

Ginsberg A., *Howl and Other Poems*, City Lights Publisher, San Francisco 2001.

Golka M., *Przyjemność i zblazowanie* [w:] J. Grad, H. Mamzer (red.), *Kultura przyjemności. Rozważania kulturoznawcze*, Wyd. Nauk. UAM, Poznań 2005.

Gootenberg P. (commentary by Julio Cobler), *Between Coca and Cocaine: A Century or More of U.S.– Peruvian Drug Paradoxes 1860–1980*, "Working Papers of the Latin American Program of the Woodrow Wilson International Center for Scholars" 2001, 251, http://www.wilsoncenter.org/sites/default/files/gootenberg-wp251.pdf, dostęp: 5.05.2013.

Grinspoon L., Bakalar J., *Cocaine, a Drug and Its Social Evolution*, Basic Books, Inc., Publishers, New York 1976.

Grof S., *LSD Psychotherapy*, Hunter House, Pomona 1980.

Grof S., *Poza mózg. Narodziny, śmierć i transcendencja w psychoterapii* [*Beyond the Brain: Birth, Death, and Transendence in Psychotherapy*, 1985], tłum. I. Szewczyk, Wyd. A, Kraków 1999.

Grof S., *Przygoda odkrywania samego siebie: wymiary świadomości. Nowe perspektywy w psychoterapii* [*The Adventure of Self-discovery: Dimensions of Consciousness and New Perspectives in Psychotherapy and Inner Exploration*, 1988], tłum. K. Azarewicz, Wyd. Uraeus, Gdynia 2000.

Grof S., Halifax J., *The Human Encounter of Death*, E.P. Dutton, New York 1977.

Hanson G., Venturelli P., Fleckenstein A., *Drugs and Society*, Jones & Bartlet, Burlington 2011.

Havelock E., *Mescal: A New Artificial Paradise*, Speculum Mundi Books, Los Altos 2010, http://www.amazon.com/MESCAL-Artificial-Paradise-Annels-Science-ebook/dp/B0035LC4T6#reader_B0035LC4T6.

Hebdige D., *Subculture: The Meaning of Style*, Methuen, New York 1979.

Hebdige D., *The Meaning of Mod* [in:] H. Stuart, T. Jefferson (ed.), *Resistance Through Rituals: Youth Subcultures in Post-War Britain*, Routledge, London 1993.

Hernandez F., *Rerum Medicarum Novae Hispaniae Thesaurus seu Plantarum Animalium Mineralium Mexicanorum Historia*, Ex typographeio Vitalis Mascardi, Romae 1651.

Hoffmann B., *Rock a przemiany kulturowe końca XX wieku*, Semper, Warszawa 2001.

Hoffmann B., *Techno – subkultura smutku*, „Problemy Opiekuńczo-Wychowawcze" 2001, nr 6, s. 8–13.

Hoffmann B., *Narkotyki w kulturze*, „Problemy Opiekuńczo-Wychowawcze" 2002, nr 9, s. 7–11.

Hoffmann B., *„Gra w zielone", czyli o marihuanie w kulturze hip-hopowej*, „Problemy Opiekuńczo-Wychowawcze" 2006, nr 10, s. 21–26.

Hoffmann B., *Narkoturystyka*, „Remedium" 2013, nr 6 (244), s. 1–5.

Hofmann A., *LSD... moje trudne dziecko*, tłum. K. Lewandowski, Latawiec, Warszawa 2001.

Hopkins J., Sugerman D., *Nikt nie wyjdzie stąd żywy. Historia Jima Morrisona* [*No One Here Gets Out Alive*], tłum. G. Grątkowski, In Rock Music Press, Warszawa 2006.

http://www.nbcnews.com/id/51683334/ns/business/t/marijuana-tax-debate-stalls--colorado, dostęp: 3.06.2013; więcej: www.WorldCannabisWeek.com.
http://www.tekstowo.pl, dostęp: 5.01.2013.
Huizinga J., *Homo ludens. Zabawa jako źródło kultury*, tłum. M. Kurecka, W. Wirpsza, Czytelnik, Warszawa 1998.
Huxley A., *Drzwi percepcji. Niebo i piekło* [*The Doors of Perception and Heaven and Hell*, 1954, 1956], tłum. M. Mikita, Cień Kształtu, Warszawa 2012.
Huxley A., *Island*, Harper, New York 1962.
INCB (1998). Report of the International Narcotics Control Board for 1997 (No. Sales No. E.98.XI.1; ISBN 92-1-148103-1; ISSN 0257-3717), International Narcotics Control Board, Wien.
Jankowski K., *Hipisi w poszukiwaniu ziemi obiecanej*, Jacek Santorski & Co. Wydaw., cop., Warszawa 2003.
Josiam B., Hobson P., Dietrich U., Smeaton G., *An Analysis of the Sexual, Alcohol and Drug Related Behavioral Patterns of Students on Spring Break*, "Tourism Management" 1998, 19, 501–513.
Junger E., *Annäherungen: Drogen und Rausch*, Klett-Cotta, Stuttgart 2008.
Kaczmarczyk B., *Konsumpcja grzybów halucynogennych* psilocybe semilanceata. *Opis zjawiska na przykładzie młodzieży w Polsce pod koniec lat 90.*, praca magisterska napisana pod kierunkiem dr hab., prof. UW Jolanty Rogali-Obłękowskiej, ISNS UW, 2000.
Kamen H., *Imperium hiszpańskie. Dzieje rozkwitu i upadku*, tłum. T. Próchenka, Bellona, Warszawa 2008.
Karch S.B., *A Brief History of Cocaine*, CRC Press, Boca Raton 2005.
Kerouac J., *W drodze* [*On the Road*, 1957], tłum. A. Kołyszko, W.A.B., Warszawa 2005.
Kerouac J., *Włóczędzy Dharmy* [*The Dharma Bums*, 1958], tłum. M. Obarski, W.A.B., Warszawa 2006.
Kesey K., *Lot nad kukułczym gniazdem* [*One Flew Over the Cuckoo's Nest*, 1962], tłum. T. Mirkonin, Albatros, Warszawa 2009.
Klejsa K., *Filmowe oblicza kontestacji*, Trio, Warszawa 2008.
Kłoskowska A., *Socjologia młodzieży. Przegląd koncepcji*, „Kultura i Społeczeństwo" 1987, nr 2, s. 19–29.
Kopaliński W., *Słownik mitów i tradycji kultury*, PIW, Warszawa 1987.
Korf D.J., *Dutch Treat: Formal Control and Illicit Drug Use in the Netherlands*, Thela Thesis, Amsterdam 1995.
Korf D.J., *Dutch Coffee Shops and Trends in Cannabis Use*, "Addictive Behaviors" 2002, 27 (6), 851–866.
Korpetta E., Szmerdt-Sisicka E., *Narkotyki w Polsce. Mity i rzeczywistość*, Prószyński i S-ka, Warszawa 2000.
Krajewski M., *Kultury kultury popularnej*, Wyd. Nauk. UAM, Poznań 2005.
Kusinitz M., *Używanie narkotyków na świecie*, tłum. J. Chojnacki, Profi, Warszawa 1994.
Labianca D.A., Reeves W.J., *Sherlock Holmes and His Compulsive Use of Cocaine: A Topic for Coordinated Study*, "Science Education" 1976, 60 (1), 47–52.

Lankenau S., Clatts M., Goldsamt L., Welle D., *Crack Cocaine Injection Practices and HIV Risk: Findings from New York and Bridgeport*, "Journal of Drug Issues" 2004, 34 (2), 319-332.

Lankenau S., Clatts M., *Patterns of Poly Drug Use Among Ketamine Injectors in New York City*, "Substance Use and Misuse" 2005, 40, 1381-1397, http://www.ncbi.nlm.nih.gov/pmc/articles/PMC1899171, dostęp: 17.12.2013.

Lee M.A., Shlain B., *Acid Dreas. The Complete Social History of LSD: The CIA, The Sixties, and Beyond*, Grove Press, New York 1985.

Leksykon terminów: alkohol i narkotyki, tłum. A. Bidziński, Światowa Organizacja Zdrowia, Instytut Psychiatrii i Neurologii, Warszawa 1997.

Letcher A., *Shroom: A Cultural History of the Magic Mushroom*, Harper Perennial, New York 2008.

Linzer J., *Some Anthropological Aspects of Yagé* [in:] B. Aaronson, H. Osmond (ed.), *Psychedelics: The Uses and Implications of Hallucinogenic Drugs*, Anchor Books Doubleday & Company, Inc., Garden City, New York 1970.

Lockermann G., *Friedrich Wilhelm Serturner, the Discoverer of Morphine*, "Journal of Chemical Education" 1951, 28 (5), 277, DOI: 10.1021/ed028p277; http://pubs.acs.org/doi/abs/10.1021/ed028p277?journalCode=jceda8, dostęp: 3.11.2013.

MacRae W.D., Towers G.H., *Justicia Pectoralis: A Study of the Basis for Its Use As a Hallucinogenic Snuff Ingredient*, "Journal of Ethnopharmacology" 1984, 12 (1), 93-111.

Malbon B., *Clubbing: Dancing, Ecstasy and Vitality*, Routledge, London 1999.

Marshall G., *You're Listening to a Sample of the Audible Audio Edition. Learn more Spirit of '69: A Skinhead Bible*, S.T. Publishing, 1994.

Marshall G., *Skinhead Nation*, AK Press, Oakland 1996.

McKenna T.K., *The Archaic Revival: Speculations on Psychedelic Mushrooms, the Amazon, Virtual Reality, UFOs, Evolution, Shamanism, the Rebirth of the Goddess, and the End of History*, Harper San Francisco, San Francisco 1991.

McRobbie A., *Shut Up and Dance: Youth Culture and Changing Modes of Femininity*, "Cultural Studies" 1993, 7 (3), 406-426.

Mason S.V., *The San Francisco Mime Troupe Reader*, University of Michigan Press, Ann Arbor 2005.

Mead M., *Kultura i tożsamość. Studium dystansu międzypokoleniowego*, tłum. J. Hołówka, WN PWN, Warszawa 1978.

Melosik Z., *Postmodernistyczne kontrowersje wokół edukacji*, Edytor, Toruń – Poznań 1995.

Melosik Z., *Młodzież a przemiany kultury współczesnej* [w:] R. Leppert, Z. Melosik, B. Wojtasik (red.), *Młodzież wobec (nie)gościnnej przyszłości*, Wyd. Nauk. Dolnośląskiej Szkoły Wyższej Edukacji TWP, Wrocław 2005.

Melosik Z., *Mass media, tożsamość i rekonstrukcje kultury współczesnej*, http://edunet.amu.edu.pl/mae2012/04_Melosik_2012.pdf, dostęp: 30.01.2014.

Merry J., *A Social History of Heroin Addiction*, "British Journal of Addiction to Alcohol & Other Drugs" 1975, 70 (3), 307-310.

Milner M., *L'imagination des drogues: de Thomas de Quincey a Henri Michaux*, Gallimard, Paris 2000.

Mikuriya T., *Marijuana in Morocco* [in:] B. Aaronson, H. Osmond (ed.), *Psychedelics. The Uses and Implications of Hallucinogenic Drugs*, Anchor Books Doubleday & Company, Inc., Garden City, New York 1970.
Moreau J.J., *Du hachisch et de l'aliénation mentale: études psychologiques*, Fortin, Masson, Paris 1845.
Moore J.B., *Skinheads Shaved for Battle: A Cultural History of American Skinheads*, Bowling Green State University Popular Press, Bowling Green 1993.
Murray N., *Aldous Huxley: A Biography*, Abacus, Auckland (N.Z.) 2003.
Müller-Ebeling C., Rätsch C., Storl W.D., *Witchcraft Medicine: Healing Arts, Shamanic Practices, and Forbidden Plants*, Inner Traditions, Rochester, Vermont 2003.
Naranjo C., *The Healing Journey: New Approaches to Consciousness*, Random House, New York 1973.
Narvaez R., *MDMA in Combination: 'Trail Mix' and Other Powdered Drug Combinations*. Presented at MDMA/Ecstasy Research Conference; Bethesda, MD. July 19, 2001.
"New York Daily Tribune", Wednesday, March 22. 1899, http://chroniclingamerica.loc.gov/lccn/sn83030214/1899-03-22/ed-1/seq-3.pdf, dostęp: 7.01.2014.
Niewiadomska I., Stanisławczyk P., *Narkotyki. Uzależnienia. Fakty i mity*, Wyd. KUL, Lublin 2004.
Nowicka E., *Bunt i ucieczka. Zderzenie kultur i ruchy społeczne*, PWN, Warszawa 1972.
Osmond H., *Ololiuqui: The Ancient Aztec Narcotic Remarks on the Effects of Rivea Corymbosa (Ololiuqui)*, "The British Journal of Psychiatry" 1955, 101, 526–537.
Ożarowski A. (red.), *Ziołolecznictwo. Poradnik dla lekarzy*, PZWL, Warszawa 1980.
Parker H., Williams L., Aldridge J., *The Normalization of 'Sensible' Recreational Drug Use: Further Evidence from the North West England Longitudinal Study*, "Sociology" 2002, 36 (4), 941–964.
Pawlak R., *Polska kultura hip-hopowa*, Kagra, Poznań 2004.
Pavlovna-Wasson V., Wasson R.G., *Mushrooms, Russia and History*, Pantheon Books, New York 1957.
Pawliczuk W., *Definicje terminu „młodzież" – przegląd koncepcji*, Klinika Psychiatrii Wieku Rozwojowego AM w Warszawie, Kierownik Kliniki: prof. nadzw. dr hab. med. Tomasz Wolańczyk, http://www.czytelniamedyczna.pl/2708,definicje-terminu-mlodziez-przeglad-koncepcji.html, dostęp: 23.06.2013.
Petrović S.P., *Narkotyki i człowiek*, tłum. M. Fibur, Iskry, Warszawa 1988.
Pęczak M., *Made in India*, „Polityka", nr 44, październik 2007.
Podemski K., *Socjologia podróży*, Wyd. Nauk. UAM, Poznań 2005.
Podgórska J., *Technoobrzęd*, „Polityka", nr 1 (2070), styczeń 1997.
Powell S.G. (Author), Hancock G. (Foreword), *The Psilocybin Solution: The Role of Sacred Mushrooms in the Quest for Meaning*, Park Street Press, Toronto 2011.
Quincey T. de, *Wyznania angielskiego opiumisty [Confessions of an English Opium-Eater, 1822]*, tłum. M. Bielewicz, Czytelnik, Warszawa 1980.
Reichel A., Fuchs G., Uriely N., *Perceived Risk and the Non-Institutionalized Tourist Role: The Case of Israeli Student Ex-Backpackers*, "Journal of Travel Research" 2007, 46, 217–226.

Reynolds S., *Energy Flash: A Journey Through Rave Music and Dance Culture*, Soft Skull Press, Berkeley 1998.

Reynolds S., *Generation Ecstasy: Into the World of Techno and Rave Culture*, Routledge, New York 1999.

Robson P., *Narkotyki*, cz. II [*Forbidden Drugs: Understanding Drugs and Why People Take Them*], tłum. C. Juda, Medycyna Praktyczna, Kraków 1997.

Rogala-Obłękowska J., *Młodzież i narkotyki. Rodzinne czynniki ryzyka nałogu*, Wyd. ISNS UW, Warszawa 1999.

Ropp de R.S., *Drugs and the Mind*, Delacorte Press, Ann Arbor 1976.

Roughly T.C., Roberts B.J., *Bounty Descendants Live on Remote Norfolk Island*, "National Geographic Magazine" 1960, 116 (6), 575.

Rudgley R., *Alchemia kultury. Od opium do kawy*, tłum. E. Klekot, PIW, Warszawa 2002.

Russo E., *Cognoscenti of Cannabis I: Jacques-Joseph Moreau (1804–1884)*, "Journal of Cannabis Therapeutics" 2001, 1 (1), 85–88.

Saldanha A., *Music Tourism and Factions of Bodies in Goa*, "Tourist Studies" 2002, 2, 43–61.

Sanders B., *Young People, Clubs and Drugs* [in:] B. Sanders (ed.), *Drugs, Clubs and Young People: Sociological and Public Health Perspectives*, Ashgate, London 2006.

Sanders B., Lankenau S., Jackson Bloom J., Hathazi D., *Multiple Drug Use and Polydrug Use Amongst Homeless Traveling Youths*, "Journal of Ethnicity in Substance Abuse" 2008, 17, 23–40.

Saunders N., *E for Ecstasy*, London 1993.

Saunders N., *Ecstasy Reconsidered*, Nicholas Saunders Publ., London 1997.

Saunders N., Doblin R., *Ecstasy: Dance, Trance and Transformation*. Paperback, Quick American, Piedmont (U.S.) 1996.

Schelski H., *Die skeptische Generation. Eine Soziologie der Jugend* [w:] H.M. Kriese, *Socjologiczne teorie młodzieży*, Impuls, Kraków 1996.

Schivelbusch W., *Tastes of Paradise: A Social History of Spices, Stimulants and Intoxicants*, Pantheon Books, New York 1992.

Schleiffer H., *Sacred Narcotic Plants of the New World Indians. An Anthology of Texts from the Sixteenth Century to date*, Hafner Press, New York 1973.

Schultes R.E., Hofmann A., Rätsch Ch., *Plants of the Gods: Their Sacred, Healing, and Hallucinogenic Powers*, Healing Arts Press, Rochester, VT 1998.

Sellars A., *The Influence of Dance Music on the UK Youth Tourism Market*, "Tourism Management" 1998, 19, 611–615.

Shapiro H., *Waiting for the Man: The Story of Drugs and Popular Music*, Quartet Books, London – New York 1988.

Sierosławski J., *Substancje psychoaktywne. Postawy i zachowania*. Raport z ogólnopolskich badań ankietowych zrealizowanych w 2006 roku, Krajowe Biuro ds. Przeciwdziałania Narkomanii, http://www.narkomania.gov.pl, dostęp: 12.06.2013.

Sierosławski J., *Używanie alkoholu i narkotyków przez młodzież szkolną*. Raport z ogólnopolskich badań ankietowych zrealizowanych w 2007 roku. Europejski program badań ankietowych w szkołach ESPAD, Instytut Psychiatrii i Neurologii, Warszawa 2007, http://www.narkomania.gov.pl, dostęp: 12.06.2013.

Sikora T., *Użycie substancji halucynogennych a religia*, Nomos, Kraków 1999.
Siwak W., *Estetyka rocka*, Semper, Warszawa 1993.
Smith D., *Hall Mariani: The Transformation of Vin Mariani from Medicine to Food in American Culture, 1886–1910*, "Social History of Alcohol and Drugs" 2008, 23 (1), 42–57.
Sobol E. (red.), *Mały słownik języka polskiego*, PWN, Warszawa 2000.
Spedding A.L., *Coca Eradication: A Remedy for Independence? – with a Postscript*, „Anthropology Today" 1989, 5 (5), 4–9.
Spillane J.F., *Cocaine: From Medical Marvel to Modern Menace in the United States, 1884––1920*, "Studies in Industry and Society", Johns Hopkins University Press, Baltimore 2002.
Stafford P., *Yagé: Yagé in the Valley of Fire* [in:] B. Aaronson, H. Osmond (ed.), *Psychedelics: The Uses and Implications of Hallucinogenic Drugs*, Anchor Books Doubleday & Company, Inc., Garden City, New York 1970.
Stamets P., *Psilocybin Mushrooms of the Word*, Ten Speed Press, Berkeley 1996.
Stine P., *The Sixties*, Wayne State University Press, Detroit 1995.
Streatfeild D., *Cocaine: A Definitive History*, Virgin Books, London 2002.
Szyjewski A., *Etnologia religii*, Nomos, Kraków 2001.
Świda-Ziemba H. (red.), *Młodzież a wartości*, WSiP, Warszawa 1979.
Świda-Ziemba H., *Obraz świata i bycia w świecie*, Wyd. ISNS UW, Warszawa 2000.
Świda-Ziemba H., *Młodzi w nowym świecie*, WL, Kraków 2005.
Świda-Ziemba H., *Młodzież PRL. Portrety pokoleń w kontekście historii*, WL, Kraków 2010.
Szlendak T., *Technomania. Cyberplemię w zwierciadle socjologii*, Graffiti BC, Toruń 1998.
Szlendak T., *Technomania w Polsce. Subkulturowa moda czy zjawisko polityczne?* [w:] J. Garlicki (red.), *Młodzież a zmiany polityczne we współczesnym świecie*, Elipsa, Warszawa 1998.
Szymański M.J., *Młodzież wobec wartości. Próba diagnozy*, IBE, Warszawa 1998.
Tarcher J.P., Leary T., *Flashbacks, an Autobiography*, J.P. Tarcher – Distributed by Houghton Mifflin Co., Los Angeles – Boston 1983.
Tenbruck F.H., *Jugend und Gesellschaft* [w:] H.M. Kriese, *Socjologiczne teorie młodzieży. Wprowadzenie*, Impuls, Kraków 1996.
Turner S., *Głód niebios. Rock & roll w poszukiwaniu zbawienia*, tłum. T. Bieroń, Znak, Kraków 1997.
UNITED KINGDOM FOCAL POINT REPORT 2005, http://www.nwph.net/ukfocalpoint/writedir/8cee2005%20Developments%20in%20drug%20use%20within%20recreational%20settings%E2%80%A6.pdf, dostęp: 27.10.2013.
Uriely N., Belhassen Y., *Drugs and Tourists' Experiences*, "Journal of Travel Research" 2005, 43, 238–246.
Uriely N., Belhassen Y., *Drugs and Risk-taking in Tourism*, "Annals of Tourism Research" 2006, 33 (2), 339–359.
Valdés L.J., Diaz J.L., Paul A.G., *Ethnopharmacology of Ska Maria Pastora (Salvia divznorum, epling and jativa-m.)*, "Journal of Ethnopharmacology" 1983, 7, 287–312.
Valdez A., Sifaneck S., *Drug Tourists and Drug Policy on the US-Mexican Border: An Ethnographic Investigation*, "Journal of Drug Issues" 1997, 27, 879–898.
Visconsini A., *Heroina*, Iskry, Warszawa 1985.

Waniakowa J., *Mandragora and Belladonna – the Names of Two Magic Plants*, "Studia Linguistica Universitatis Iagellonicae Cracoviensis" 2007, 124, 161–173.
Wasik J.J., Staniszek M., *Zwalczanie narkomanii w Polsce i na świecie*, Wyd. UWr, Wrocław 1993.
Wasson R.G., *A New Mexican Psychotropic Drug from the Mint Family*, Botanical Museum Leaflets, Harvard University, December 28, 1962 – vol. 20, no. 3 (submitted for publication October 24, 1962), Research Fellow, Botanical Museum of Harvard University, http://www.sagewisdom.org/wasson1.html, dostęp: 27.10.2013.
Wasson R.G., *Persephone's Quest: Entheogens and the Origins of Religion*, Yale University Press, New Heaven 1986.
Watson P.L., Luanratana O., Griffin W.J., *The Ethnopharmacology of Pituri*, "Journal of Ethnopharmacology" 1983, 8 (3), 303–311.
Watts A.W., *The Joyous Cosmology: Adventures in the Chemistry of Consciousness* [wyd. 1: 1962], New World Library, Novato 2013.
Watts A.W., *The Spirit of Zen*, Grove Press, New York 1994.
Watts A.W., *The Way of Zen*, Vintage Books, New York 1999.
Weiss W., *Rock. Encyklopedia*, Iskry, Warszawa 1991.
Wertenstein-Żuławski J., *To tylko rock'n roll*, ZAKR, Warszawa 1990.
Wertenstein-Żuławski J., Pęczak M. (red.), *Spontaniczna kultura młodzieżowa. Wybrane zjawiska*, Wiedza o Kulturze, Wrocław 1991.
Westerhausen K., *Beyond the Beach: An Ethnography of Modern Travelers in Asia*, White Lotus Press, Bangkok 2002.
Wilson A., *Mixing the Medicine: The Unintended Consequence of Amphetamine Control on the Northern Soul Scene*, "Internet Journal of Criminology" 2008, http://www.internetjournalofcriminology.com/Wilson%20-%20Mixing%20the%20Medicine.pdf, dostęp: 17.01.2014.
Wilson R.A., *Sex, narkotyki i okultyzm. Podróże poza granice świadomości* [*Sex, Drugs & Magick. A Journey Beyond Limits*, 1987], Graffiti, tłum. D. Misiuna, Toruń 2002.
Winczewski B., *Human traffic*, „Machina" 2000, nr 5 (50).
Witkiewicz S.I., *Narkotyki. Niemyte dusze*, oprac. A. Micińska, „Dzieła Zebrane", PIW, Warszawa 2004.
Wojnarowska B., Staniszek M., *Uczeń a narkotyki. Jak zapobiegać i pomóc*, Instytut Matki i Dziecka, Warszawa 1991.
Wolfe T., *Próba Kwasu w Elektrycznej Oranżadzie* [*The Electric Kool-Aid Acid Test*, 1968], tłum. R. Bialy, T. Tłuczkiewicz, Iskry, Warszawa 1995.
Wood R.T., *The Indigenous, Nonracist Origins of the American Skinhead Subculture*, "Youth Society" 1999, 31, 131–151, http://yas.sagepub.com/content/31/2/131, dostęp: 7.11.2011.
Zakrzewski T., *Mechanizmy perswazji i reklamy środków psychoaktywnych w Internecie*, cz. IV, „Serwis Informacyjny – Narkomania" 2009, nr 4 (48), http://www.narkomania.org.pl/czytelnia/mechanizmy-perswazji-reklamy-srodkow-psychoaktywnych-internecie-cz-iv, dostęp 22.10.2013.
Zdziebłowski S., *Kreacje czy wizje*, „Wiedza i Życie" 2011, nr 04.
Zientkowski J., *Narkomania i przestępczość z nią związana*, Szkoła Policji w Pile, Piła 2008.
Znaniecki F., *Ludzie teraźniejsi a cywilizacja przyszłości*, PWN, Warszawa 1974.

Indeks nazwisk

A
Afrodyta 26
Agiejew M. (właśc. Mark Łazariewicz Lewi) 44
Agron Michael 58
Alles Gordon 36
Alpert Richard 63, 65

B
Balzac Honoré de 32
Barger George 36
Bartholdi Frédéric Auguste 31
Baudelaire Charles 32–33
Beauvoir Roger de 33
Boisdenier Boissard Joseph Ferdinand de 32
Brink Wim van de 120
Brown Jack 68
Bułhakow Michaił 44
Bunnell Sterling 58
Burdon Eric 72
Burroughs William S. 57, 122
Bylok Felicjan 146
Byron George 32

C
Carr Francis Howard 36
Cassady Neal 57
Castaldo Gino 70
Chichiton Juan 15
Christina Grof 74
Clapton Eric 73
Cloward Richard A. 82, 146
Cocteau Jean 44
Cohen Erik 123–124
Collins Wilkie 32

Corso Gregory 57
Craig Stephen L. 40
Crowley Aleister 32

D
Dale Henry Hallett 36
Demeter 27
Dickens Charles 32
Dick Philip K. 74
Ditman Keith 58
DJ Kool Herc 95
Doyle Arthur Conan 32
Dreser Heinrich 34
Dumas Alexander 32
Dunlap Jane 60
Duran Diego 15

E
Edel Ulrich 94
Eisenstadt Samuel N. 54
Eldo 97
Ellis Havelock 35

F
Fachner Jörg 113
Fatyga Barbara 53
Felscherinow Christiane V. 83
Filip II 18
Fischer Roland 121
Fleischl-Marxow Ernst von 30
Freud Zygmunt 30–31
Frey James 117
Fritz Jimi 106, 110
Fromm Erich 66
Furt Peter 20

G
Garcia Jerry 69
Gautier Théophil 32–33
Ginsberg Allen Irving 57, 65
Golka Marian 146
Graham Davey 67–68
Grandmaster Flash 95
Grof Stanislav 74–75
Gumilla José 24
Guthrie Woody 68

H
Hager Steven 118
Harnoll Phil 107
Harrison George 72
Hebdige Dick 62
Heffter Arthur 35–36
Hendrix Jimi 73, 76, 88–89, 122
Hernandez Francisco 18
Hoffmann Felix 34
Hofmann Albert 38–42, 57, 67, 75
Huizinga Johan 146
Huxley Aldous 35, 57–61, 63, 69
Hypnos 27

I
Inespe 100

J
Jackson Bruce 76
Jacobs Walter Abraham 40
Jagger Mick 72
Jankowski Kazimierz 66
Johnson Jean Bassett 37
Jones Brian 72, 76
Joplin Janis 76
Jünger Ernst 58

K
Kaczmarczyk Bartosz 85
Kamen Henry 16
Kandel Lenore 65
Karwicka Krystyna 117
Kelley Alton 74
Kerouac Jack 57

Kesey Ken 57, 69
Kollerow Karl 30
Kozłowski Maciej 117
KRS1 95

L
Leary Timothy 63–67, 75, 110, 122
Lee Willy 67–68
Lennon John 72
Leon XIII 31
Lewin Louis 35–36

M
Mariani Ange-François 31
Marley Bob 78
Mattison Jansen 30
Maupassant Guy de 32
McCartney Paul 72
McClure Michael 65
McGuinn Roger 73
McKenna Terence K. 106
McRobbie Angela 108
Mead Margaret 53
Melosik Zbyszko 54, 147
Metzner Ralph 63, 130
Moore Jack B. 78
Moreau Jacques Joseph 32
Morfeusz 27, 29
Morrison Jim 73, 76, 88
Mouse Stanley 74

N
Nabokov Vladimir 44
Nerval Gérard de 32
Newcombe Russell 106
Niemann Albert 29
Nowicka Ewa 16
Nynauld Jean de 22

O
Ochremiak Andrzej 117
Ogata Akira 151
Ohlin Lloyd E. 82, 146
Onichimowska Anna 117
Osmond Humphry 18, 57

P

Paracelsus (właśc. Phillippus Aureolus Theophrastus Bombastus von Hohenheim) 27
Pawlak Renata 96
Pawliczuk Witold 53
Petrović Stevan P. 143
Piątek Tomasz 117
Pius X 31
Podgórska Joanna 108

Q

Quincey Thomas de 27

R

Rand Ayn (właśc. Rosenbaum Alissa Zinowiewna) 74
Reed Lou 70
Reynolds Simon 106
Richards Keith 72
Riedel Ryszard 91
Rimbaud Jean Arthur 32
Rios Dobkin Marlene de 121
Roberts Joseph B. 43
Rogala-Obłękowska Jolanta 76–77, 82
Ropp Robert S. de 57
Rosiek Barbara 117
Ross Rick 117
Rudgley Richard 22, 49
Rumrrill Roger 121
Rydzewski Ryszard 94

S

Sahagún Bernardino de 14–15
Sanders Bill 143
Satty Wilfried 74
Saunders Nicholas 105, 110–111
Schatzberg Jerry 94
Schelsk Helmut 53
Schivelbusch Wolfgang 44
Schultes Richard Evans 37
Scott Walter 32
Segre Din 44
Serna Jacinto de la 15
Sertürner Friedrich 29
Sexton Anne 74
Shapiro Harry 114
Shulgin Alexander 39
Sierosławski Janusz 129
Sifaneck Stephen J. 119, 122
Smith Elliott 117
Smith Patti 70
Späth Ernst 36
Spedding Alison L. 26
Spruce Richard 19
Stanley Owsley 69
Stearns John 36
Stevens Cat 73
Sting 76
Stoll Artur 39, 41–42
Sydenham Thomas 27
Szlendak Tomasz 105
Szyjewski Andrzej 14

Ś

Świda-Ziemba Hanna 126–127, 129, 144

T

Tanatos 27
Tede (właśc. Jacek Graniecki) 97
Tenbruck Friedrich H. 54
Thelin Jay 64
Thelin Ron 64
Thompson Hank 67–68
Thompson Hunter 71
Townshend Pete 72
Trzos-Rastawiecki Andrzej 94
Turner Steve 95–96, 110
Tymieniecki Bohdan Władysław 84

V

Valdez Avelardo 119, 122
Verne Juliusz 31
Visconsini Amadeo 84

W

Wadleigh Michael 75
Wanat Wojciech 117
Wasson R. Gordon 38
Wasson Valentina P. 38

Watts Allan W. 58, 65
Weenwood Steve 72
Weitlaner Robert J. 37
Welsh Irvine 117
Wertenstein-Żuławski Jerzy 55, 72
White Cameron 117
Wiktoria Hanowerska, królowa 31
Wilson Andrew 62
Wilson Angus 107
Wilson Brian 73
Witkiewicz Stanisław Ignacy (Witkacy) 44–46

Wojciechowska Ewa 107, 109
Wolfe Tom 73
Wright Charles Romley Alder 34

Y
Yogi Maharishi Mahesh 72

Z
Zakrzewski Tomasz 116

Ż
Żmudziński Wojciech 116

www.ingramcontent.com/pod-product-compliance
Lightning Source LLC
Chambersburg PA
CBHW061650040426
42446CB00010B/1677